2022年度河北省社会科学发展研究课题，课题编号：2022060400
秦皇岛市科学技术研究与发展规划项目，项目编号：202003B052

深化产教融合对策及案例研究

李 华 李 辉 著

燕山大学出版社
·秦皇岛·

图书在版编目（CIP）数据

深化产教融合对策及案例研究 / 李华，李辉著. —秦皇岛：燕山大学出版社，2022.11
ISBN 978-7-5761-0372-4

Ⅰ．①深… Ⅱ．①李… ②李… Ⅲ．①职业教育－产学合作－研究－中国 Ⅳ．①G719.2

中国版本图书馆 CIP 数据核字（2022）第 113836 号

深化产教融合对策及案例研究

李 华 李 辉 著

出 版 人：陈 玉			
责任编辑：孙志强		策划编辑：孙志强	
责任印制：吴 波		封面设计：刘馨泽	
出版发行：燕山大学出版社 YANSHAN UNIVERSITY PRESS		地 址：河北省秦皇岛市河北大街西段 438 号	
邮政编码：066004		电 话：0335-8387555	
印 刷：英格拉姆印刷(固安)有限公司		经 销：全国新华书店	

尺 寸：170mm×240mm 16 开		印 张：20.75	
版 次：2022 年 11 月第 1 版		印 次：2022 年 11 月第 1 次印刷	
书 号：ISBN 978-7-5761-0372-4		字 数：340 千字	
定 价：86.00 元			

序

习近平总书记对职业教育工作作出一系列重要指示，强调"在全面建设社会主义现代化国家新征程中，职业教育前途广阔、大有可为"。党中央、国务院高度重视职业教育，加大力度推动职业教育改革发展，不断增强职业教育对经济社会发展需求的适应性。2014年，国务院召开全国职业教育工作会议，明确提出要加快建设现代职业教育体系，推动职业教育从规模扩张向内涵发展；2018年，全国教育大会之后，国务院出台的"职教20条"开宗明义作出"职业教育与普通教育是两种不同教育类型，具有同等重要地位"这一重大论断，明确了我国"一体两翼"的现代教育体系，成为我国教育理论的重大创新；2021年，党中央、国务院召开全国职业教育大会，提出建设技能型社会的理念和战略，推动职业教育走上高质量发展的历史新征程。2022年，新《职业教育法》的颁布实施标志着中国进入职业教育高质量发展和建设技能型社会的新阶段，体现了国家对办好职业教育的决心和愿望。可以说职业教育的发展一路披荆斩棘，迎来繁花似锦的春天！今天，站在新的历史起点上，作为全国高职教师57万人中的一名职教人，我内心倍感骄傲和鼓舞。同时，我一直在思考，高校担负着为党育人、为国育才的重要使命，作为一名高校教师的我既要努力做育人的榜样、育才的模范，还要承担起服务经济社会发展的社会责任。特别是在国家高度重视职业教育和深化产教融合的背景下，我应不辱使命、珍惜机遇、顺势而为、立足岗位，为推动职业教育发展作出自己的一份努力。

本书以探讨如何进一步深化产教融合校企合作为主线，分为产教融合发展现状研究、产教融合案例研究、产教融合对策研究、产教融合政策文件导读四大部分。产教融合发展现状研究主要对新中国成立以来产教融合的发展历程、理论现状及产教融合类型进行研究；产教融合案例研究主要对全国产教融合校企合作近500个典型案例总结成效、分析启示及推广借鉴模式进行研究；产教融合对策研究包括在推动深化产教融合从顶层设计、政策制定、评价体系、宏观对策、组织领导、合作模式、机制建设、配套措施、推进方略等方面系统研究公开发表的一些理论成果；产教融合政策文件导读在对全国推动产教融合工作出台的系列政策文件进行深入、系统、全面学习研究的基础上，运用思维导图将政策文件内容以图文并茂的层级形式呈现，以突出文件内容的关键点、条理性、逻辑性、系统性。为高校、行业企业及政府相关部门更深入地理解掌握深化产教融合政策文件精神提供创新研读方法，对进一步深化产教融合工作具有十分重要的意义。

本书具有以下特色：系统性，既梳理了产教融合校企合作发展历程又研究了发展规律，既审视了深化产教融合存在的突出矛盾和问题又提出了解决对策；针对性，围绕深化产教融合痛点、难点、堵点问题有针对性地总结了发展现状、分析了存在问题、提出了解决方略；全面性，既有产教融合案例研究又有对策建议，既有理论阐述又有实践成效，既有对产教融合发展历程的理性思考又有对未来发展的客观展望。

回顾《深化产教融合对策及案例研究》这本书的研究经历，也曾纠结过、迷茫过、畏惧过……可想到在借阅资料、实地调研、调查问卷、案例研究等过程中，各方领导、专家、企事业单位管理者给我的无私帮助，家人给我的关心照顾，女儿给我的鼓励赞美，我的信心就更加坚定，前行的动力更加充沛。我懂得了只要围绕一个课题通过不断坚持学习、积累、总结和研究，就能从最初的茫然到慢慢地进入状态再到享受研究的过程。还记得在我的第一本专著《高校科技成果转化对策研究》自序中写道："我人生中的第一本小书像一朵艳丽的小花绽放在 2021年的春天。"今天，我心怀感恩、无比激动地写下：我人生中的第二本小书像一朵向日葵，迎着职教改革的东风绽放在 2022 年的夏天。同时也想作为一份蕴含着特别意义的礼物，送给自己即将步入的人生不惑之年，更想送给在我成长道路上给予默默帮助的亲人朋友。以此来鼓励和鞭策自己在未来的人生道路上且行且珍惜，且行且努力！星河徜徉，一路有光！

本书由李辉完成产教融合发展现状研究、产教融合政策文件导读等内容约 12

万字，李华完成产教融合案例研究、产教融合对策研究、问卷设计分析等内容约22万字。本书的出版得益于领导的悉心指导、朋友的无私帮助、编辑的辛苦付出，在此一并表达诚挚的感谢！真诚地希望本书的出版能为深化产教融合校企合作提供有价值的参考和借鉴，本书不妥之处请广大读者朋友批评指正。

李华

2022 年 7 月 4 日 于秦皇岛

目　　录

产教融合发展现状研究

产教融合案例研究

产教融合对策研究

产教融合政策文件导读

产教融合发展现状研究

本部分是作者对新中国成立以来经济发展不同阶段,职业教育发展中产教关系的政策、文献和实践模式进行的研究。总结分析了我国产教融合校企合作从萌芽、起步、发展、创新到高质量发展的历史脉络和突出成就,以及党和国家领导人在各历史时期对深化产教融合工作的重要指示精神和各级政策文件,同时对产教融合发展的理论现状及主要类型进行分析研究。对于正确认识和推动新时代产教融合工作面临的新要求、新挑战具有十分重要的意义。

产教融合的发展历程

　　研究产教融合、校企合作，就要遵循理论研究规律。必须对产教融合、校企合作的发展历史、进程及现状进行认真总结梳理，总结发展规律，分析存在问题，寻求推进对策。同时，也要对产教融合、校企合作理论研究的进程及现状进行总结分析。我国产教融合发展进程是与经济社会发展相一致的。产教融合是我国职业教育发展的重要方向，是促进教育链、人才链与产业链、创新链有机衔接的重要举措。通过对中华人民共和国成立以来经济发展不同阶段，职业教育中涉及产教关系的政策、文献和实践模式进行研究，梳理我国职业教育中产教关系的发展脉络，对于正确认识和推动当前产教融合工作具有十分重要的意义。

第一阶段："教育与生产劳动相结合"时期（1949—1977 年）

　　新中国成立初期，1957年，毛泽东同志在《关于正确处理人民内部矛盾的问题》一文中明确指出："我们的教育方针，应该使受教育者在德育、智育、体育几方面都得到发展，成为有社会主义觉悟的有文化的劳动者。"1958年，毛泽东同志又指出："教育必须为无产阶级政治服务，必须同生产劳动相结合。劳动人民要知识化，知识分子要劳动化。"毛泽东同志提出"教育与生产劳动相结合"的教育方针，把培养全面发展的劳动者作为社会主义教育的根本目标。同年，刘少奇同志提出了"两种教育制度"和"两种劳动制度"。全国各地比较普遍地实行劳教结合，半工半读。明确教育方针坚持两个原则，即教育与工农相结合，教育与生产劳动相结合，并确立了教育制度的基本形态，即单轨制和职业化。

在我国要从农业国向工业国逐步转变，开始社会主义工业化的进程，急需大规模的初、中级技术人才满足工业化初期的建设要求的背景下，国家通过大力发展技工教育，加快技工培养，为社会主义建设提供强有力的支撑，成为当时最合适的路径选择。国家召开各种会议安排部署。1949年12月，第一次全国教育工作会议明确了新中国教育工作的目的是："首先为工农服务，为当前的革命斗争与建设服务。" 1955年4月，第一次全国工人技术学校校长通过了《关于提高教学工作质量的决议》，明确指出"要坚持教学和生产劳动相结合，开展生产实习教学"；明确提出"生产实习教学是技工教育的重要构成"。1958年颁布《中共中央、国务院关于教育工作的指示》，明确提出了"支持农业合作社、大型厂矿以及企业参与办学……确立校办农场或工厂的产教结合新形式"。

这一时期，党和国家领导人多次发表重要讲话进行推动、召开各种会议安排部署、出台各种政策措施落实推进，先后设立了一批技工学校。1950年，东北电气工业局创办了第一所机械工业技工学校。"一五"计划初期，机械工业系统技工学校达到22所。在冶金领域，有鞍钢、武钢、首钢、包钢、大冶、吉林铁合金、吉林碳素、一冶、十九冶等技校。1952年的浙江交通技工学校（杭州技师学院）、1953年的济南第二机床厂技工学校（济南二机床高级技工学校）等。到1952年年底，全国技工学校由新中国成立初的3所发展到22所。随着"一五"计划的实施，技工学校拉开了大发展的序幕。1954年年底，各工业部门新建和改建的技工学校共有65所，地方劳动局举办的有11所，共设有工种58种（79个专业）。在校学生43919人。1956年，《人民日报》载："目前根据工业、交通、建筑、地质和劳动等18个部门统计，到今年年底止，工人技术学校将达到232所，在校学生将达到13万人。其中包括近20种专业，一百几十种工种。"1956年，苏联援建北京实验工人技术学校，拥有8个工种的专课教室和一个教学方法研究室的成套设备，为全国技工学校树立了标杆。到1959年年底，全国技工学校有744所，涵盖154个工种，在校生达28万人，技工学校共培养20.26万余名毕业生，分配在全国的冶金、煤炭、电力、石油、建筑、交通、地质、纺织等厂矿企业。技工教育发展，适应了经济发展的需求，对社会主义建设特别是工业建设起到了极为重要的支撑作用。据统计，新中国成立之初，产业部门和企业办学，占到技工学校总数的85%以上。如山东省最早的一批技工学校，济南第二机床厂技工学校（1953年）、铁道部四方机车车辆厂技工学校（1954年）、淄博矿务局技工学校（1954年）、济南汽车制造总厂技工学校（1956年）、济南铁路局司机学校（1956年）等，都是企业办学，实行校企一体的办学体制。此时期许多技工学校举办的生产企业，都能够制造和生产优质产品，在国内处于领先水平。如西安第一航空技工学校生产制造的航螺平衡机、山东省劳动局技工学校生产制造的硬质合金车刀磨床、北京市劳动局技工学校生产制造的卧式铣床、济南第二机床技工学校生产的移动式摇臂钻床、哈尔滨量具刃具厂技工学校生产的精密车床等产品，都属高端产品，有些还填补了国家或省的产品空白。在高端产品生产中，采取半工半读、工学结合的方式，实现了高技术工人的培养。

1950年和1956年，中共中央和政务院（1954年改国务院）先后2次开展全国劳动模范表彰活动，表彰工人劳模，树立优秀技工典型，各省、直辖市、自治区以及各行业系统、各企事业单位也都开展了不同层次的劳模评选活动，从而使劳模表彰进一步制度化、规范化，其感召力和影响力得到了很大发挥。如：1954年4月，发明"万能工具胎"的鞍钢技术能手王崇伦与7名全国工业劳动模范一起，向全国总工会提出开展技术革新的建议书，进一步掀起技术革新高潮。在技术革新中，技术工人发挥了重要作用并得到锻炼成长。全国工人提出了数以万计的合理化建议，创造了一大批革新成果，涌现出来一批先进技工典型。如：青岛第六棉纺织厂工人郝建秀，创造出一套"高产、优质、低耗"的工作法，并在全国推广"郝建秀工作法"。在"郝建秀工作法"的影响下，全国纺织行业陆续产生了"五一织布工作法""五三保全工作法"等30多种工作法，大大提高了纺织行业的生产效率。再如沈阳七二四厂（东北机械制造公司）工人尉凤英，1953—1958年间实现170多项技术革新，创造了多个第一，为国家和企业创造了数以万计的效益。又如1959年，鞍钢组建了一支由孟泰、王崇伦等各级先进模范人物为骨干的1500多人的技术革新队伍，解决了十几项技术难题，自制成功大型轧辊，填补了我国冶金史上的空白。此项重大技术攻关的告捷，在当时的全国冶金战线轰动一时，被誉为"鞍钢谱写的一曲自力更生的凯歌"。各地树立技术工人先进典型，表彰劳动模范，宣传推广他们的事迹，在社会上产生了广泛影响。企业工人以他们为榜样，学技术、钻业务蔚然成风，形成促进技工教育发展的良好氛围。改革工资制度，按照标准考工定级。1953年，国家进行第一次工资改革，原有"供给制"人员改行工资制。将工资收入与工人技术水平挂钩，对于激励工人提高生产技能，起到了积极作用。实行八级工资制，从1～8级，在技术水平、劳动对象、劳动强度等方面都有明确的、不同的具体要求，体现了熟练劳动者与非熟练劳动者、技术水平高的工人与技术水平低的工人之间的工资差别。工资制度改革，提高了技术工人的社会地位。对于技工成长，起到了激励作用。在多种措施推动下，技工教育得到了飞跃式的发展。

新中国成立初期，一系列政策制度的颁布确定了"依托厂矿企业和产业部门创建技工学校"的基本方针，确定了"教育必须与生产劳动相结合"的产教关系指导思想。教育办学特色在技工教育发展探索中，逐步形成了为经济建设服务的办学定位；"厂校一体，以产定教"的办学体制；注重实践技能教学的培养方法；"生产教学两结合，产品人才同兼顾"的培养特点。以学校为主体，半工半读制度、工学结合办学模式已形成，人才培养目标主要是大量的熟练的技术工人。这一阶段"教育与生产劳动相结合"，学校独办或者联办企业，这一合作模式作为调整教育制度、加速人才培养、践行教育与生产劳动相结合的方式对职业教育发展影响深远。符合当时的国情，也在一定程度上体现了职业技术教育的规律和特征，具有较高的价值，为技术技能人才培养和职业技术教育发展提供了宝贵的经验。

第二阶段：产教结合时期（1978—2013 年）

1978年，我国进入改革开放新的历史发展时期，在全国教育工作会议上，邓小平同志提出要"进一步贯彻执行毛主席提出的'教育必须为无产阶级政治服务，必须同生产劳动相结合'的根本方针"，"必须认真研究在新的条件下，如何更好地贯彻教育与生产劳动相结合的方针"。在1983年9月，邓小平同志为北京景山学校题词："教育要面向现代化，面向世界，面向未来。"1995年3月，邓小平同志在全国科技工作会议上提出"教育全国人民做到有理想，有道德，有文化，有纪律"。在新的历史条件下，面对新形势，针对新问题，明确提出了"三个面向""四有"方针，邓小平同志一系列教育思想为我党制定新时期教育方针政策奠定了理论基础，为教育改革和发展指明了方向，提供了强大的思想武器，把实现现代化作为教育改革的目标，使教育适应经济和社会发展的需要。对建设中国特色现代化教育事业具有广泛而深远的指导意义。

1994年6月召开的全国教育工作会议上，江泽民同志特别强调了教育与社会实践相结合的问题。他提出，如果只让学生关起门来读书，不参加劳动，不接触社会实践，不了解工人农民是怎样辛勤创造社会财富，不培养劳动人民感情，是不利于他们健康成长和全面发展的。学生适当参加一些物质生产劳动，应成为一门必修课，不是可有可无的，这一点务必要充分认识和高度重视。在北京大学100周年校庆的讲话中，他号召新时期的广大青年要坚持学习科学文化与加强思想修养的统一，坚持学习书本知识与投身社会实践的统一，坚持实现自身价值与服务祖国人民的统一，坚持树立远大理想与进行艰苦奋斗的统一。这次会议再次强调党的教育方针是坚持教育为社会主义为人民服务，坚持教育与社会实践相结合，以提高国民素质为根本宗旨，以培养学生的创新精神和实践能力为重点，努力造就"有理想、有道德、有文化、有纪律"的德育、智育、体育、美育等全面发展的社会主义事业建设者和接班人。

2010年7月13日，胡锦涛同志在全国教育工作会议上强调，要大力发展职业教育，加快发展面向农村的职业教育，形成适应经济发展方式转变和产业结构调整要求、体现终身教育理念、中等和高等职业教育协调发展的现代职业教育体系，着力培养学生的职业道德、职业技能、就业创业能力。要深化办学体制改革，坚持教育公益性原则，健全政府主导、社会参与、办学主体多元、办学形式多样、充满生机活力的办学体制，积极鼓励行业、企业等社会力量参与公办学校办学，引导社会资金以多种方式进入教育领域，大力支持民办教育，形成以政府办学为主体、全社会积极参与、公办教育和民办教育共同发展的格局。要全面贯彻党的教育方针，坚持教育为社会主义现代化建设服务，为人民服务，与生产劳动和社会实践相结合，培养德智体美全面发展的社会主义建设者和接班人。

随着我国进入社会主义市场经济体制阶段，在中国特色社会主义工业化建设中，产业结构的调整与经济发展的需求，对人才的需求也在进一步提升，人才培养目标主要集中在技术人员。在1978年召开的全国教育工作会议上，指出要培养"社会主义建设者的合格人才"，强调了"教育事业必须同国民经济发展的要求相适应"，要在"教育与生产劳动结合的内容上、方法上不断有新的发展"。1979年颁布的《技工学校工作条例（试行）》指出"学校教学应与生产相结合，培养受教育者的专业实践力"。这是国家首次以法规性条例形式明确了职业教育要秉承教学与生产相结合的教育理念以及教学与生产不可分割的关系，初步形成职业教育产教融合的政策雏形。1985年5月，《中共中央关于教育体制改革的决定》明确提出"鼓励和支持各部门单位组织与教育机构联办或自办各级各类技术学校"。确立了"先培训、后就业"的原则，逐步实行证书制度和持证上岗的要求，把教育与就业和社会经济发展密切结合起来。1989年颁布的《劳动部关于技工学校深化改革的意见》明确提出了"技工学校要深入实施专业教育和生产实习相结合的教育方式，加强对受教育者的专业技能的培养"。1991年10月，《国务院关于大力发展职业技术教育的决定》强调职业学校及培训中心要根据各自条件，积极发展校办产业，为保证实践环节还要办好专业生产实习基地；首次出现"产教结合，工学结合"，这意味着"产教结合"从国家层面上的提出，也标志着产教关系走向新的发展阶段。1993年2月，中共中央、国务院印发《中国教育改革和发展纲要》，强调"要在政府的指导下，提倡联合办学，走产教结合的路子"，同时大力倡导利用贷款发展校办产业，明确提出希望逐步做到"以厂（场）养校"。1996年9月，《中华人民共和国职业教育法》正式实施，提出职业教育"应当实行产教结合"，这部法律明确支持多主体联合举办职业学校，明确规定了实施职业教育要注重产教结合。《职业教育法》的颁布标志着职业教育产教融合从政策提倡的层面进入法律规范的层面，产教融合具有了法律依据。1997年，教育部发出《关于开展产学研合作教育的"九五"试点工作的通知》，使其在高校中广泛开展。同时，一些职业学校也相继试验并推广实施。1998年12月，教育部发布《面向21世纪教育振兴行动计划》，指出"职业教育和成人教育要走产教结合的道路，调整学校布局，优化资源配置"。1999年，《中共中央国务院关于深化教育改革全面推进素质教育的决定》中再次强调了"职业学校要实行产教结合，鼓励职业院校学生通过实践掌握职业技能"。2000年3月印发的《关于全面推进素质教育、深化中等职业教育教学改革的意见》中要求职业学校要实行产教结合，密切与企业的联系。2002年颁布的《国务院关于大力推进职业教育改革与发展的决定》明确提出了"构建政府主导、依靠企业、充分发挥行业作用、社会力量积极参与的职业教育办学格局"，确立了产教融合，校、政、行、企协同联动的组织布局。2004年颁布的《教育部关于深化高等职业教育改革的若干意见》要求"职业学校与企业全程合作进行人才培养，积极开展订单式培养"，创新了产教结合的人才培养模式，进一步丰富了产教融合的内涵。2005年颁布的《国务院关于大力发展职业教育的决定》明确提出了"大力推行工学结合、校企合作的职业技术人才培养模式"，并强调这是我国职业教育改革的重要方向。同年11月，全国职业教育会议提出，"建立和完善半工半读制度"。2006年3月，教育部发布《关于职业院校试行工学结合、半工半读的意见》。2010年《国家中长期教育改革和发展规划纲要》提出"推进校企合作制度化"。2011年颁布的《教育部关于推进中等和高等职业教育协调发展的指导意见》明确提出了"要充分发挥行业组织在产教合作中的指导作用"。2013年颁布的《中共中央关于全面深化改革若干重大问题的决定》提出"加快现代职业教育体系建设，深化产教融合、校企合作，培养高素质劳动者和技能型人才"，为我国职业教育在新时期的发展指明了方向。从这一阶段职业教育政策内容变化可以看出，推动职业教育产教结合改革探索的持续深化。

改革开放后，产教融合的重要性提到关系职业教育生产与发展的高度。1985年，上海工程技术大学纺织学院与加拿大滑铁卢大学合作，在我国试行一年三学期的工学交替教学模式，是我国产学合作教育开始的标志。1991年，中国产学合作教育协会（原名为全国高等教育与生产劳动相结合研究协会）在上海成立，这标志着我国产学合作进入了迅速发展的新阶段。包括清华大学、浙江大学、北京航空航天大学、北京工业大学、上海工程技术大学、北京医科大学、河北农业大学以及首钢、宝钢、长春第一汽车厂、第二汽车制造厂、华北制药厂、石油化工总公司、吉林化学工业公司等80个高校和企业集团成为首批合作教育协会会员。他们积极探索适合中国国情的高等学校和产业部门共同培养人才的合作教育规律，推进产学研教育的发展与提高，促进学生德、智、体全面发展，更好地为社会主义建设服务。在2002年至2004年期间，教育部高度重视产学合作教育，连续召开三次高职教育产学研结合研讨会。我国各地职业学校逐渐与工厂、企业开展多种形式的合作，初步形成了结合我国实际的产学合作教育教学模式。我国职业学校已普遍实施产学合作教育，并形成了不同的类型，各具特点。从合作形式上来分，可以分为校企联合型、校企合一型、产校合一型和混合型，其主要差别在于职业学校和企业合作办学的产权归属问题，有的产权相互独立，有的产权或归学校、或归企业、或归多方投资者。从合作场所上来分，可以分为校内实习型、校外实习型和社会实践型，其主要差别在于学生在校办产业、基地或校外基地、企业或社会实践活动中锻炼其职业能力和动手能力。从合作体制上来分，可以分为产教合一型、产教分离型、专业一体型，其主要差别在于教学基地与教学在人、财、物上或由教导处统一管理，或由不同部门分别管理，或由各专业把教学、科研、生产、经营、服务融为一体，通过服务地方经济，实现自我发展。2006年10月，教育部在全国107所职业院校开展半工半读试点工作。我国常见的半工半读形式有四种：一是工读交替型，即学校按企业的要求构建专业教学体系，企业为学校提供实训场地、设备和实训教师，在不同学习阶段，学校安排学生到企业顶岗实习，形成"学校学期"和"工作学期"两种育人环境。二是教学工厂型，即把教学和工厂紧密结合起来，把学校办在工厂。把企业办在学校，为学生提供真实的生产环境，让学生通过实践学到实际知识和技能，毕业与就业同步。三是校企契约型；即学校与企业建立契约关系，使企业成为学校固定的实习、就业基地，学校与用人单位共同制订人才培养计划，签订用人订单，从根本上解决学生就业难的问题。四是学校自办产业型，即学校根据人才培养的需要包办产业，既为学生提供实训场所和实习机会，又促进当地经济发展。

正是在政策的支持下，这个时期我国各个层次的职业教育得到有效的支持，呈现出快速发展的势头。其中，高职院校及其招生数得到极大的扩张，到2009年，我国各类高职高专学校突破了1200所，在校学生达到870万人；农村成人职业技术学校达到14万所，一年培训农民人数超过4000万人次；县及其以下的职教中心、中职学校、技工学校达到4300所，在校学生人数突破280万。到2010年，全国各类民办职业院校、专科学校、独立学院共计698所，在校学生总数达到198万；民办职业培训机构超过2万所。随着我国职业教育改革发展，2013年全国共有职业院校1.36万所，年招生1016.7万人，在校生2933.8万人，其中中等职业学校1.2万所，年招生698.3万人，在校生1960.2万人，分别占高中阶段教育的45.9%、44.5%。高等职业院校1321所，年招生318万，在校生973.6万，分别占高等教育的45.5%、39.5%。另外有非学历教育注册学生5593万人。"十一五"以来职业院校累计为国家输送了近8000万名毕业生，占新增就业人口60%，成为我国中高级技术技能人才的主要来源。以加工制造、高速铁路、城市轨道交通、民航、现代物流、电子商务、旅游服务、信息服务、汽车维修等行业为例，近年来一线新增从业人员中，职业院校毕业生占七成以上。总的来看，职业院校毕业生就业持续向好，并保持较高水平。

这一阶段为探索"产教结合"时期，产教结合已成为新的教育形式，"产教结合校企合作"成为产教关系的新模式。已初步形成政府主导、依靠企业、发挥行业作用的多元办学格局，培养较高级的应用性专业技术人才。初步形成"双师"素质的教师队伍，"订单式"培养、顶岗实习、产学研结合、校企合作等人才培养模式呈现，体现了职业教育从计划培养向市场驱动转变，面向社会、面向市场的办学方向。

第三阶段：产教融合时期（2014年至今）

2014年1月23—24日，全国职业教育工作会议在京召开。习近平总书记就加快职业教育发展作出重要指示。他强调：要牢牢把握服务发展、促进就业的办学方向，深化体制机制改革，创新各层次各类型职业教育模式，坚持产教融合、校企合作，坚持工学结合、知行合一，引导社会各界特别是行业企业积极支持职业教育，努力建设中国特色职业教育体系。加快构建现代职业教育体系，培养更多高素质技术技能人才、能工巧匠、大国工匠。这次大会是党和国家领导人首次进行批示，职业教育的受重视程度将进一步提高，职普融通将进一步推进，职业教育服务产业发展的能力将进一步提升，职业教育将更加注重培养实践能力，职教高考制度、国家资历框架制度等职业教育改革突破将会进一步推进。2017年10月18日，习近平总书记在党的十九大报告中指出，要深化产教融合。2021年4月12—13日，全国职业教育大会在北京召开。习近平总书记对职业教育工作作出重要指示强调，在全面建设社会主义现代化国家新征程中，职业教育前途广阔、大有可为。要坚持党的领导，坚持正确办学方向，坚持立德树人，优化职业教育类型定位，深化产教融合、校企合作，深入推进育人方式、办学模式、管理体制、保障机制改革，稳步发展职业本科教育，建设一批高水平职业院校和专业，推动职普融通，增强职业教育适应性，加快构建现代职业教育体系，培养更多高素质技术技能人才、能工巧匠、大国工匠。各级党委和政府要加大制度创新、政策供给、投入力度，弘扬工匠精神，提高技术技能人才社会地位，为全面建设社会主义现代化国家、实现中华民族伟大复兴的中国梦提供有力人才和技能支撑。

李克强总理批示指出，职业教育是培养技术技能人才、促进就业创业创新、推动中国制造和服务上水平的重要基础。要瞄准技术变革和产业优化升级的方向，推进产教融合、校企合作，吸引更多青年接受职业技能教育，促进教育链、人才链与产业链、创新链有效衔接。加强职业学校师资队伍和办学条件建设，优化完善教材和教学方式，探索中国特色学徒制，注重学生工匠精神和精益求精习惯的养成，努力培养数以亿计的高素质技术技能人才，为全面建设社会主义现代化国家提供坚实的支撑。

随着社会主义市场经济体制的逐渐成熟，产业结构不断转型升级，时代的发展将职业教育与社会经济、生产更加紧密地联系起来。推动产教深度融合，对人才需求有了新的标准与要求，人才培养目标主要集中在应用型人才与技能型人才。这就推动了产教的全方位、广范围、宽领域的深度融合。2014年，《国务院关于加快发展现代职业教育的决定》提出："研究制定促进校企合作办学有关法规和激励政策，深化产教融合，鼓励行业和企业举办或参与举办职业教育，发挥企业重要办学主体作用。要求规模以上企业要有机构或人员实施职工教育培训、对接职业院校，设立学生实习和教师实践岗位。企业开展职业教育的情况要纳入企业社会责任报告。"突出职业院校办学特色，强化校企协同育人，这是首次提出企业要发挥"重要办学主体作用"，同时强调了企业的社会责任。明确了我国现代职业教育体系建设的目标，描绘出体系的框架和建设路径。2014年6月，教育部等六部门印发《现代职业教育体系建设规划（2014—2020年）》，指出："坚持产教融合发展。走开放融合、改革创新的中国特色现代职业教育体系建设道路，推动职业教育融入经济社会发展和改革开放的全过程，推动专业设置与产业需求、课程内容与职业标准、教学过程与生产过程对接，实现职业教育与技术进步和生产方式变革以及社会公共服务相适应，促进经济提质增效升级。"强调了"加快建设中国特色现代职业教育体系，深化产教融合、校企合作，培养数以亿计的高素质劳动者和技术技能人才，为建设人力资源强国和创新型国家提供人才支撑"。《规划》对现代职业教育体系的架构、任务、机制创新、制度保障等作出了具体的制度性安排。这是历史上首次针对职业教育体系建设专门出台的国家文件。2015年7月，《教育部关于深入推进职业教育集团化办学的意见》中指出："开展集团化办学是深化产教融合、校企合作，激发职业教育办学活力，促进优质资源开放共享的重大举措。"2015年10月，《教育部国家发展改革委财政部关于引导部分地方普通本科高校向应用型转变的指导意见》发布，要求"坚持需求导向、服务地方"，推进需求传导式的改革，深化产教融合、校企合作，创新应用型技术技能人才培养模式。2017年，《国务院办公厅关于深化产教融合的若干意见》指出"深化产教融合，促进教育链、人才链与产业链、创新链有机衔接"，"发挥企业重要主体作用，促进人才培养供给侧和产业需求侧结构要素全方位融合，培养大批高素质创新人才和技术技能人才，为加快建设实体经济、科技创新、现代金融、人力资源协同发展的产业体系，增强产业核心竞争力，汇聚发展新动能提供有力支撑"。从构建教育和产业统筹融合发展格局、强化企业重要主体作用、推进产教融合人才培养、改革促进产教供需双向对接、完善政策支持体系、组织实施等方面推动产教深度融合发展，这对于产教融合政策体系具有深远意义。2019年1月，国务院印发《国家职业教育改革实施方案》指出"职业教育与普通教育是两种不同教育类型，具有同等重要地位"，正式确定职业教育在我国教育体系中是一个单独种类的教育，提出"完善学历教育与培训并重的现代职业教育体系，畅通技术技能人才成长渠道"。在高等职业教育领域提出了研究生层次的职业教育，即专业学位硕士研究生培养。明确要求"开展本科层次职业教育试点"。同时，在职业院校、应用型本科高校启动了"学历证书+若干职业技能等级证书"制度试点工作。

这期间，我国职业教育每年培养的高素质技术技能人才达到1000万人。目前，我国有1.13万所职业学校、3088万在校生，为经济社会发展储备了坚实的技能人才生力军。长三角地区是世界级的制造基地，也是智能制造发展的先行区。为了进一步助力长三角地区智能制造业的发展，在无锡职业技术学院，学校升级打造新一代智能制造工程中心，研究5G、人工智能在工业中的应用等新兴技术，并建设高水平智能制造专业集群，推动人才培养向复合型、创新型转型。2020年以来，教育部先后启动7个部省共建职业教育创新发展省级试点和5个城市试点，各地累计出台30多项突破性政策。深化产教融合，各级党委和政府也在不断加大制度创新、投入力度。江西九江职业技术学院拥有一个8000平方米的免费产教融合试验田，目前已经入驻了81家企业，和学校20多个专业联合打造校企命运共同体。不仅是学生实训就业的平台，还是产值超亿元的新型研发机构和省级产教融合基地。

截至2020年年底，全国已有21个城市申报国家产教融合型城市，建成各类职教集团1500多个，覆盖了90%以上的高职院校、近70%的中职学校、近3万家企业。

在这一阶段，我国建成了世界最大规模的职业教育体系。"十三五"以来，以习近平同志为核心的党中央，始终坚持把职业教育作为社会经济发展的一项重要工作，摆在了前所未有的突出位置，作出了一系列重大决策部署。教育部认真贯彻落实《国务院关于加快发展现代职业教育的决定》《国家中长期教育改革和发展规划纲要（2010—2020年）》和《国家职业教育改革实施方案》，坚持把职业教育作为教育综合改革的突破口，扎实推进各项工作，在健全办学体制、完善育人机制、提升内涵质量、增强服务能力、建设"双师型"教师队伍、建成世界规模最大的职业教育体系等方面取得了可喜成绩。目前，全国共有职业学校1.15万所，在校生2857.18万人；中职招生600.37万人，占高中阶段教育的41.70%；高职（专科）招生483.61万人，占普通本专科的52.90%。累计培养高等学历继续教育本专科毕业生5452万人，开展社区教育培训约3.2亿人次。主要有五大亮点：

一是最大的贡献，就是确立了职业教育的类型地位。2019年1月，国务院印发《国家职业教育改革实施方案》，开宗明义指出了"职业教育与普通教育是两种不同教育类型，具有同等重要地位"，正式确定职业教育在我国教育体系中是一个单独种类的教育。这一重要定位，一方面，是对职业教育的重大理论贡献，明确了职业教育是一个教育类型，而不是教育层次，对于摆正职业教育的地位，发挥职业教育服务社会和个体发展的能力，以及推进职业教育治理体系和治理能力现代化，具有重要的发展战略意义，极大地丰富了中国特色职业教育理论；另一方面，具有重要的政策指导和实践意义，明晰了职业教育和普通教育的联系与区别，指明了职业教育的发展方向，有利于职业教育系统更明晰自己的功能和作用，进一步探索和完善职业教育独特的办学模式和人才培养模式，更好地服务、支撑国家现代化建设。以类型教育为基点，我们牢固确立职业教育在国家人才培养体系中的重要位置，围绕建设现代职业教育体系，强化类型特色，坚定服务发展、促进就业的办学方向，不断深化产教融合、校企合作，工学结合、知行合一，走出了一条中国特色的职业教育发展道路。

二是最大的突破，就是构建起纵向贯通、横向融通的现代职业教育体系。职业学校体系结构更加合理、定位更加清晰，职业教育的吸引力大幅提升。在纵向贯通上，巩固中等职业教育的基础地位，强化高等职业教育的主体地位，稳步推进本科层次职业教育试点。特别是2019年以来，教育部批准22所学校开展本科层次职业教育试点，打破了职业教育止步于专科层次的"天花板"。在横向融通上，加强职业教育、继续教育、普通教育的有机衔接、协调发展。面向在校生和全体社会成员广泛开展职业培训，促进学历教育与非学历培训衔接连通。开展职业技能等级证书制度试点，遴选了92个职业技能等级证书。推进社区教育、老年教育建设，确定国家级社区教育实验区129个、示范区120个，建成28所省级老年开放大学。加快学分银行建设，促进资源互享、课程互通、学分互认，畅通各类人才成长通道。

三是最大的进步，就是迈入了提质培优、增值赋能的高质量发展新阶段。在制度标准上，建立了国务院职业教育工作部际联席会议制度，形成各部门之间、中央与地方之间协同发展职业教育的合力；《职业教育法》修法工作取得实质性进展；制定中等职业教育德育人纲、中等职业学校公约，规范德育工作，完善专业目录、专业教学标准、课程标准、顶岗实习标准、专业实训教学条件建设标准五位一体的职业教育国家教学标准体系，发布中职专业368个，高职（专科）专业779个，本科层次职教试点专业80个，修（制）订并发布347个高职和230个中职专业教学标准、51个职业院校专业实训教学条件建设标准、136个专业类顶岗实习标准。启动实施了"中国特色高水平高职学校和专业建设计划"、高水平实训基地等重大项目。在协同育人上，坚持校企合作、工学结合，强化教学、学习、实训相融合的教育教学活动；推行项目教学、案例教学、工作过程导向教学等教学模式。开展现代学徒制试点，布局了558个现代学徒制试点单位，覆盖1000多个专业点，惠及10万余学生（学徒）；印发《职业学校校企合作促进办法》，健全企业参与制度，发挥企业重要办学主体作用；依托行业职业教育指导委员会，发布近60个行业人才需求预测与专业设置指导报告。在"三教"改革上，连续举办全国职业院校技能大赛教学能力比赛，强化教师教学能力建设；推广线上线下混合式教学，遴选公布232门在线精品开放课程，建设203个职业教育国家专业教学资源库；发布中职公共基础课程方案和七门课程标准，遴选约4000种"十三五"职业教育国家规划教材。

四是最大的成就，就是培养了一大批支撑经济社会发展的技术技能人才。在服务国家战略上，全国职业学校开设1200余个专业和10余万个专业点，基本覆盖了国民经济各领域，每年培养1000万左右的高素质技术技能人才。在现代制造业、战略性新兴产业和现代服务业等领域，一线新增从业人员70%以上来自职业院校毕业生，职业教育社会认可度显著提升。制订实施《制造业人才发展规划指南（2016—2020年）》，加快培养制造业紧缺人才。在服务区域发展上，实施职业教育东西协作行动计划，推进"东西职业院校协作全覆盖、东西中职招生协作兜底、职业院校全面参与东西劳务协作"三大行动，累计投入帮扶资金设备超过18亿元，共建专业点683个、实训基地338个、分校（教学点）63个，共同组建职教集团（联盟）99个，就业技能培训14万余人，岗位技能提升培训16万余人，创业培训2.3万余人。在服务脱贫攻坚上，职业院校70%以上的学生来自农村，千万家庭通过职业教育实现了拥有第一代大学生的梦想。"职教一人，就业一人，脱贫一家"成为阻断贫困代际传递见效最快的方式。例如顺德职业技术学院开展的"一人学厨，全家脱贫"帮扶培训项目，就是职业教育助力精准扶贫、乡村振兴的典型。"十三五"期间，共创建国家级农村职业教育与成人教育示范县（市、区）261个。在促进教育公平上，中职免学费、助学金分别覆盖超过90%和40%的学生，高职奖学金、助学金分别覆盖近30%和25%以上学生。用三年时间扩招300万人，服务"六稳""六保"，踢出了中国高等教育普及化的"临门一脚"。

五是最大的亮点，就是实现了更高水平的开放。在向产业开放上，配合国家发改委培育800多家产教融合型企业、试点建设21个产教融合型城市，构建了以城市为节点、行业为支点、企业为重点的产教融合新模式。成立1500个职业教育集团，3万多家企业参与职业教育；鼓励多元主体组建职业教育集团，确定150家示范性职业教育集团（联盟）培育单位。在向企业开放上，组建56个行业职业教育教学指导委员会，发布近60个行业人才需求预测与专业设置指导报告。遴选了73家职业教育培训评价组织，绝大多数是行业龙头企业、"小巨人"企业。现代学徒制试点参与企业2200多家。在向世界开放上，与70多个国家和国际组织建立了稳定联系，有400余所高职院校与国外办学机构开展合作办学，成立海外独立举办的第一所高职院校"中国-赞比亚职业技术学院"。在"一带一路"沿线国家和地区建设"鲁班工坊"，打造中国职业教育国际品牌。

产教融合办学方式多主体协同育人的特征不断凸显，强化了企业重要主体作用。人才培养目标主要集中在高素质应用型与技能型人才培养上。随着现代职业教育体系建设不断完善，彰显了职业教育作为重要的教育类型在我国国民教育体系中无可替代的地位。

纵观我国产教融合发展历史进程，完全可以自信地说，产教融合的深入发展与经济社会发展呈正相关关系。哪个时期、哪个地区经济社会发展得好，哪个时期、哪个地区产教融合就发展得好，反之亦然。总结审视新中国成立以来的产教融合发展历史，推进产教融合、校企合作的宝贵经验和重要启示是：一是必须坚持党的领导。每个时期、每个阶段党和国家领导人都发表重要讲话并作出明确指示，为产教融合擘画蓝图、指明方向、明确目标、提出要求，奠定了发展基础。二是必须坚持强力推动。党中央、国务院以及各级各部门及时召开会议进行专题部署，始终坚持分类指导、因地制宜、实事求是、务求实效的原则，坚持高水平推进、高要求落实，确保产教融合健康推进。三是必须坚持政策引领。各级政府以及相关部门先后出台若干政策，对深化产教融合、校企合作起到了重要促进作用。政策规定既有鼓励也有处罚，既有目标也有措施，既有实践路径也有方式方法，既有考核标准也有责任要求。四是必须鼓励大胆创新。在推进产教融合过程中，各地从实际出发，审时度势、因势利导、积极创新、务求实效，新思路、新作为、新经验、新典型、新模式、新举措、新成效层出不穷，体现了唯创新者赢、唯创新者胜的理念，产教融合工作呈现了百花齐放的良好局面。五是必须坚持突出重点。各地坚持以重点突破带动全局的思路，都把职业技术教育发展作为大力深化产教融合的关键和基础，使职业技术教育成为产教融合的动力和引擎，职业技术教育与产教融合互促共融、共同发展。这些宝贵经验和重要启示不但要不断总结完善丰富，而且要在未来实践中发扬光大，沿着产教融合、校企合作的正确道路阔步前行。

产教融合的理论研究现状

　　我国产教融合、校企合作理论研究是伴随着产教融合、校企合作工作不断深入逐步展开的。理论研究来源于实践，同时又指导了实践。据文献显示，国内最早谈及"产教结合"的学者是李建昌，其在1982年发表的《日本财政体制及其在经济高速增长中的作用》一文中介绍 "日本战后要求教育要适应生产的需要，提出产教结合的口号，以培养大量技术工人、科学人才和管理人才，实现资本投资与人的投资并重的设想"。1986年，马玉琪从哲学的视角对产教结合的内涵进行深入分析，他认为"社会生产过程中的劳教结合和国民教育过程中的教劳结合是马克思关于教育与生产劳动两种过程相结合的两个侧面，二者在结合对象、立足点、意义和作用方面均存在不同"。而首次探究职业教育产教结合的学者齐之思认为，职业教育的首要问题是进一步解决好教育与社会的关系问题，建立一种教育与经济、社会的新型结合关系，探索校企合一、产教结合的可能性。学者们基于理论和现实两个维度探讨教育与社会、职业技术与经济发展间的逻辑关系，标志着产教融合思想的萌芽。产即产业，是指在社会分工的基础上形成的相对稳定独立的经济行业。教即教育，是人类社会中特有的一种活动，其主要特点是通过组织者对所受教者进行的一种有目的、有计划的教学活动。产教融合就是指将我国现代产业和我国现行教育进行有效的融合，以实现现在产业和教育双赢的一种经济和教育发展模式。2017年10月18日，习近平同志在党的十九大报告中明确指出，要深化产教融合。产教融合是指职业学校根据所设专业，积极开办专业产业，把产业与教学密切结合，相互支持，相互促进，把学校办成集人才培养、科学研究、科技服务于一体的产业性经营实体，形成学校与企业浑然一体的办学模式。产教融合是产业与教育的深度合作，是院校为提高其人才培养质量而与行业企业开展的深度合作。

据笔者所知，"产教融合"一词在中国知网上最早见于2007年，2012年开始出现在政策文本中。2017年，产教融合成为国家重要的产业政策和教育政策。10余年来，职业教育领域的决策者、实践者和研究者对其进行了探索，发表论文近14000篇。从研究过程看，2007—2013年处于研究的沉寂期，7年仅发表论文19篇。2014—2017年进入活跃期，4年发表论文1902篇。2018年开始进入繁荣期，2018年1月—2022年2月，共发表论文12050篇。具体数据如图1所示。

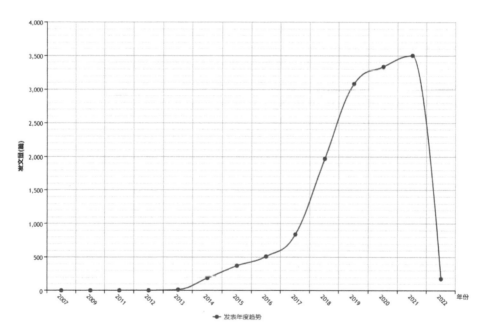

图1 "产教融合"主题论文发表年度分布（来源：中国知网）

从产教融合的主要主题分布来看，以"产教融合"为主要主题的最高，共有8972篇，占比达到51.44%；"高职院校"位列第二，共有1363篇，占比7.82%；"校企合作"排名第三，共有1191篇，占比6.83%。（见图2～图4）

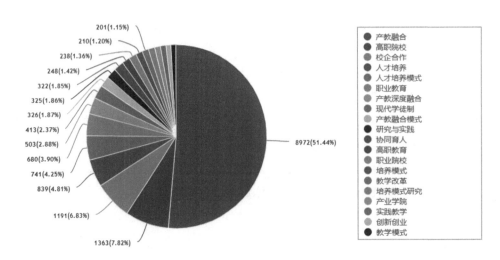

图2 "产教融合"为主要主题分布（来源：中国知网）

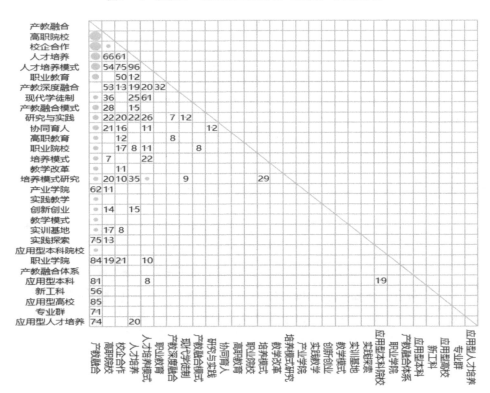

图3 "产教融合"为主要主题共现矩阵分析（来源：中国知网）

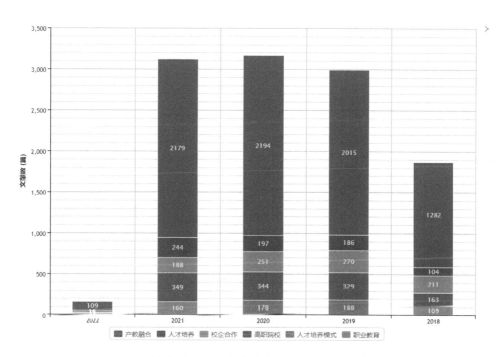

图4 "产教融合"为主要主题年度交叉分析（来源：中国知网）

从产教融合的次要主题分布来看，以"产教融合"为次要主题的最高，共有4998篇，占比达到36.18%；"校企合作"排名第二，共有2923篇，占比21.16%；"高职院校"位列第三，共有1138篇，占比8.24%。（见图5）

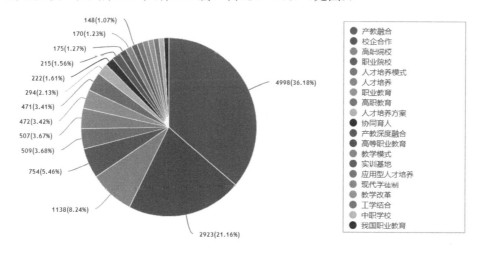

图5 "产教融合"为次要主题分布（来源：中国知网）

从产教融合在中国知网中的学科分布来看，"职业教育"占比最高，共有9777篇，占比达到50.32%；"高等教育"排名第二，共有3837篇，占比19.75%；"计算机软件及计算机应用"排名第三，共有752篇，占比3.87%。（见图6）

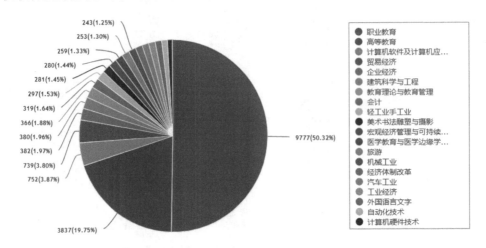

图6 "产教融合"学科分布（来源：中国知网）

从产教融合在中国知网中的研究层次分布来看，"学科教育教学"占比最高，共有773篇，占比达到30.93%；"开发研究"排名第二，共有692篇，占比27.69%；"应用研究"排名第三，共有465篇，占比18.61%。（见图7）

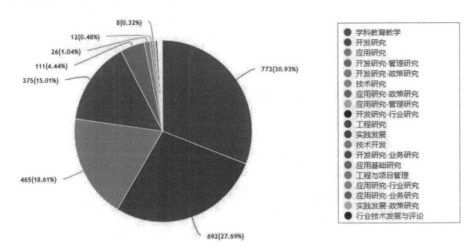

图7 "产教融合"研究层次分布（来源：中国知网）

从产教融合在中国知网中的文献类型分布来看，"研究论文"占绝大多数，占比达到96.04%；"资讯"排名第二，占比3.81%；"综述"排名第三，占比0.15%。（见图8）

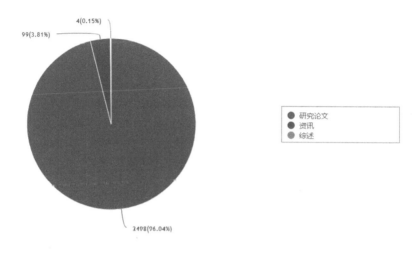

图8 "产教融合"文献类型分布（来源：中国知网）

从产教融合在中国知网中的文献来源分布来看，《现代职业教育》占比最高，共有536篇，占比达到15.65%；《中国职业技术教育》排名第二，共有261篇，占比7.62%；《职业技术教育》排名第三，共有239篇，占比6.98%。（见图9）

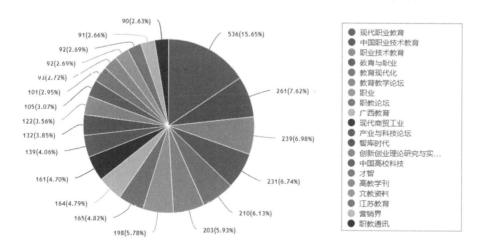

图9 "产教融合"文献来源分布（来源：中国知网）

从产教融合在中国知网中的作者分布来看，滁州职业技术学院教师张健共发表相关论文14篇；江苏农牧科技职业学院教师杨海峰共发表相关论文11篇。（见图10）

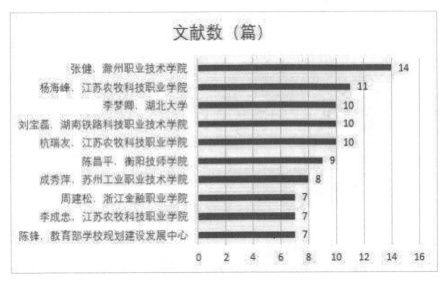

图10 "产教融合"作者分布（来源：中国知网）

从研究内容看，基于政策和经验的角度对产教融合的研究和论述较多，而从案例和对策方面研究相对稀少。

产教融合的主要类型研究

自产教融合发展以来，各地区、各部门进行了持续、大胆、有益的探索和创新，取得了明显成效和宝贵经验，出现了许多模式和类型。各种模式和类型各有特色和优点，研究产教融合类型对于推动产教融合深入发展具有深远的历史意义和独特的现实意义。

一、企业新型学徒制

企业新型学徒制是按照政府引导、企业为主、院校参与的原则，采取"企校双制、工学一体"的模式，即由企业与技工院校、职业院校、职业培训机构、企业培训中心等教育培训机构采取企校双师带徒、工学交替培养等模式共同培养学徒。企业新型学徒制是职业培训工作主动适应经济高质量发展和供给侧结构性改革的重大举措，是我国技能人才培养模式的重大创新，是支持企业发挥主体作用、提高培训针对性、有效性的培训制度重大变革。

2015年8月，人社部、财政部共同印发了《关于开展企业新型学徒制试点工作的通知》，制定了《企业新型学徒制试点工作方案》。

2018年11月21日召开的全面推行企业新型学徒制工作电视电话会上提出，在2015年以来的学徒制试点工作基础上，企业新型学徒制工作将在2019年全面推开。[1]

---

[1] 企业新型学徒制 2019 年全面推开．国务院[2018-11-23]

（一）推进意义

企业新型学徒制旨在引导企业建立技能人才工作新机制，通过在企业推行以"招工即招生、入企即入校、企校双师联合培养"为主要内容的企业新型学徒制，组织企业新招用人员和新转岗人员参加新型学徒培训，可建立长期、稳固的企校合作模式，探索企业职工培训新方式，完善培训政策措施和培训服务体系，加快企业青年技能人才的培养。

（二）具体模式

培养模式采取"企校双制、工学一体"的方式，即由企业与技工院校、职业培训机构、企业培训中心等教育培训机构（以下简称"培训机构"）采取企校双师带徒、工学交替培养、脱产或半脱产培训等方式共同培养新型学徒。

（三）具体实施

企业新型学徒制试点工作由人社部和财政部共同组织，已经逐步展开。国家人社部已经与部分省（区、市）人力资源和社会保障部门达成一致意见，拟确定北京市等12个省（区、市）开展企业新型学徒制试点工作，每个省（区、市）选择3～5家具备相应条件的大中型企业作为试点单位，每家企业选拔100人左右参加学徒制培训。[1]

2018年11月21日，针对人社部、财政部共同印发的《关于全面推行企业新型学徒制的意见》，人社部、财政部、国务院国资委联合召开电视电话会，部署全面推进企业新型学徒制工作。

《意见》明确了目标任务：从2018年起到2020年年底，力争培训50万以上企业新型学徒，努力形成政府激励推动、企业加大投入、培训机构积极参与、劳动者踊跃参加的职业技能培训新格局。2021年起，继续加大工作力度，力争年培训学徒50万人左右。

《意见》明确了工作的主要内容：培养对象上，学徒培训以与企业签订一年以上劳动合同的技能岗位新招用和转岗等人员为培养对象。培养模式上，采取"企

---

[1] 人社部拟推新型学徒制 每人每年补贴4000元起. 腾讯新闻[2015-08-10]

校双制、工学一体"的培养模式，即由企业与教育培训机构采取企校双师带徒、工学交替培养等模式共同培养学徒。培养主体职责主要由企业承担，企业应与学徒签订培养协议，明确培训目标、培训内容与期限、质量考核标准等内容。企业委托培训机构承担学徒的部分培训任务，应与培训机构签订合作协议，明确培训的方式、内容、期限、费用、双方责任等具体内容，保证学徒在企业工作的同时，能够到培训机构参加系统的、有针对性的专业知识学习和相关技能训练。培养目标上，以符合企业岗位需求的中、高级技术工人为主，培养期限为1年至2年，特殊情况可延长到3年。在企业主要通过企业导师带徒方式，在培训机构主要采取工学一体化教学培训方式。[1]

（四）政策支持

一是健全企业对学徒培训的投入机制。学徒在学习培训期间，企业应当按照劳动合同法的规定支付工资，且工资不得低于企业所在地最低工资标准。企业按照与培训机构签订的合作协议约定，向培训机构支付学徒培训费用，所需资金从企业职工教育经费中列支；符合有关政策规定的，由政府提供职业培训和职业技能鉴定补贴。承担带徒任务的企业导师享受导师带徒津贴，津贴标准由企业确定，津贴由企业承担。企业对学徒开展在岗培训、业务研修等企业内部发生的费用，符合有关政策规定的，可从企业职工教育经费中列支。

二是完善财政补贴政策。人力资源社会保障部门会同财政部门对开展学徒培训的企业按规定给予职业培训补贴，补贴资金从就业补助资金列支，学徒每人每年的补贴标准原则上不低于4000元，并根据经济发展、培训成本、物价指数等情况逐步提高。企业在开展学徒培训前将有关材料报当地人力资源社会保障部门备案，经人力资源社会保障部门审核后列入学徒培训计划，财政部门按规定向企业预支不超过50%的补贴资金，培训任务完成后及时拨付其余补贴资金。对参加学徒培训的就业困难人员和毕业年度高校毕业生，按规定落实社保补贴政策。

---

[1] 人社部职业能力建设司负责人就全面推行企业新型学徒制工作答记者问. 中国政府网 [2018-11-23]

二、专业共建

高校与企业在校内联合共同建设、开办专业学科的办学方式。在企业与高校的合作协议内，规定了双方在专业共建过程中所承担的职责。主要模式有以下四种：

合作模式一：学校引进企业模式

这种合作模式就是把企业一部分的生产线建在学校内，学生可利用这些生产线进行学习和实践，这既解决了企业建设场地不足的问题，又使学校可以拥有先进设备进行教学，这种模式使得企业和学校的资源共享，共同获利，是一种双赢的教学模式。

合作模式二：劳动和教学相结合、工学交替

这种校企合作模式有两种，一种是共读轮流制，即把同年级学生分为两批，一批学生在校学习，另一批学生去企业工作，按照学期把两批学生互换，这使得学生既能够学到专业知识，还可以在实践中学到专业技能、熟悉工作环境，为将来进入工作环境做好准备，同时也缓解了学校和企业的人口压力。

全日劳动、工余上课制是工学交替的另一种模式，这种模式多用于西方国家。这种上课模式是指学生全天在企业工作，锻炼实践能力，在学生工作的空余时间中学习理论知识，促使学生可以把工作中学到的技能与理论知识相结合，把知识学到融会贯通的地步。

合作模式三：校企互动式模式

这种校企合作模式，是企业为学校提供实习场地、设备等教学设施，并且企业会参与到学校的教学计划当中。企业中的高技术工作人员进入校园为学生讲课，促使学生能够了解目前此行业中的信息，同时学校会为企业员工进行培训。这种合作方式既解决了学校实训设备的问题，也使得学生可以学到实用的技术，了解学生所学专业的发展方向，企业员工个人素养也得到了提升，这是一个互惠互利的过程。

合作模式四："订单"式合作

这种校企合作模式多用于中专院校，是学校根据企业需求进行招生，使学生入学就获得一个工作机会，学校按照企业要求来进行人才培养，在人才培养过程中，企业和学校共同对学生进行教育，此种合作模式针对性较强，学生经过企业考试合格后即可进入该企业工作，使学生具有较高的适应性，就业率较高。

三、产教融合型企业

产教融合型企业是深度参与产教融合、校企合作，在职业院校、高等学校办学和深化改革中发挥重要主体作用，行为规范、成效显著，创造较大社会价值，对提升技术技能人才培养质量，增强吸引力和竞争力，具有较强带动引领示范效应的企业。[1]

（一）政策文件

2019年4月，国家发展改革委、教育部印发的《建设产教融合型企业实施办法（试行）》明确，进入产教融合型企业认证目录的企业，将被给予"金融+财政+土地+信用"的组合式激励，并按规定落实相关税收政策。

（二）建设意义

建设产教融合型企业的政策设计的出发点和落脚点，就是要有效引导和充分激发企业的内生动力，形成"先行者先受益"的政策激励效应，把数以万计的产教融合型企业打造成为支撑高质量发展的市场主体。

培育一批产教融合型企业，恰恰可以解决好"创新动力从哪来""创新科技成果到哪去"的问题，有助于解决传统产业人力供给过剩而新兴产业人才供给不足的结构性就业矛盾。

---

[1] 我国将培育产教融合型企业 企校大合唱创新动力强. 人民网[2019-04-04]

（三）发展目标

根据《国家职业教育改革实施方案》，到2022年，我国应培育数以万计的产教融合型企业。

（四）准入条件

6项基本条件可大致归结为两类：一是企业自身能够提供相对完整的教育功能和教育要素。比如，独立举办或作为重要举办者参与举办职业院校，或承担现代学徒制、1+X证书制度试点任务，能够接收学生开展规模化、规范化实习实训。二是企业开展实质性校企合作，推动构建形成校企命运共同体。包括加大资本、技术、知识、设施、管理等要素投入，通过设备捐赠、订单培养、共建实训基地、共享知识产权等发挥重要办学主体作用。

（五）企业类型

为强化服务产业的政策导向，要求重点建设培育主动推进制造业转型升级的优质企业，现代农业、智能制造、高端装备、新一代信息技术、生物医药、节能环保等急需产业领域企业，以及养老、家政、托幼、健康等社会领域龙头企业。优先考虑紧密服务国家重大战略，技术技能人才需求旺盛，主动加大人力资本投资，发展潜力大，履行社会责任贡献突出的企业。

（六）认证目录

有准入，就有退出。进入产教融合型企业认证目录的企业并非一劳永逸。在申请认证、年度报告或考核过程中弄虚作假的，在资格期内发生重大环保、安全、质量事故的，侵犯学生人身权利或其他合法权利的，或列入失信联合惩戒对象名单的，即取消其资格，且5年内不得再行申报。

四、以产养教

利用所办精品专业的品牌优势，把产业与教育密切结合，积极创办相应的校办产业，依托专业发展产业，办好产业促进专业建设，把学校办成集人才培养、科学研究、科学服务于一体的产业性经营实体，形成学校与企业浑然一体的办学模式。

五、技工教育

技工教育是指以培养技术工人为目标的专门教育。其特点就是要以学生的生活、生存技能的培养为根本目的，以人才市场的需要为切入点，全面做好学生的素质教育。

中国技工教育在清末就已萌芽，但成为一种较定型的教育类型并获得发展则是在中华人民共和国成立之后。1953年，根据第一个经济建设五年计划，特别是配合苏联援助的156项重点工程兴建的需要，在为失业工人举办专业技术训练班的基础上，各地区、各部门相继办起了一批技工学校。

1955年，劳动部召开第一次全国工人技术学校校长会议，确定技工学校招收初中毕业生，修业2年（1962年后改为3年），以培养四级工为目标；贯彻以生产实习教学为主的原则；采取一周上理论课，一周进行生产实习的方式；生产实习教学采取课堂教学形式，并以个别工序复合作业方式代替原技工培训班采用的实物制方式。从此，技工教育成为中国职业技术教育体系中的一大支柱。中国技工教育现已发展为高、中、初三级培训层次，即在以培训中级技工为主要任务的前提下，开创招收初中毕业生培训一年的初级技工班和招收具有实践经验的中级技工进行脱产或半脱产专业训练的高级技工班，有些省市开办了以培养高级技术工人为目标的高级技工学校。[1]

六、劳动教育

使学生树立正确的劳动观点和劳动态度，热爱劳动和劳动人民，养成劳动习惯的教育，是人德智体美劳全面发展的主要内容之一。[2]

---

[1] 顾明远：教育大辞典．上海教育出版社，1998年．
[2] 劳动教育．在线汉语字典[2019-07-07]

劳动教育的主要内容：

（1）树立学生正确的劳动观点，使他们懂得劳动的伟大意义。了解人类的历史首先是生产发展的历史，是劳动人民创造的历史；懂得辛勤的劳动是建设社会主义和共产主义的根本保证；劳动是公民的神圣义务和权利；懂得轻视体力劳动和体力劳动者，是数千年来剥削阶级的思想残余；懂得把脑力劳动同体力劳动相结合的重要意义。

（2）培养学生热爱劳动和劳动人民的情感。养成劳动的习惯，形成以劳动为荣，以懒惰为耻的品质。抵制好逸恶劳、贪图享受、不劳而获、奢侈浪费等恶习的影响。

（3）学习是学生的主要劳动，教育学生从小勤奋学习，将来担负起艰巨的建设任务，并教育学生正确对待升学、就业和分配。

劳动教育，还要通过生产劳动和公益劳动等来实施。学生在校期间，要按照教学计划的规定，适当参加劳动。

劳动教育是新时代党对教育的新要求，是中国特色社会主义教育制度的重要内容，是全面发展教育体系的重要内容，是大中小学必须开展的教育活动。[1]

七、学分银行

模拟或借鉴银行的功能特点，使学生能够自由选择学习内容、学习时间、学习地点的管理模式。

与商业银行零存整取的储蓄方式相似，学习者平时零星学习可以得到学分，这些学分能像货币那样被存储在国家相关部门授权的机构，当达到一定标准之后，还能兑换相应的学历和非学历证书。[2]

（一）主要内容

"学分银行"的主要内容为累积学分，它突破传统的专业限制和学习时段限

---

[1] 教育部教材局：大中小学劳动教育有关情况介绍. 教育部[2020-12-16]
[2] 学分银行，欢迎"开户". 中华人民共和国教育部政府门户网站. 教育部门户网站 [2020-01-15]

制，将技能培训与学历教育结合起来。"学分银行"制度将学生完成学业的时间从固定学习制改变为弹性学习制。根据"学分银行"制度，学生只要学完一门课就计一定的学分，参加技能培训、考证也计学分，然后按全部应得学分累积；同时，允许学生不按常规的学期时间进行学习，而是像银行存款零存整取一样，学习时间可集中也可中断，即使隔了几年，曾有的学习经历仍可折合成学分，存于"学分银行"。

（二）特点优势

西方国家多年前开始实行"学分制"，在校学生每学期可自主选择部分课程。结果是学生学习乐趣增加，信心增强，学校整体学习效率与成绩也大有提高。

"学分银行"尤其适合职业教育边实践、边学习的特点。职业学校设立"学分银行"，学生可以半工半读，工学交替，学完一门功课，可将拿到的学分存入"银行"，工作几年回来后可以继续学习，学完一门算一门学分，累积到规定学分总数后即可"支取"相应学历。

"学分银行"的"灵活"优势显而易见，它有利于调动学生积极性；有利于学校走向市场；有利于各类教育沟通衔接；有利于教师提高素质。

（三）发展历程

2006年，上海市委、市政府印发《关于推进上海学习型社会建设的指导意见》，明确提出"到2010年初步建成'人人皆学、时时能学、处处可学'的学习型社会框架"的总目标。上海市教委开展学分互认调研，积极探索学历与非学历教育间的"学分互认"机制，将初拟《开展高等教育学分互认试点和学历教育与非学历教育沟通试点的方案》，先在成人教育和业余教育领域试点。探索建立"市民终身学习卡"制度，把市民终身学习情况、学习奖励记录在案，在此基础上建立"学分银行"，给予学历或非学历的成果认定。[1]

自《2010年国家中长期教育改革和发展规划纲要》提出"搭建终身学习'立

---

[1] 上海积极构建"人人皆学、时时能学、处处可学"的学习型社会.中华人民共和国教育部政府门户网站．中华人民共和国教育部[2020-11-26]

交桥'……建立继续教育学分积累与转换制度，实现不同类型学习成果的互认和衔接"以来，"学分银行"这一概念频繁出现于一系列政策文件中。

2016年，教育部颁发的《关于推进高等教育学分认定和转换工作的意见》提出："探索建立国家学分银行，构建分级认证服务网络，对学习者不同形式学习成果及学分进行认定、记录和存储。鼓励区域、联盟学校建立学分认定、积累及转换系统。"

2020年11月，北京市学分银行启动。

截至2020年11月，全国共有16个省、直辖市进行了学分银行建设，而学分银行中的"央行"，即国家级学分银行，还在进行施工蓝图设计。[1]

（四）学习成果

学分银行认定的学习成果，分为学历教育、职业培训、其他非学历教育项目三类。

（1）学历教育学习成果是指学习者通过国民教育系列学历教育获得的学分、学位及学历证书等。

（2）职业培训学习成果是指学习者获得的经学分银行认证的职业培训证书和培训项目成绩。

（3）其他非学历教育项目学习成果是指学习者获得的经学分银行认证的社区教育、老年大学、其他无定式项目的学分、成绩与学习记录证明等。[2]

八、工学结合

从宏观育人层面上看，"工学结合"是"校企合作人才培养机制"；从中观教学层面上看，"工学结合"是指"校内理论教学和校外综合实践教学紧密结合"；从微观的学生学习层面来看，"工学结合"是"职业院校的学生把学校课堂理论知识和企业顶岗实践紧密结合"。

---

[1] 搭建终身学习的"立交桥" 国家级学分银行呼之欲出. 新华网[2020-11-26]

[2] 学分银行-门户. 浙江省终身教育学分银行[2020-01-15]

工学结合教育模式之所以能持续100年经久不衰,主要归功于它切合实际的理念,那就是以职业为导向,以提高学生就业竞争能力为目的,以市场需求为运作平台。美国曾于1961年在福特基金会的支持下进行了一次对工学结合教育模式的调查。调查形成了"威尔逊-莱昂斯报告",后又编撰成《学习与工作相结合的大学计划》一书,于1961年出版。该项调查认为,工学结合的教育模式给学生带来了以下几方面的利益:

(1)使学生将理论学习与实践经验相结合,从而加深对自己所学专业的认识。

(2)使学生看到了自己在学校中学习的理论与工作之间的联系,提高他们理论学习的主动性和积极性。

(3)使学生跳出自己的小天地,与成年人尤其是工人接触,加深了对社会和人类的认识,体会到与同事建立合作关系的重要性。

(4)为学生提供了通过参加实际工作来考察自己能力的机会,也为他们提供了提高自己环境适应能力的机会。学生们亲临现场接受职业指导、经受职业训练,了解到与自己今后职业有关的各种信息,开阔了知识面,扩大了眼界。

(5)为许多由于经济原因不能进入大专院校学习的贫穷学生提供了经济来源和接受高等教育的机会。

(6)使学生经受实际工作的锻炼,大大提高了他们的责任心和自我判断能力,变得更加成熟。

(7)有助于学生就业的选择,使他们有优先被雇主录取的机会,其就业率高于未参加合作教育的学生。

九、产学研结合

产业、学校、科研机构相互配合,发挥各自优势,形成强大的研究、开发、生产一体化的先进系统并在运行过程中体现出综合优势。

产学研合作已经不是一个新概念,作为推进高等院校和科研院所科技创新成果转化的有效途径,它在诞生之初就天然地将政府、企业和高校及科研院所紧密地联系在一起。然而在多年的产学研合作实践摸索过程中,一些关乎产学研合作向纵深发展的深层次问题逐渐浮出水面。如何定位政府、企业与高校之间的关系?

如何在更好地激发高校科技创新能力的同时，又保证风险利益的主体企业肯投入、乐于投入，从而形成产学研合作链条的良性循环？政府、企业、高校在这一过程中应该分别扮演怎样的角色？综合国力的竞争在很大程度上是经济实力的竞争，随着智力因素及高科技成果在经济增长过程中决定性作用的不断扩大，通过产学研的紧密结合，将高校创造的科技成果尽快转化为产业优势，从而推动区域经济的增长，已经成为高校发展的一个重要命题。美国奥斯汀大学校长福克纳在中外大学校长论坛上就表示："大学要服务于地方经济，帮助所在地区解决社会问题也是大学不可推卸的责任"，同时"大学必须研究当地未来经济发展最重要的方面，这些情况既紧迫又容易察觉，把好脉方能更贴切地为地方服务"。产学研一体是国家提出的新趋势，也是目前解决工科科研经费良性循环的必经之路。

十、跟岗实习

非基础教育的高等学校和中等职业学校在校学生实习方式之一，以跟岗实习（跟着干、辅助工作、辅助完成）为主，区别于顶岗实习（自己干、独立工作、独立完成）。

（一）国家管理制度与要求

2015年7月27日，教育部发布《教育部关于深化职业教育教学改革全面提高人才培养质量的若干意见》（教职成〔2015〕6号）要求，有效开展实践性教学，要积极推行认识实习、跟岗实习、顶岗实习等多种实习形式，强化以育人为目标的实习实训考核评价。[1]

2016年4月，教育部等五部门联合印发《职业学校学生实习管理规定》要求，学生参加跟岗实习、顶岗实习前，职业学校、实习单位、学生三方应签订实习协议，明确各方的责任、权利和义务。[2]

---

[1] 教育部关于深化职业教育教学改革全面提高人才培养质量的若干意见. 中华人民共和国教育部[2020-12-19]

[2] 教育部等五部门联合印发《职业学校学生实习管理规定》. 中华人民共和国教育部[2020-12-19]

2019年6月5日，教育部发布《教育部关于职业院校专业人才培养方案制订与实施工作的指导意见》（教职成〔2019〕13号）要求，要积极推行认知实习、跟岗实习、顶岗实习等多种实习方式，强化以育人为目标的实习实训考核评价。[1]

2020年9月16日，教育部等九部门印发《职业教育提质培优行动计划（2020—2023年）》（教职成〔2020〕7号）要求，加强实践性教学，实践性教学学时原则上占总学时数50%以上，积极推行认知实习、跟岗实习、顶岗实习等多种实习方式，可根据专业实际集中或分阶段安排。[2]

（二）普通本科高校学生跟岗实习

2019年7月10日，教育部发布《关于加强和规范普通本科高校实习管理工作的意见》（教高函〔2019〕12号）要求：实习是高校实践教学的重要环节之一。实习是人才培养的重要组成部分，是深化课堂教学的重要环节，是学生了解社会、接触生产实际，获取、掌握生产现场相关知识的重要途径，在培养学生实践能力、创新精神，树立事业心、责任感等方面有着重要作用。加强跟岗实习、顶岗实习管理。跟岗实习、顶岗实习是培养应用型人才必不可少的实践环节，各高校要科学组织，依法实施。严格学校、实习单位、学生三方实习协议的签订，明确各自的权利义务和责任。严格遵守工作时间和休息休假的规定，除临床医学等相关专业及实习岗位有特殊要求外，每天工作时间不得超过8小时、每周工作时间不得超过44小时，不得安排加班和夜班。[3]

（三）高职高专学校学生跟岗实习

组织开展跟岗实习是高职教育实施"校企合作、工学结合"人才培养模式的具体举措，是培养学生良好职业道德、科学创新精神和熟练专业技能的重要环

---

[1] 教育部关于职业院校专业人才培养方案制订与实施工作的指导意见. 中华人民共和国教育部[2020-12-19]

[2] 教育部等九部门关于印发《职业教育提质培优行动计划（2020—2023年）》的通知. 中华人民共和国教育部[2020-12-19]

[3] 教育部关于加强和规范普通本科高校实习管理工作的意见. 中华人民共和国教育部[2020-12-21]

节。[1]

（四）中等职业学校学生跟岗实习

跟岗实习是顶岗实习前的重要环节。在学生顶岗实习前安排一周到一月的跟岗实习，可以让学生提前认识一下实习环境，了解企业文化，熟悉企业规章制度，体会实习工作中的酸甜苦辣，磨炼学生意志，为最后的顶岗实习打下良好的基础。[2]

十一、校企共训

将企业的内训机构引入学院，学院免费提供场地和设备，双方共同组建"捆绑"式培训团队，为企业员工和学院的学生进行专业技能培训。这种直接引入企业培训课程和培训师资的模式，使学院的课程能紧跟企业要求和技术发展，同时扩充了兼职教师队伍。

十二、培训移植

移植跨国公司的员工培训项目，由企业提供设备及教师培训，教师取得企业的资格证书后，为企业培训员工，同时面向学生实施"订单式"培训。通过这种合作模式，学校不仅在设备、技术上获益，学生的就业质量也得到了保证。

十三、企业引入

由学院提供场地及其他各种服务，将企业引入学校，建成校内生产性实训基地，为学生提供生产性实训岗位。通过这种合作方式，企业得到了学校在厂房、技术及技术工人等方面的支持，降低了生产成本，而学校获得了学生顶岗实习、教师参与技术开发等机会，取得了生产与教学双赢的效果。

---

[1] 2018 级学生跟岗实习方案. 江西农业工程职业学院[2020-12-21]
[2] 跟岗实习的几点思考. 武汉市东西湖职业技术学校[2020-12-21]

十四、岗位承包

学院承接企业生产流程外包业务，在企业技术人员的支持下开展生产活动，教师成为生产过程中的技术与管理人员，学生交替进行顶岗工作。通过这种合作，企业降低了生产成本和人力成本，而学院的师生都得到了真实生产的锻炼。

十五、技术推广

由企业提供先进的生产设备（企业产品），以学院教师为主体针对本院学生及社会人员开展的新设备、新技术应用培训。通过这种合作，学生获得了最新的技术培训，掌握了先进设备的操作技能，而企业则达到了发展潜在客户的目的。

十六、工学结合

把学生在企业工作与在校学习相结合的教学模式叫作工学结合。主要形式有：半工半读、工学交替、勤工俭学、订单培养、项目导向、任务驱动和岗位见习等。

工学结合是将学习与工作结合在一起的教育模式，主体包括学生、企业、学校。它以职业为导向，充分利用学校内、外不同的教育环境和资源，把以课堂教学为主的学校教育和直接获取实际经验的校外工作有机结合，贯穿于学生的培养过程之中。在这一过程中，学生在校内以受教育者的身份，根据专业教学的要求参与各种以理论知识为主要内容的学习活动，在校外根据市场的需求以"职业人"的身份参加与所学专业相关联的实际工作。这种教育模式的主要目的是提高学生的综合素质和就业竞争能力，同时提高学校教育对社会需求的适应能力。对于学习与工作相结合的教育模式，各国都有一些自己习惯的称呼，如：美国称之为"合作教育"或"与工作相结合的学习"，英国称之为"三明治教育"，我国则称之为"工学结合"或"半工半读"。

十七、分布式办学

对接产业需求，服务经济转型，构建分布式办学新常态，打造职业教育配送中心，深化产教融合的最终目标，是培养复合型人才。分布式办学将学校办到产业链中去，这种根据产业链的需求来调整学校教育教学任务的模式，既提升了育人质量，又服务了产业发展。

十八、设备共享

由企业和学校共同提供设备，建立生产性实训基地，企业进行生产的同时，为学生提供生产性实训岗位。这种合作模式实现了校企资源的互补和共享，使双方的设备兼具教学和生产功能，大大提高了设备利用率。

十九、中高职衔接

中等职业教育和高等职业教育这两种不同层次职业教育之间的互相衔接；重点是中职教育和高职教育在专业设置、培养目标、教学内容、教材评价标准等方面的有机衔接，是一种职业教育内部的衔接。

《国家中长期教育改革和发展规划纲要（2010－2020）》指出，"到2020年，要形成适应经济发展方式转变和产业结构调整要求、体现终身教育理念、中等和高等职业教育协调发展的现代职业教育体系"。构建中高职衔接人才培养模式是职业教育中对终身教育理念的重要体现之一，也是完善现代职业教育体系的主要内涵之一，更是推动我国职业教育健康、持续发展的重要举措之一。现阶段建设区域型职教集团，以政府主导，社会参与，高职引领中职，整体推进的发展模式，利用职教集团平台进行统筹规划，在招生、人才培养模式、校企合作、就业等方面进行贯通，形成一体化的系统，是较为可行的中高职衔接人才培养方式。

主要培养模式为中高职"3+2"模式，即学生在完成3年中职教育后再接受2年高职教育，毕业后取得相应中等和高等职业教育学历证书及相关职业等级资格证书，是中高职学校发挥各自优势、与行业密切合作联合培养高技能人才的一种办学形式。

二十、现代产业学院

现代产业学院，是指为了培养适应和引领现代产业发展的高素质应用型人才、复合型人才、创新型人才，以应用型高校为重点，在特色鲜明、与产业紧密联系的高校建设若干与地方政府、行业企业等多主体共建共管共享的产业学院。

（一）指导思想

以习近平新时代中国特色社会主义思想为指导，深入贯彻党的十九大和十九届二中、三中、四中全会精神，贯彻落实全国教育大会精神和《中国教育现代化2035》，以立德树人为根本任务，以学生发展为中心，突破传统路径依赖，充分发挥产业优势，发挥企业重要教育主体作用，深化产教融合，推动高校探索现代产业学院建设模式，建强优势特色专业，完善人才培养协同机制，造就大批产业需要的高素质应用型、复合型、创新型人才，为提高产业竞争力和汇聚发展新动能提供人才支持和智力支撑。

（二）建设目标

经过四年左右时间，以区域产业发展急需为牵引，面向行业特色鲜明、与产业联系紧密的高校，重点是应用型高校，建设一批现代产业学院。在此基础上，引导高校瞄准与地方经济社会发展的结合点，不断优化专业结构、增强办学活力，探索产业链、创新链、教育链有效衔接机制，建立新型信息、人才、技术与物质资源共享机制，完善产教融合协同育人机制，创新企业兼职教师评聘机制，构建高等教育与产业集群联动发展机制，打造一批集人才培养、科学研究、技术创新、企业服务、学生创业等功能于一体的示范性人才培养实体，为应用型高校建设提供可复制、可推广的新模式。

（三）建设原则

坚持育人为本。以立德树人为根本任务，以提高人才培养能力为核心，推动学校人才培养供给侧与产业需求侧紧密对接，培养符合产业高质量发展和创新需求的高素质人才。

　　坚持产业为要。依托优势学院专业，科学定位人才培养目标，构建紧密对接产业链、创新链的专业体系，切实增强人才对经济高质量发展的适应性。突出高校科技创新和人才集聚优势，强化"产学研用"体系化设计，增强服务产业发展的支撑作用，推动经济转型升级、培育经济发展新动能。

　　坚持产教融合。将人才培养、教师专业化发展、实训实习实践、学生创新创业、企业服务科技创新功能有机结合，促进产教融合、科教融合，打造集产、学、研、转、创、用于一体，互补、互利、互动、多赢的实体性人才培养创新平台。

　　坚持创新发展。创新管理方式，充分发挥高校与地方政府、行业协会、企业机构等双方或多方办学主体作用，加强区域产业、教育、科技资源的统筹和部门之间的协调，推进共同建设、共同管理、共享资源，探索"校企联合""校园联合"等多种合作办学模式，实现现代产业学院可持续、内涵式创新发展。

二十一、产教综合体

　　产教综合体是实施产教融合的虚拟实体，它由以学校实训中心、研发中心、企业技术服务中心为载体，以学校资产经营公司为桥梁，校企各方运用资本、技术、管理等要素共建多家股份制、独立法人的实体公司组成。

二十二、现代学徒制

　　现代学徒制是中华人民共和国教育部于2014年提出的一项旨在深化产教融合、校企合作，进一步完善校企合作育人机制，创新技术技能人才培养的模式。

　　通过学校、企业深度合作，教师、师傅联合传授，对学生以技能培养为主的现代人才培养模式。与普通大专班和以往的订单班、冠名班的人才培养模式不同，现代学徒制更加注重技能的传承。

　　现代学徒制有利于促进行业、企业参与职业教育人才培养全过程，实现专业设置与产业需求对接，课程内容与职业标准对接，教学过程与生产过程对接，毕业证书与职业资格证书对接，职业教育与终身学习对接，提高人才培养质量和针对性。建立现代学徒制是职业教育主动服务当前经济社会发展要求，推动职业教育体系和劳动就业体系互动发展，打通和拓宽技术技能人才培养和成长通道，推进现代职业教育体系建设的战略选择；是深化产教融合、校企合作，推进工学结合、知行合一的有效途径；是全面实施素质教育，把提高职业技能和培养职业精神高度融合，培养学生社会责任感、创新精神、实践能力的重要举措。各地要高度重视现代学徒制试点工作，加大支持力度，大胆探索实践，着力构建现代学徒制培养体系，全面提升技术技能人才的培养能力和水平。[1]

二十三、订单班

订单班指的是由大型企业提前预订（签约）学生组成的班级。学生在校期间，企业一般提前一年左右，在相近或社会通用专业中选拔在校生组成"订单班"，然后学院按照企业提出的人才培养目标和知识能力结构，修订教学计划，组织教学，有效促进了毕业生就业率和就业质量的提高。

订单班有利于增加学生接触了解企业的时间，使学生在学习中熟悉企业工作的范围和环境、企业在施工实践中培养、考查学生，融合学校的知识教育、动手能力培养和企业的技能教学、职业素质培养为一体，实现真正意义上的高校学生职业生涯发展教育，达到培养企业欢迎、学校放心、学生家长开心的优秀人才的目的。

二十四、双元制教育

整个培训过程是在工厂企业和国家的职业学校进行的一种教育方式。

双元制职业教育是德国职业教育的核心。它被看作是当今世界职业教育的一个典范。作为德国职业教育的主体，它为德国经济的发展培养了大批高素质的专业技术工人，被人们称为第二次世界大战后德国经济腾飞的秘密武器。

"双元制"意指青少年既在企业里接受职业技能和相应知识的培训，又在职业学校里接受职业专业理论和普通文化知识教育。这是一种将企业与学校、理论

---

[1] 教育部关于开展现代学徒制试点工作的意见. 中华人民共和国中央人民政府[2014-09-05]

知识与实践技能紧密结合起来,以培养专业技术工人为目标的职业教育培训制度。它要求使受训者具备在某一工作岗位上独立制订工作计划、独立实施工作计划和独立评估工作计划所需要的各种能力。

二十五、特高计划

由"职教20条"提出,启动实施中国特色高水平高等职业学校和专业建设计划(也称"双高计划"),建设一批引领改革、支撑发展、中国特色、世界水平的高等职业学校和骨干专业(群)。"特高计划"旨在打造技术技能人才培养高地和技术技能创新服务平台;引领职业教育服务国家战略、融入区域发展、促进产业升级。[1]

2019年1月24日,国务院印发《国家职业教育改革实施方案》,提出将启动实施中国特色高水平高等职业学校和专业建设计划,由教育部和财政部共同研究制定并联合实施,"特高计划"正式启动[2];同年4月1日,教育部、财政部发布《关于实施中国特色高水平高职学校和专业建设计划的意见》;同年4月4日,全国深化职业教育改革电视电话会议在北京召开,李克强总理作出批示并指出:着力培育发展一批高水平职业院校和品牌专业[3]。

2019年12月10日,教育部、财政部公布《中国特色高水平高职学校和专业建设计划建设单位名单》,正式公布中国特色高水平高职学校和专业建设高校及建设专业名单,首批"双高计划"建设名单共计197所,其中高水平学校建设高校56所(A档10所、B档20所、C档26所),高水平专业群建设高校141所(A档26所、B档59所、C档56所)。

---

[1] "双高计划"引领新时代职业教育高质量发展. 中国教育新闻网-中国教育报[2019-04-09]

[2] 国务院关于印发国家职业教育改革实施方案的通知(国发〔2019〕4 号). 中国政府网[2019-02-13]

[3] 教育部 财政部关于印发《中国特色高水平高职学校和专业建设计划项目遴选管理办法(试行)》的通知. 教育部官网[2019-04-17]

二十六、新基建

新型基础设施建设，主要包括5G、大数据中心、人工智能、工业互联网、特高压、新能源汽车充电桩、城市轨道交通七大领域，涉及诸多产业链，是以新发展理念为引领，以技术创新为驱动，以信息网络为基础，面向高质量发展需要，提供数字转型、智能升级、融合创新等服务的基础设施体系。

新基建是智慧经济时代贯彻新发展理念，吸收新科技革命成果，实现国家生态化、数字化、智能化、高速化、新旧动能转换与经济结构对称态，建立现代化经济体系的国家基本建设与基础设施建设，包括绿色环保防灾公共卫生服务效能体系建设、5G—互联网—云计算—区块链—物联网基础设施建设、人工智能大数据中心基础设施建设、以大健康产业为中心的产业网基础设施建设、新型城镇化基础设施建设、新兴技术产业孵化升级基础设施建设等，具有创新性、整体性、综合性、系统性、基础性、动态性的特征。[1]

二十七、人才培养方案

人才培养方案是学校落实党和国家关于人才培养总体要求，组织开展教学活动、安排教学任务的规范性文件，是实施人才培养和开展质量评价的基本依据。人才培养方案应当体现专业教学标准规定的各要素和人才培养的主要环节要求，包括专业名称及代码、入学要求、修业年限、职业面向、培养目标与培养规格、课程设置、学时安排、教学进程总体安排、实施保障、毕业要求等内容，并附教学进程安排表等。学校可根据区域经济社会发展需求、办学特色和专业实际制订专业人才培养方案。

二十八、顶岗实习

顶岗实习，是指在基本上完成教学实习和学过大部分基础技术课之后，到专

---

[1] 陈世清：对称哲学证明科学起源于中国. 中国网[2020-07-23]

业对口的现场直接参与生产过程，综合运用本专业所学的知识和技能，以完成一定的生产任务，并进一步获得感性认识，掌握操作技能，学习企业管理，养成正确劳动态度的一种实践性教学形式。

顶岗实习，是在校学生实习的一种方式。非基础教育学校学生毕业前通常会安排学生进行实习，实习方式有集中实习、分散实习、顶岗实习等，顶岗实习学生包括本科生、专科生、高职生、中专生、中职生、技校生。

采用顶岗实习方式，是使学生完全履行其实习岗位的所有职责，独当一面，具有很大的挑战性，对学生的能力锻炼起很大的作用；是《国务院关于大力发展职业教育的决定》中的"2+1"教育模式，即在校学习2年，第3年到专业相应对口的指定企业，带薪实习12个月，然后由学校统一安排就业。

二十九、应用型本科

应用技术型本科，是指以应用技术类型为办学定位，而不是以学术型为办学定位的普通本科院校，是相对、区别于学术型本科的本科类型。应用型本科教育对于满足中国经济社会发展，对高层次应用型人才需要以及推进中国高等教育大众化进程起到了积极的促进作用。

2014年3月，中国教育部改革方向已经明确：全国普通本科高等院校1200所学校中，将有600多所逐步向应用技术型大学转变，转型的大学本科院校正好占高校总数的50%。

三十、职业技能大赛

职业技能大赛一般指全国职业院校技能大赛，是教育部发起并牵头，联合国务院有关部门以及有关行业、人民团体、学术团体和地方共同举办的一项公益性、全国性职业院校学生综合技能竞赛活动。每年举办一届。

大赛充分展示职业教育改革发展的丰硕成果，集中展现职业院校师生的风采，努力营造全社会关心、支持职业教育发展的良好氛围，促进职业院校与行业企业的产教结合，更好地为中国经济建设和社会发展服务。是专业覆盖面最广、参赛选手最多、社会影响最大、联合主办部门最全的国家级职业院校技能赛事。

三十一、混合所有制办学

国务院办公厅《关于深化产教融合的若干意见》要求，"鼓励有条件的地区探索推进职业学校股份制、混合所有制改革"，并将此项任务作为"强化企业重要主体作用"，落实到"有关省级人民政府"。

三十二、1+X 证书制度

"1"为学历证书，"X"为若干职业技能等级证书。学历证书全面反映学校教育的人才培养质量，在国家人力资源开发中起着不可或缺的基础性作用。职业技能等级证书是毕业生、社会成员职业技能水平的凭证，反映职业活动和个人职业生涯发展所需要的综合能力。自2019年开始，开展1+X证书制度试点工作，把学历证书与职业技能等级证书结合起来，探索实施1+X证书制度，是职教20条的重要改革部署，也是重大创新。试点工作将按照高质量发展的要求，坚持以学生为中心，深化复合型技术技能人才培养培训模式和评价模式改革，提高人才培养质量，畅通技术技能人才成长通道，拓展就业创业本领。

《试点方案》提出，自2019年开始，重点围绕服务国家需要、市场需求、学生就业能力提升，从10个左右职业技能领域做起，稳步推进1+X证书制度试点工作。试点院校以高等职业学校、中等职业学校（不含技工学校）为主，本科层次职业教育试点学校、应用型本科高校及国家开放大学等积极参与。

培训评价组织作为职业技能等级证书及标准的建设主体，对标准质量、声誉负总责，主要职责包括标准开发、教材和学习资源开发、考核站点建设、考核颁证等，并协助试点院校实施证书培训。教育部将根据"放管服"改革要求，面向实施职业技能水平评价相关工作的社会评价组织，以社会化机制公开招募并择优遴选参与试点。

三十三、产教融合园

职业院校独立创建并运营或联合政府、企业行业创建并运营，有针对性地集聚符合职业教育育人需求的企业入驻，以一定的建筑空间为有形载体，以技能人才培养为根本任务，集多种社会功能于一体的组织平台。

产教融合案例研究

本部分是作者选择产教融合综合案例、先进案例、典型案例进行系统研究的成果。案例选择上注重了可学性、客观性、针对性和务实性。案例研究的意义和价值在于总结发展规律，展示发展成果，达到示范、引领、推动产教融合深入发展的目的。同时，为提出深化产教融合对策措施奠定了坚实基础。

产教融合校企合作专项案例研究

2021年7月，教育部发布《关于征集产教融合校企合作案例的启事》，面向社会公开征集产教融合、校企合作案例。中国教育发展战略学会产教融合专业委员会受教育部职业教育与成人教育司委托，组织了案例的申报及遴选工作。2022年3月24日，中国教育发展战略学会产教融合专业委员会公布了《2021年产教融合校企合作典型案例名单》受到各大媒体的广泛关注，得到人民网、中国网、未来网、搜狐教育精选、中国远程教育杂志社等多家媒体的报道。这些案例具有典型性、先进性、示范性、时代性和可学性。对这些案例进行深入研究是非常必要和十分重要，也是极其紧要的。本部分研究内容来自全国31个省、市、自治区、直辖市的485个产教融合校企合作典型案例。从案例类型来源、案例数量分布、案例地理区域以及案例所在省、市、自治区、直辖市的经济发展水平（GDP总量）、高校层次、高校数量等维度进行综合研究分析。

一、从省域数量分布维度研究分析

根据数据研究分析，在共计485个产教融合校企合作典型案例中，排名前十的产教融合校企合作典型案例的省市分别是：浙江60个，占产教融合校企合作案例总数的12.37%；山东49个，占产教融合校企合作案例总数的10.10%；广东42个，占产教融合校企合作案例总数的8.66%；北京市38个，占产教融合校企合作案例总数的7.84%；福建37个，占产教融合校企合作案例总数的7.63%；四川28个，占产教融合校企合作案例总数的5.77%；河北26个，占产教融合校企合作案例总数的5.36%；江苏24个，占产教融合校企合作案例总数的4.95%；湖北21个，占产教融合校企合作案例总数的4.33%；重庆市19个，占产教融合校企合作案例总数的3.92%。具体数据见图1。

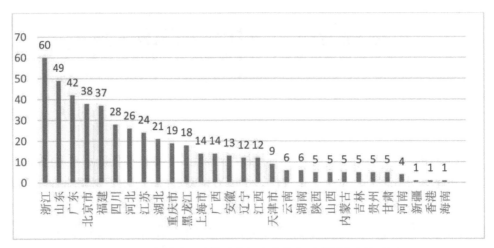

图1   2021年教育部产教融合校企合作典型案例分布统计图

浙江省、山东省、广东省参与度较高的原因在于浙江、山东、广东三省积极落实《国务院办公厅关于深化产教融合的若干意见》，结合本省实际相继出台了各省《关于深化产教融合的实施意见》，为深化产教融合校企合作明确目标和制度保障等。例如浙江省政府出台《浙江省职业教育提质培优行动计划（2021—2023年）》明确了工作目标、工作任务、组织保障等内容。《浙江省产教融合"五个一批"实施方案》明确将实施一批产教融合联盟、一批产教融合示范基地、一批产教融合型企业、一批产教融合工程项目、一批产学合作协同育人项目（即"五个一批"），为扎实推动产教融合校企合作提供了政策保障。

产教融合校企合作案例数量排名前十的省市总量为344个，占产教融合校企合作案例数量总数70.93%。（见图2）

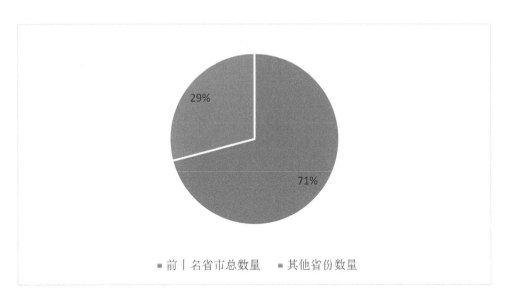

图2　各省市产教融合校企合作典型案例占比

浙江省的产教融合校企合作典型案例数量排名第一，数量60个，占产教融合校企合作案例总数12.37%。（见图3）

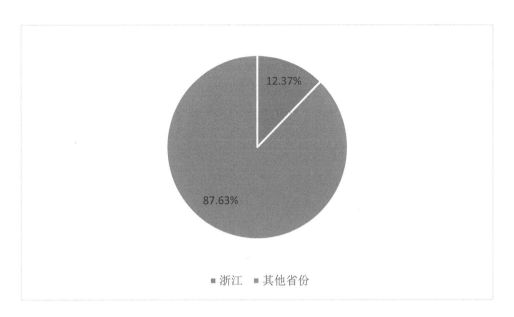

图3　浙江省产教融合校企合作典型案例占比

山东省的产教融合校企合作典型案例数量排名第二，数量49个，占产教融合校企合作案例总数10.10%。（见图4）

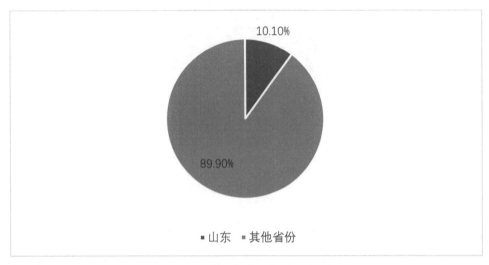

10.10%

89.90%

▪山东　▪其他省份

图4　山东省产教融合典型案例占比

广东省的产教融合校企合作典型案例数量排名第三，数量42个，占产教融合校企合作案例总数8.66%。（见图5）

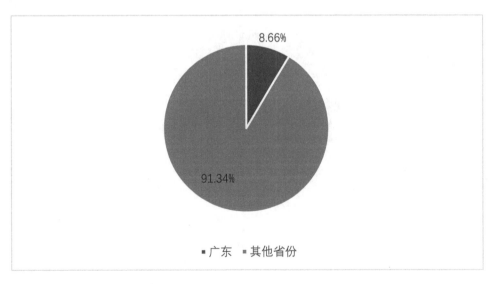

8.66%

91.34%

▪广东　▪其他省份

图5　广东省产教融合典型案例占比

北京市的产教融合校企合作典型案例数量排名第四，数量38个，占产教融合校企合作案例总数7.84%。（见图6）

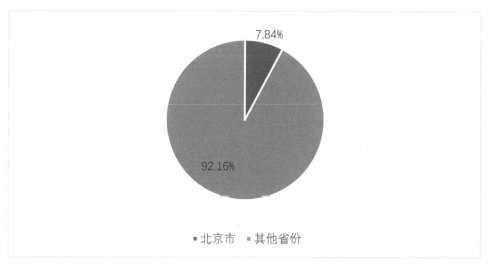

图6　北京市产教融合典型案例占比

福建省的产教融合校企合作典型案例数量排名第五，数量37个，占产教融合校企合作案例总数7.63%。（见图7）

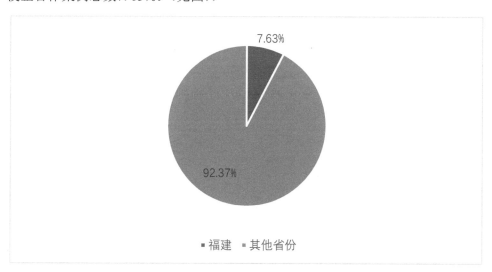

图7　福建省产教融合典型案例占比

四川省的产教融合校企合作典型案例数量排名第六，数量28个，占产教融合校企合作案例总数5.77%。（见图8）

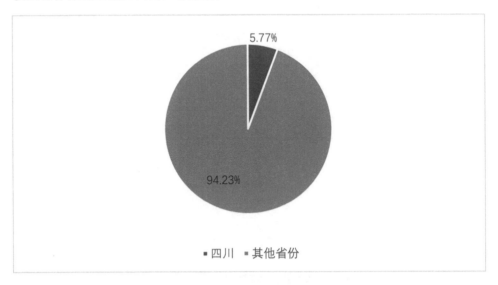

图8 四川省产教融合典型案例占比

河北省的产教融合校企合作典型案例数量排名第七，数量26个，占产教融合校企合作案例总数5.36%。（见图9）

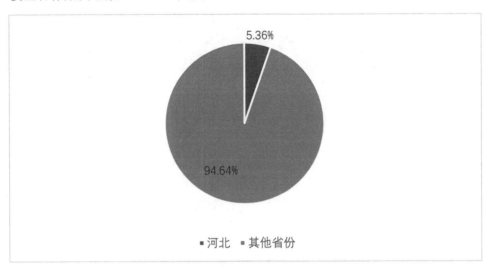

图9 河北省产教融合典型案例占比

江苏省的产教融合校企合作典型案例数量排名第八，数量24个，占产教融合校企合作案例总数4.95%。（见图10）

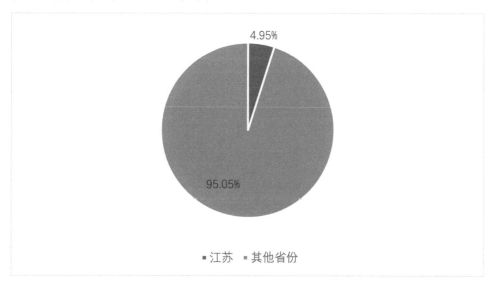

图10　江苏省产教融合典型案例占比

湖北省的产教融合校企合作典型案例数量排名第九，数量21个，占产教融合校企合作案例总数4.33%。（见图11）

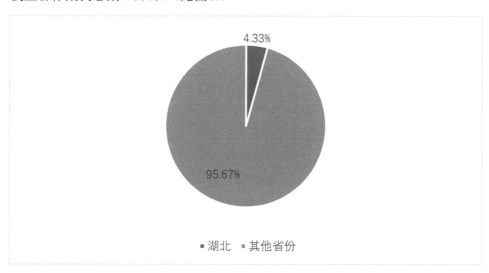

图11　湖北省产教融合典型案例占比

　　重庆市的产教融合校企合作典型案例数量排名第十，数量19个，占产教融合校企合作案例总数3.92%。（见图12）

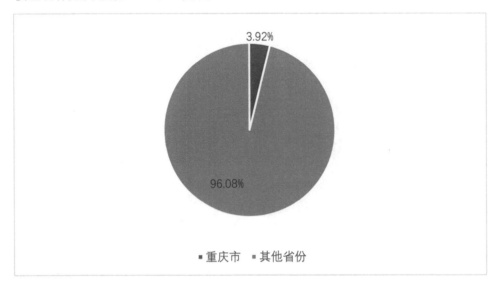

图12　重庆市产教融合典型案例占比

二、从案例来源的维度研究分析

　　根据485个产教融合校企合作典型案例数据研究分析：普通高校产教融合校企合作典型案例15个，占产教融合校企合作典型案例总数的3.09%；职业院校产教融合校企合作典型案例420个，占产教融合校企合作典型案例总数的86.6%；行业企业产教融合校企合作典型案例46个，占产教融合校企合作典型案例总数的9.48%；地方政府产教融合校企合作典型案例4个，占产教融合校企合作典型案例总数的0.82%。（见图13、图14）

　　职业院校参与度高的原因在于：职业院校是产教融合校企合作核心主体之一；产教融合校企合作是职业教育基本办学模式；职业院校参与行业企业的积极性、主动性高。

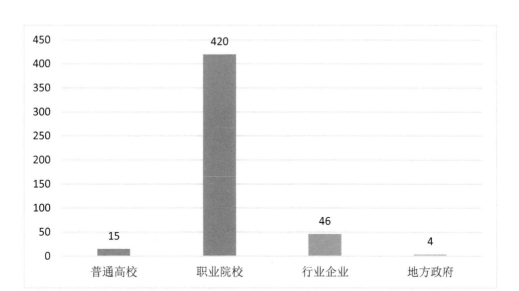

图13 产教融合校企合作典型案例来源数量统计图

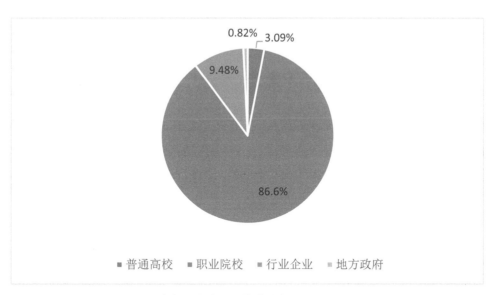

图14 产教融合校企合作典型案例不同来源占比

数据研究分析显示：职业院校案例共计420个，占产教融合校企合作案例总数的86.6%，其中高等职业本科院校10个，占比2%；高等职业专科院校315个，占比75%；中等职业院校95个，占比23%。由此可见：高等职业专科院校是职业院校中产教融合校企合作的最重要力量，中职院校、高职本科占1/4（见图15）。

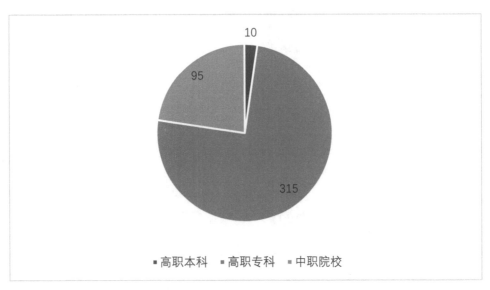

图15　产教融合校企合作典型案例职业院校分布

三、从地理区域划分的维度研究分析

根据产教融合校企合作案例所在地理区域进行统计，可知：华东地区209个，占比43.09%；华北地区83个，占比17.11%；西南地区58个，占比11.96%；华南地区57个，占比11.75%；东北地区35个，占比7.22%；华中地区31个，占比6.39%；西北地区11个，占比2.27%；港澳台地区1个，占比0.21%。（见图16、图17）

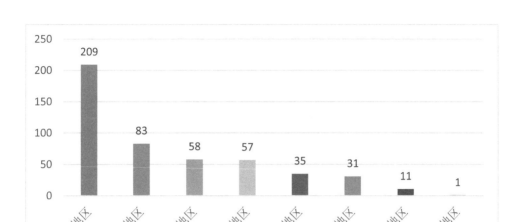

图16 产教融合校企合作典型案例地理区域分布数量统计图

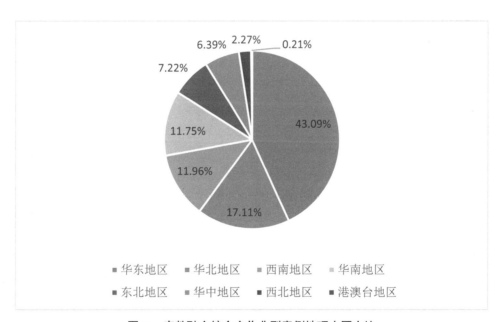

图17 产教融合校企合作典型案例地理大区占比

华东地区产教融合校企合作典型案例209个，其中普通高校典型案例8个，占比3.83%；职业院校典型案例186个，占比89%；行业企业典型案例14个，占比6.7%；地方政府典型案例1个，占比0.48%。（见图18）

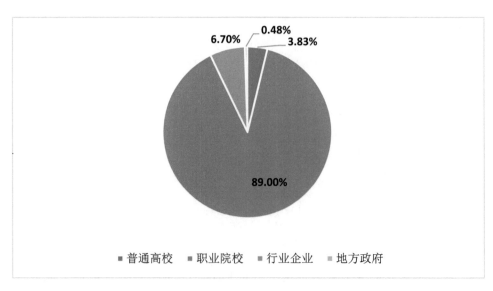

图18 华东地区产教融合校企合作典型案例分布

华北地区产教融合校企合作典型案例83个，其中普通高校典型案例1个，占比1.2%；职业院校典型案例66个，占比79.52%；行业企业典型案例16个，占比19.28%；无地方政府典型案例。（见图19）

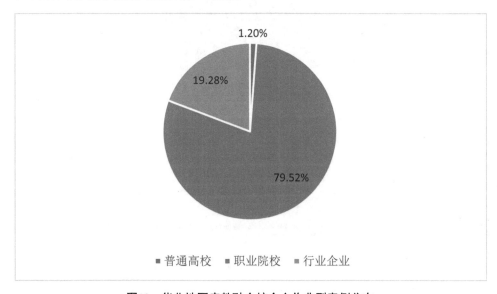

图19 华北地区产教融合校企合作典型案例分布

西南地区产教融合校企合作典型案例58个，其中普通高校典型案例4个，占比6.9%；职业院校典型案例51个，占比87.93%；行业企业典型案例2个，占比3.45%；地方政府典型案例1个，占比1.72%。（见图20）

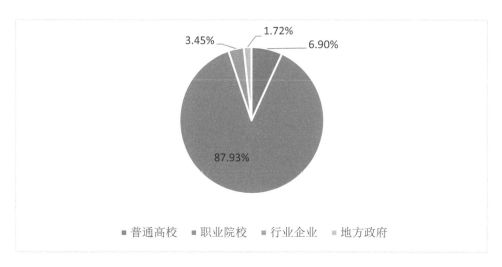

图20 西南地区产教融合校企合作典型案例分布

华南地区产教融合校企合作典型案例57个，其中职业院校典型案例47个，占比82.46%；行业企业典型案例10个，占比17.54%；无普通高校典型案例和地方政府典型案例。（见图21）

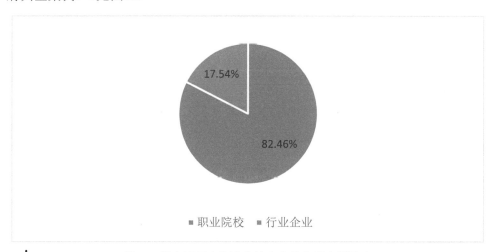

图21 华南地区产教融合校企合作典型案例分布

东北地区产教融合校企合作典型案例35个，其中普通高校典型案例1个，占比2.86%；职业院校典型案例30个，占比85.71%；行业企业典型案例2个，占比5.71%；地方政府典型案例2个，占比5.71%。（见图22）

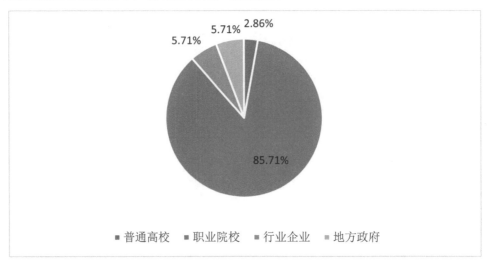

图22 东北地区产教融合校企合作典型案例分布

华中地区产教融合校企合作典型案例31个，其中职业院校典型案例31个，占比100%；无普通高校典型案例、行业企业典型案例和地方政府典型案例。（见图23）

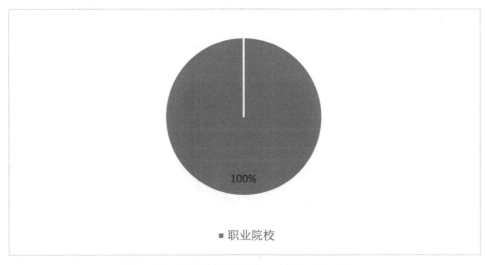

图23 华中地区产教融合校企合作典型案例分布

　　西北地区产教融合校企合作典型案例11个，其中普通高校典型案例1个，占比9.09%；职业院校典型案例9个，占比81.82%；行业企业典型案例1个，占比9.09%；无地方政府典型案。（见图24）

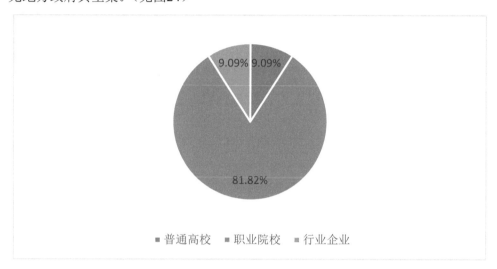

图24　西北地区产教融合校企合作典型案例分布

　　港澳台地区产教融合校企合作典型案例1个，为行业企业典型案例，占比100%；无普通高校典型案例、职业院校典型案例和地方政府典型案例。（见图25）

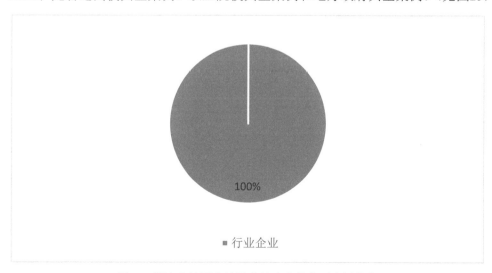

图25　港澳台地区产教融合校企合作典型案例分布

四、从省市 2021 年 GDP 总量的维度研究分析

从GDP总量来看，广东2021年GDP达到124369.67亿元，同比增长8%。这是广东GDP首次超12万亿元大关。广东之后，第二经济大省江苏2021年实现地区生产总值116364.2亿元，历史性突破11万亿元大关，比上年增长8.6%。排名第3到第5的省份分别为山东、浙江、河南，这些省份的GDP分别超过8万亿元、7万亿元和5万亿元。超过4万亿元的省份还有8个：四川、湖北、福建、湖南、上海、安徽、河北、北京，分别位列第6～13名。（见表1）

表1　2021年全国各省市经济排行情况

排行	省市	2021年GDP（亿元）	2021年增速（%）	2021年人均收入（元）
1	广东	124369.67	8	44993
2	江苏	116364.2	8.6	47498
3	山东	83095.9	8.3	35705
4	浙江	73516	8.5	57541
5	河南	58887.41	6.3	26811
6	四川	53850.79	8.2	29080
7	湖北	50012.94	12.9	30829
8	福建	48810.36	8	40659
9	湖南	46063.09	7.7	31993
10	上海	43214.85	8.1	78027
11	安徽	42959.2	8.3	30904
12	河北	40391.3	6.5	29383
13	北京	40269.6	8.5	75002
14	陕西	29800.98	6.5	28568
15	江西	29619.7	8.8	30610
16	重庆	27894.02	8.3	33803
17	辽宁	27584.1	5.8	35112
18	云南	27146.76	7.3	25666
19	广西	24740.86	7.5	26727
20	山西	22590.16	9.1	27426
21	内蒙古	20514.2	6.3	34108
22	贵州	19586.42	8.1	23996

（续表）

排行	省市	2021年GDP（亿元）	2021年增速（%）	2021年人均收入（元）
23	新疆	15983.65	7	26075
24	天津	15695.05	6.6	47449
25	黑龙江	14879.2	6.1	27159
26	吉林	13235.52	6.6	27770
27	甘肃	10243.3	6.9	22066
28	海南	6475.2	11.2	30457
29	宁夏	4522.31	6.7	27904
30	青海	3346.63	5.7	25919
31	西藏	2080.17	6.7	24950

  通过上表并结合产教融合校企合作典型案例省域分布可知，前十名所在省市2021年GDP总量在全国GDP排名相对靠前，比如广东省、江苏省、山东省、浙江省、四川省、湖北省、福建省，位居全国GDP排名前10强。说明经济大省或经济强省促进产教融合校企合作开展并取得实效。经济发展越繁荣的地区，高校与产业深入融合发展得越好，产教融合校企合作开展得越好，越能促进经济高质量发展。（见图26）

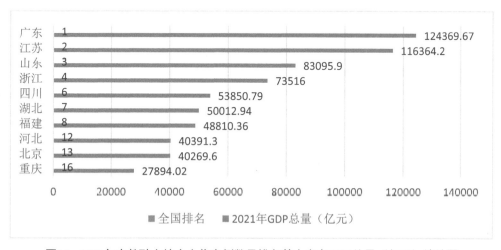

图26　2021年产教融合校企合作案例数量排名前十省市GDP总量（亿元）统计图

五、从省市拥有高校数量及层次维度研究分析

全国各省本科高校、高职院校、民办高等教育机构数据显示：山东省有高校总数212所，其中本科高校70所、高职院校82所、民办高等教育机构60所；广东省有高校总数183所，其中本科高校67所、高职院校87所、民办高等教育机构29所；四川省有高校总数171所，其中本科高校53所、高职院校79所、民办高等教育机构39所；河北省有高校总数163所，其中本科高校61所、高职院校64所、民办高等教育机构38所；江苏省有高校总数157所，其中本科高校78所、高职院校79所、民办高等教育机构0所；北京市有高校总数156所，其中本科高校67所、高职院校25所、民办高等教育机构64所；湖北省有高校总数147所，其中本科高校68所、高职院校61所、民办高等教育机构18所；浙江省有高校总数129所，其中本科高校60所、高职院校49所、民办高等教育机构20所；福建省有高校总数89所，其中本科高校39所、高职院校50所、民办高等教育机构0所；重庆市有高校总数73所，其中本科高校26所、高职院校42所、民办高等教育机构5所。（见图27、图28）

由此可见：教育大省或教育强省具有人才资源、专业优势、学科优势等，对促进产教融合校企合作具有极大的促进作用。

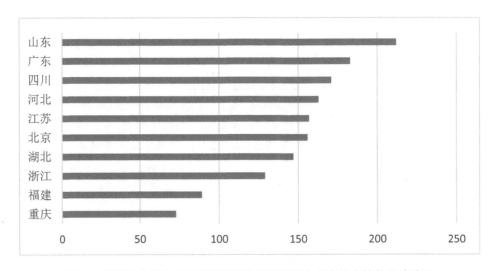

图27 产教融合校企合作典型案例数量排名前十省市的高校数量统计图

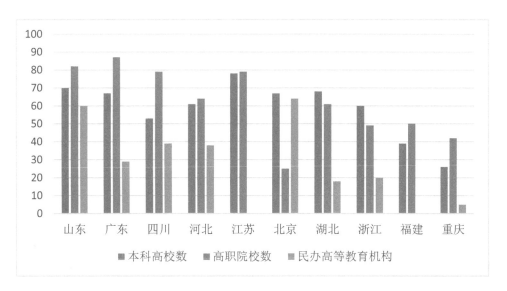

图28　产教融合校企合作典型案例数量排名前十省市的高校层次数量统计图

以产教融合校企合作典型案例数量前十名所在区域进行研究分析：江苏、山东、浙江、福建等省所在华东地区，经济发展水平（2021年数据）分别位列全国第2名、第3名、第4名、第8名，江苏、山东、浙江、福建省拥有高校数量分别是157所、212所、129所、89所。

分析其中的原因及背后的发展逻辑为：经济发展是教育发展的基础，经济发展水平越快的省份必然教育资源越好，教育水平越高的省份，为经济发展提供高素质的劳动者及各类专门人才越多，又必然促进经济的进一步发展。即教育促进经济发展，经济发展又促进教育水平不断提高。

产教融合校企合作综合案例研究

河北建材职业技术学院是经河北省人民政府批准、教育部备案的高等职业技术院校，被国家劳动和社会保障部评为"创新能力培训实验学校"，被中国教育科学研究院和全国高职高专招生就业协作会评为"中国十大特色高职院校"。先后荣获河北省就业工作先进集体、河北省大学生创业示范园、河北省优质校建设院校、河北省高技能人才培训基地、团中央第二课堂成绩单试点院校、教育部国防教育特色学校、教育部首批示范性职教集团培育单位、教育部现代学徒制首批试点院校、国家技能人才培育突出贡献单位、全国建材行业先进集体等荣誉称号。在河北建材职业技术学院"十三五"发展期间，实施了《服务秦皇岛五年行动计划》，成功探索出了一条服务社会的新路子。作者作为《服务秦皇岛五年行动计划》的参与者、见证者、实践者、奉献者、受益者，内心受到强烈的触动和极大的鼓舞，为学院取得惊人成就欢欣鼓舞，同时通过对《服务秦皇岛五年行动计划》这一创举进行了深入系统的研究，认为这是全方位、多角度、深层次、有成效的服务地方经济社会发展的创新典型案例，值得推广复制、学习借鉴。

河北建材职业技术学院全面深刻学习领会落实习近平总书记在全国职业教育工作会议上的重要讲话精神：要牢牢把握服务发展、促进就业的办学方向，深化体制机制改革，创新各层次各类型职业教育模式，坚持产教融合、校企合作，坚持工学结合、知行合一，引导社会各界特别是行业企业积极支持职业教育，努力建设中国特色职业教育体系。这次大会对职业教育的重视程度进一步提高，职业教育服务产业发展的能力和服务经济社会高质量发展作用进一步提升。全国各职业院校都深刻领悟习近平总书记的重要指示，把积极落实深化产教融合校企合作作为党委的政治责任和重要任务。

"十三五"期间河北建材职业技术学院为落实习近平总书记重要指示和党中央系列部署，立足服务地方经济高质量发展，不断探讨高校与地方全面、深度、持续合作的路径，学院党委书记亲自主持，全院师生通过反复讨论、多方协商、周密论证，最终提高了认识、统一了思想、达成了共识、凝聚了力量、坚定了信心、鼓舞了斗志。在实践中落实习近平总书记关于坚持产教融合、校企合作，坚持工学结合、知行合一的重要指示，必须首先服务好推动好所在城市产业的发展。决心在学院党委的领导下，走出一条具有建材特色、时代特征、可复制可推广与秦皇岛市融合发展、互利共赢的发展之路。学院党委审时度势、因势利导、果断作出实施《服务秦皇岛五年行动计划》决策，开启了全面提升服务经济社会发展能力的新征程，谱写了校地融合发展的新篇章。河北建材职业技术学院率先出台了《服务秦皇岛五年行动计划（2016—2020年）》十大工程50项重点任务：旅游旺季服务形象展示提升工程；入学生毕业留秦就业创业率提升工程；秦皇岛职业教育提升工程；企业员工素质提升工程；组织管理专家学者深入行业企业，开展企业管理诊断、咨询服务工程；党政机关创新能力培训提升工程；校地校企合作精品打造工程；相关行业企业有关技术难题的攻关工程；校地校企人员双向挂职培养工程、相关产业结构调整服务工程十大工程。力求解决的主要问题：一是探索了职业院校发挥自身优势服务社会职能的创新道路；二是解决了职业院校和地方合作内容单一、机制不活、不可持续等难题；三是促进了各类型职业教育模式的相互融合；四是推动了职业教育育人方式、办学模式、管理体制、保障机制的改革；五是实现了高校与地方互为依托、共促共赢、融合发展的目标；六是填补了国内职业院校和所在城市全面、深度、持续合作的空白。

一、《服务秦皇岛五年行动计划》十大工程 50 项重点任务

（一）暑期服务形象展示提升工程

1. 重建公共交通标识体系，提高公共交通外部形象。城市公共交通是游客在秦的主要交通方式，往往成为游客定格秦皇岛形象的重要影响因素，是城市对外

宣传的重要窗口。学院发挥资源优势，与秦皇岛市公交公司进行全面合作，进行站点、场站等路务设施外部形象优化设计，增强公共交通网络平台服务效能，提升公交系统服务品质。

2. 开展大学生暑期志愿服务活动，服务秦皇岛暑期旅游。依托大学生群体资源，建立大学生暑期志愿服务基地，组织大学生志愿者深入公交车、火车站、机场和重要旅游景点，把宣传秦皇岛市委工作新思路、宣传"绿色""生态"城市发展理念、宣传秦皇岛重点民生工程等融入志愿者服务工作中，充分展示秦皇岛美好形象。

3. 发挥高校优势，助力创建"河北省最干净城市"。秦皇岛市委提出打造河北省最干净城市，这是多年来最具考核性和最具务实性的目标，对于引导全市人民积极参与和监督的意义十分重大。其他各项工作目标的确定和提出都应突出考核性和务实性。一方面，组建专家学者参加的研究团队，总结打造河北省最干净城市的工作经验，分析存在的问题，提出解决对策，同时举一反三，把工作经验运用到其他各项工作中来；另一方面，组织"建院杯河北省最干净城市"征文竞赛、演讲比赛，营造创建"河北省最干净城市"的良好氛围，引导大学生成为打造河北省最干净城市的积极实践者，激发广大市民热爱秦皇岛、建设秦皇岛的热情。

4. 做好导游员集中培训，提高导游员在对游客讲解中宣传秦皇岛的自觉性和主动性。通过组织培训，让导游员充分了解掌握全市的发展战略、工作重点、重要成就、发展方向等内容，强化导游员建设秦皇岛的主人翁意识，把秦皇岛导游员打造成改革开放成果的宣讲者和城市文化的传播者。

5. 开展大学生"三进"活动，提高广大市民的综合素质并引导他们在日常交往中积极传播正能量。组织大学生"进社区、进企业、进农村"活动，通过开展文艺演出、入户走访、集市宣讲、广播宣传等多种形式，宣讲秦皇岛建设成就、文明成果、发展蓝图、美好愿景等。

6. 开展大学生爱市教育，鼓励广大学生成为秦皇岛的宣传使者。驻秦高校大学生来自五湖四海，宣传覆盖面广、说服力强。发挥驻秦高校十余万在校生集中暑期加大对秦皇岛的宣传作用，意义十分重大。建材学院暑期放假前要集中对所有在校生进行市情教育和培训，对学生暑期宣传工作提出明确要求，跟踪指导推进宣传工作，总结宣传成效，表彰主动做好宣传工作并取得成效的优秀学生，探索建立长效机制，形成制度规范，推动大学生宣传工作常态化。

（二）大学毕业生留秦就业创业率提升工程

7. 邀请政府领导、企业精英、行业专家"进校园、进课堂、进班级"。通过讲座、报告会、推介会等形式宣传秦皇岛地方经济发展成果，解读京津冀协同发展、环渤海地区合作发展等重大战略，介绍现代企业新技术、新工艺，让学生充分了解秦皇岛地方经济发展对人才的需求状况。

8. 组织开展大学生"进园区、进企业、进车间"。通过参观学习、实习实训、社会实践等形式组织大学生到秦皇岛相关企业实践锻炼，零距离地接触企业生产一线，亲身感受企业文化，激发其投身秦皇岛经济建设的愿望。

9. 创新人才培养体系，提高留秦人才质量。通过研讨会、交流会的形式，组织专家学者与行业企业精英联手谋划"产业园区+标准厂房+职业教育"的人才培养模式，增强学生的实践动手能力、就业竞争力、创新创业能力，形成服务、教学、就业、创业一条龙的创新型人才培养体系，为秦皇岛地方经济社会发展提供高质量人才。

10. 围绕秦皇岛地方主导产业，优化专业结构。精心谋划与地方产业分布形态相适应的专业结构布局，加强特色、优势、品牌专业建设，将秦皇岛地方行业特色比较优势转化为竞争优势，动态调整专业架构，提高留秦人才就业的专业对口率。

11. 围绕"新技术、新产业、新业态"，助力创建北方"双创"基地。广泛开展大学生创新创业活动，增强学生创新精神、创业意识和创新创业能力，聘请地方行业企业的创业精英担任指导教师，为学生提供孵化基地、资金、项目对接、产权交易、培训实训、政策宣传等服务，为实现秦皇岛"双百双千"工程，提供创新创业人才支持。

（三）秦皇岛职业教育提升工程

12. 提升中等职业学校领导班子的职业教育理论水平。组织中等职业学校领导班子职业教育理论水平提升培训班，选派职业教育理论水平高、功底扎实的专家学者讲解现阶段职业教育的发展趋势，解读中职学校的办学理念、办学定位、教育目标等职业教育理论。

13. 提升中职教师专业水平。充分利用我院特色专业的教育资源，采取多种形式，运用多种方法对秦皇岛中等职业教师进行专业培训，提高职业教育的整体教学水平。

14. 搭建中高职衔接平台。与秦皇岛地区中等职业学校签订中高职衔接协议，实现中职教育与高职教育有效衔接，打开中职学生发展通道。共同制订人才培养方案，培养适应秦皇岛地方经济社会发展急需的技能应用型人才。

15. 开发和开放我院实训资源。整合中、高职实训基地，提高中等职业教育的实践能力和水平。挖掘现有资源，实现高职院校实训资源的社会共享。

（四）企业员工素质提升工程

16. 围绕推广绿色节能建筑，对建筑全产业链的相关企业员工进行培训，助力推进生态化、产业化发展，促进创建国家生态文明城示范区建设。

17. 围绕玻璃建材绿色化、重振耀华品牌、重点发展新材料等要求，以新工艺、新技术、新产品研发与推广为主，为玻璃、水泥企业管理人员、技术人员、岗位工人进行培训与技能鉴定。

18. 围绕"突出旅游业的基础地位，完成旅游管理、经营体制改革，打造全市域旅游"，为秦皇岛地区开展旅游管理、酒店管理等方面人员的业务培训。

19. 围绕大力发展物流产业，针对微电商、线上线下的全新运营模式、"互联网+"等企业战略，为农产品直供物流、电商仓配、城乡配送及现代物流装备市场等领域提供培训服务。

20. 围绕地理信息、北斗导航、大数据智能终端、软件及互联网服务、应用App开发等产业领域提供培训服务。

21. 围绕助力我市汽车销售与维修服务行业稳步发展，开展汽车检测与维修、汽车销售及评估等方面的专业培训。

22. 围绕我市装备制造业发展上水平，提供机械加工、机电设备维修、电气装备等方面的培训和职业资格鉴定服务。

23. 围绕提升我市休闲服务业水平，开展茶艺师、调酒师等方面的业务培训和技能鉴定。

24. 围绕我市"推进港产城一体化，打造东北亚物流枢纽"目标，开展临港物流方面的人员业务培训。

（五）组织管理专家学者深入行业企业，开展企业管理诊断、咨询服务工程

25. 对国有大型企业的组织架构、决策机制、发展战略、企划体系、管理策略以及市场和销售系统进行宏观的系统诊断，助力企业提高以管理组织系统化、管理手段自动化、管理方式定量化、管理思想现代化为特征的现代化管理水平。

26. 对中型企业经营定位的规划制定、运营过程的综合平衡、预算和资金计划的协调匹配、执行过程的质量效率等经营管理中的关键要素进行专项诊断，帮助它们改善经营管理，降低生产成本、提高生产效率，提升自身在市场竞争中的层次位阶和经济效益。

27. 对小微企业的产品定位、发展方向、资金管理、质量控制、成本核算等环节进行育成性诊断，帮助它们提升实力、加速成长，为小微企业做大做强指明方向。

28. 对科技创新型企业的创新能力、赢利能力、扩张能力、资本运营能力进行综合性的评估诊断，帮助它们用好扶持政策，强化技术优势、提升竞争实力，实现跨越式发展。

（六）党政机关创新能力培训提升工程

29. 对各级决策层领导干部着力进行战略思想、世界眼光、决策能力等方面的创新能力培训。

30. 对中层干部进行调研能力、协调能力、组织能力等方面的创新能力培训。

31. 对一般工作人员着力进行学习能力、看齐能力、执行能力等方面的创新能力培训。

（七）校地校企合作精品打造工程

32. 建立现代玻璃学院。发挥传统专业优势，与耀华玻璃集团等企业合作共建混合所有制"现代玻璃学院"，以订单培养、现代学徒制模式为玻璃产业培养高素质、技术技能型人才。

33. 建立秦皇岛市绿建评鉴运营中心。根据国家绿色建筑行动方案与促进绿色建材生产与应用行动方案的要求，整合材料类、建筑类教育教学资源，以第三方身份进行绿色建筑、建材品质鉴定，出具绿建评价等级报告。促进和践行建材绿色发展，引导低碳消费潮流，倡导绿色生活方式。

34. 建立秦皇岛新型转移能源生态农居示范基地。依托材料类、建筑类服务团队，与各区县共建秦皇岛新型转移能源生态农居示范基地，加快新农村住宅建设更新步伐，推广应用建筑节能产品，打造生态文明、低碳、环保、超低能耗的被动式新农居。

35. 建立BIM研究中心。依托建筑工程类专业优势，积极与企业结盟，联手秦皇岛建设局、国家建研院、新鲁班软件公司，为新形势下的建筑企业提供BIM规划、咨询、BIM建模、企业BIM人才的订单培养、员工BIM技术培训等服务。

36. 建立住宅产业化研究团队。发挥建筑工程类、新型建筑材料专业团队优势，联手秦皇岛建设局、河北建工集团、秦皇岛阿尔法工业园，以建筑住宅产业化开发与推广为主，结合2016年秦皇岛供给侧改革及棚户区改造工程，为企业提供住宅产业化设计、施工技术指导、施工技术研究、基层管理人员专业提升培训等服务。

37. 探索实践"现代学徒制"人才培养模式。发挥河北建材职业技术学院作为全国百所"现代学徒制试点单位"的平台作用，积极与秦皇岛市公交公司、太平洋保险公司等企业合作，探索校企合作共育人才，引领秦皇岛职业教育人才创新培养。

（八）相关行业企业有关技术难题的攻关工程

38. 联合企业开展技术攻关。依托专业优势和科研资源，加强应用型技术研究，帮助行业、企业研究解决生产中的技术难题。

39. 努力促进科技成果转化。面向产业转型需求，推行以市场为导向、以产业化为目标的产学研一体化科研服务模式，与相关企业合作对接，把研发成果转化为现实生产力。

40. 致力行业技术升级创新。发挥河北省建材职教集团的行业集团优势，承接和组织行业课题的研究，促进新技术、新工艺进入生产一线，促进行业领域的相关技术进步升级。

（九）校地校企人员双向挂职培养工程

41. 我院专家到企业挂职顶岗。依托学校资源，发挥自身优势，选派专家学者深入秦皇岛行业企业、事业单位挂职锻炼，促使高校教师"贴近社会、贴近企业、贴近一线"，搭建校地合作、校企合作平台，运用现代技术、管理理论帮助企业解决技术难题，加快科研成果转化，提升企事业单位管理水平。

42. 企业技术人员和能工巧匠来院兼职。邀请秦皇岛行业企业、事业单位热爱教育事业、具有相应专业背景和专业水平的高层科研人员、管理人员，到我院兼任教授，参与对口专业的人才培养方案制订、专业建设、课程体系建设等工作，搭建实践教学平台和科技研发合作平台，改善人才培养模式，促进学校和社会对接，培养真正符合秦皇岛市经济发展需要的应用技能型人才。

（十）相关产业结构调整服务工程

43. 服务新材料产业。根据我市重振耀华品牌、发展新材料产业的战略需要，与企业合作开展面向建筑新型材料生产应用的横向课题研发、职业标准和产品标准编制等工作，通过开展技术技能、职业素养及生产管理等培训，为生态城建设提供技术和智力支持。

44. 服务建筑产业。围绕秦皇岛市重点推广绿色建筑、节能建筑、创建国家生态文明城先行示范区建设等要求，以我院BIM研究中心为基础，积极与企业结盟，为建筑企业提供BIM规划、咨询、BIM建模、企业BIM人才的订单培养，员工BIM技术培训等服务。

45. 服务先进装备制造业。依托我院机电一体化、电气自动化、机电设备维修与管理、机械设计与制造等专业服务团队，面向秦皇岛中信戴卡、天威保变、中铁山桥、图成玻璃、旭硝子汽车玻璃等先进装备制造业开展技术服务和人才培养。

46. 服务信息技术产业。依托我院计算机信息技术、通信技术等专业服务团队和我院是河北省软件服务外包培训基地（ITO）的优势，服务于中兴网信、康泰医学、博硕公司、尼特公司、天润公司、新浪潮等信息技术产业。

47. 服务现代商贸服务业。依托我院汽车技术服务与营销专业服务团队，面向秦皇岛市汽车销售与维修服务行业开展技术服务和人才培养；依托电子商务专业服务团队，服务区域电子商务发展。

48.服务生态旅游业。依托我院旅游管理、酒店管理、商务英语等专业服务团队，助力推动秦皇岛"旅游+"全产业融合，将我市打造成京津冀最佳旅游目的地。

49.服务健康产业。依托我院体育专业师资优势和体育健身康复研发平台，对全市社区开展健康指导（尤其老年健康）服务，促进秦皇岛市民健康生活方式的形成，为建立全民健身科学指导和服务体系提供科技支撑。新建健康养老专业，助力我市开展全国养老服务业综合改革试点工作。

50.服务社会公共交通事业。发挥我院科研资源优势，推进站点、场站优化设计，助力秦皇岛智能交通系统建设，提升秦皇岛市公共交通品质和公共交通系统形象，为市民提供更为优质和便捷的服务。

二、《服务秦皇岛五年行动计划》综合案例的突出成效

通过5年多时间，组织实施《服务秦皇岛五年行动计划》十大工程50个具体项目。为秦皇岛市服务新材料产业、建筑产业、先进装备制造业、信息技术产业、现代商贸服务业、生态旅游业、健康产业、社会公共交通事业等八大产业结构调整提供了创新服务。5年多来，《服务秦皇岛五年行动计划》十大工程50项具体任务全面完成并取得了重要成果。先后共有3000名教师7000名学生近30000人次，为全市30多个行业400多家企事业单位开展了人才培训、企业诊断、科技攻关、志愿服务等各项服务工作。大学毕业生留秦就业创业率连续多年在驻秦高校中排名第一，对接的11所中等职业学校办学能力得到全面提升，为企事业单位提出合理化建议429条，解决技术难题272个，推动科技成果转化47个，校地双向挂职锻炼226人，打造校地合作精品工程十大项30个小项目，实现了高校与地方互为依托、共促共赢、融合发展的目标。具体内容如下：

（一）旅游旺季服务形象展示提升工程

对全市54条公交路线进行重新设计和优化，1500名大学生为公共交通提供安全检查、秩序疏导、票务监督、导乘导游和形象宣传服务。对7100多人次旅游从业人员进行企业文化、文明礼仪等培训，提高了培训人员的整体素质。8000多名

大学生为北戴河国际轮滑节和国际马拉松比赛等重大活动和赛事提供专场讲解、赛事策划、外宾翻译、礼仪引导、贵宾接待和安全保卫等服务工作。组织14200名大学生进57个社区、进300多家企业、进130个农村,组织开展文艺演出16场、入户走访2750多户、集市宣讲210次、广播宣传36次。围绕创建文明城市、卫生城市和森林城市中心工作,开展大学生爱市教育,鼓励引导广大学生成为秦皇岛的宣传使者。邀请市委常委、市政府领导、市教育局、人社局等39部门的负责人到校就各自工作成就作了专题报告,邀请中国建设银行秦皇岛开发区支行等43个企事业单位作了70场专题讲座,学院党委书记、院长及中层正职和系部主要负责人亲力亲为,为学生作了有关学院发展和秦皇岛重大成就讲座61次。开展了"十走进"即走进图书馆、大海边、养老院、社区、交通岗、集市、福利院、景区、农户家、学生家。组织3500多名大学生150次深入图书馆介绍读书方法、整理图书分类、打造和谐"书香"世界,浓厚读书氛围。组织5100多名大学生15次到大海边清洁卫生环境,提升海边环境质量。组织1137多名大学生18次走进养老院丰富老年生活,体现党和政府对老年人的关心、关爱和关注。组织13700多名大学生160次走进57个社区,优化管理方法、营造文化氛围、策划社区活动、强化市民创城担当、焕发创城行动自觉。组织2100多名大学生走上交通岗热情帮残助弱、规范交通秩序、强化文明意识、提升城市形象。组织3400名党员师生深入3000多个农户家庭,摸实情、找症结、查原因、定对策,提高贫困户脱贫的能力和本领。组织4700名师生到210个集市,调动广大市民创城的自觉性、主动性和积极性,增强广大市民创城紧迫感、责任感和使命感。组织800多名大学生16次走进福利院关爱儿童,开展心理健康咨询、举行才艺表演展示、开展亲子互动活动等,送去温暖、送去关心、送去祝福,助力儿童幸福健康成长。组织8000多名师生走进风景区,提升景区品位、介绍历史文化、提高城市的知名度和影响力,助力建设沿海强市、美丽港城和国际化城市。组织262名老师深入1130个家庭,建立长效沟通机制。形成学校家庭共同育人模式,营造学生成长成才良好环境。

(二)大学生毕业留秦就业创业率提升工程

通过邀请政府和有关部门领导、110名行业专家、900多个企业领导专题为大学生讲解秦皇岛发展总体战略、秦皇岛吸引大学生就业创业优惠政策及相关企业的技术先进性、发展可期性和有关专业匹配性，提高了广大学生留秦的信心和勇气；共组织5740名大学生进40多个园区570多个企业1000多个车间，亲身感受企业文化，体会工匠精神；邀请84名高层次专家咨询、指导关于创新人才培养体系的意见，7个系部都结合自身实际对人才培养体系进行改革创新，形成了"三双一全""三段四双"和"众企联盟"等独具特色的人才培养模式；召开125次研讨会、交流会，研究学生培养和产业紧密结合的方法、措施、特点等。与5个产业园区、企业实施了"产业园区+标准厂房+职业教育"的人才培养模式。研究上级有关职业教育发展精神研讨会50余次，深入市发改委、科技局等经济发展职能部门调研 30 多次，全面了解秦皇岛产业现状及发展趋势。对近万名毕业生进行回访，到百余家企业进行调研，围绕秦皇岛市"四大两特"产业发展布局，调整专业20个，其中新增专业12个，使全部41个专业都和秦皇岛经济发展相契合。从秦皇岛机关、事业、企业聘请专家260名次，涉及24个专业；校内拥有秦皇岛市金牌创业培训讲师，对学生进行创新创业指导，校内50多个项目成功入驻创业示范园，累计936名大学生参与创新创业等，学院大学生留秦就业创业人数每年递增，每年留秦就业创业人数都超过在秦招生人数，留秦就业创业比率在驻秦高校连续多年第一。2016—2021年留秦毕业生比例如图1所示。

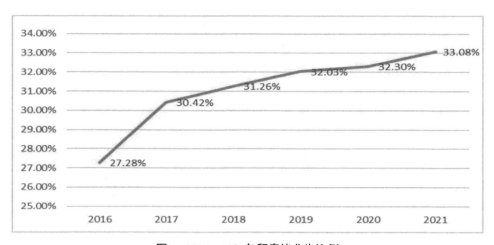

图1 2016—2021年留秦毕业生比例

（三）秦皇岛职业教育提升工程

学院领导和专业带头人授课，组织全市11个中等职业院校领导成员进行集中培训3次；选派院级领导和系部主要负责人面对面座谈、咨询诊断64人次；采取"请上来和走下去"对口专业集中培训6次以上；全院院领导、系部主任、骨干教师等200多人次深入全市每一所中等职业院校有针对性地对教师进行指导；与抚宁区、昌黎县、卢龙县职业技术教育中心等8所学校签订中高职"3+2"人才培养衔接协议，共有300多名学生以这种人才培养模式走上了工作岗位；全院校内外玻璃实训室、BIM实训室、体育健身房、秦皇岛建创超市电子商务运营管理基地等150多个实训室全部向中职院校开放。

（四）企业员工素质提升工程

围绕着企业员工技术、文化素质的提高和积极性、创造性的充分发挥，依托学院专业优势和教师特长，围绕建筑安全产业链、玻璃建材绿色化、旅游产业等9大产业和行业，培训300家企业员工3000人，培训天数8360天，参加培训教师189人，极大地提高了培训人员的理论水平、业务技能和整体素质。围绕推广绿色节能建筑组织16名优秀教师，对建筑全产业链47个相关企业员工进行培训。对78个建筑项目进行评估、评审、提出137条立即改进的合理化建议，提出了14条长期坚持提高的对策建议。通过培训和专家评审提高了建筑相关企业员工的整体素质、提升了建筑项目的品位；围绕玻璃建材绿色化，重振耀华品牌，重点发展新材料等要求培训人员438人，参训累计天数达3066天，极大地提高了员工的理论水平和实际操作能力；围绕旅游业开展15项课程培训，参加人数达340人，累计天数2380天，提高了旅游行业职工整体素质，共收到有关企业感谢信20余封；围绕大力发展物流产业培训人数达470多人，累计天数3290天，提高了物流企业管理效能和运输、仓储、采购及营销工作能力；围绕地理信息、北斗导航、大数据智能终端、软件及互联网服务、应用App开发等产业领域提供培训服务人数252人，培训1564天，提高了企业员工在云计算的系统建设、运行维护、测试评估、安全配置、服务开发与管理等方面的技术技能；围绕助力秦皇岛市汽车销售与维修服务行业稳步发展，组织多名优秀教师为30家企业进行6项课程的培训，培训人数280人，累计培训天数1400天，提高了汽车销售与维修服务业企业员工的整体素质；围绕我市装备制造业发展上水平培训人数120人，培训840天，培养了一批技术骨干；围绕提升我市休闲服务水平开展培训人数400人，培训天数2000天，提高了培训人员的技能水平。通过茶、酒技能鉴定中心平台对160人进行了技能鉴定。组织全市技能竞赛大赛15次，参加学生258名，并获得河北省职业院校职业礼仪团体一等奖和河北省茶艺技师大赛一等奖；围绕秦皇岛市"推进港产城一体化，打造东北亚物流枢纽"目标，开展临港物流方面的人员业务培训人数520人，培训3640天，提高了临港物流企业仓储管理、物流市场开发、物流运作流程管理等标准化管理、运作水平。

（五）组织管理专家学者深入行业企业，开展企业管理诊断、咨询服务工程

组织62名专家对7家大型企业的组织架构、决策机制、发展战略、企划体系进行了宏观的系统诊断，查找出风险隐患29条，分析存在原因61条，提出合理化建议12条，协助整改解决问题5个。提高了以管理组织系统化、管理手段自动化为特征的现代化管理水平；组织104名专家，对64个中型企业就企业经营定位的规划制定、运营过程的综合平衡、预算和资金计划的协调匹配、执行过程的质量效率等经营管理中的关键要素进行专项诊断，查找出风险隐患150条，分析存在原因276条，提出合理化建议94条，协助整改解决问题58个。提高了以管理方式定量化、管理思想现代化为特征的现代化管理水平；组织104名专家，对120个小微企业的产品定位、发展方向、资金管理、质量控制等环节进行育成性诊断，查找出风险隐患239条，分析存在原因548条，提出合理化建议164条，协助整改解决问题97个。帮助小微企业提升实力、加速成长，为做大做强指明方向；组织73名专家，对38个科技创新型企业的创新能力、资本运营能力进行综合性评估诊断，查找出风险隐患94条，分析存在原因176条，提出合理化建议59条，协助整改解决问题42个。帮助企业用好扶持政策，强化技术优势、提升竞争实力，实现跨越式发展。

（六）党政机关创新能力培训提升工程

发挥学院是秦皇岛唯一一所被国家劳动和社会保障部命名的创新能力培训实验学校，师资队伍雄厚，研究成果颇丰的优势，对全市26个单位61名领导干部、

107名中层干部、270名工作人员重点进行了习近平新时代中国特色社会主义思想、党的十八大和十九大精神、领导艺术和方法、处理突发事件的方法等进行培训，提高了调研能力、协调能力、组织能力、学习能力。

（七）校地校企合作精品打造工程

成立了全国玻璃类首家混合所有制现代玻璃学院，目前共招生829名，其中建筑装饰材料技术专业516名，建筑材料工程技术（玻璃生产技术）313名；成立了现代玻璃学院理事会和专业建设委员会，制定了"师带徒"实施意见、大师工作室管理办法等13个规范性文件，成立了4个大师工作室和2个教师工作室。与秦皇岛市奥晶玻璃制品有限公司共建了秦皇岛市NS-Ⅱ工程技术研究中心；与秦皇岛海燕国际旅行社共建示范基地；建立BIM研究中心；建立蒋金金牌导游工作室；探索实践"现代学徒制"人才培养模式。作为国家教育部首批"现代学徒制"试点单位，设立新型建筑材料技术、通信技术和电子商务3个专业，共招收学生518名。

（八）相关行业企业有关技术难题攻关工程

组织27个专业团队155名专家深入229家企业，帮助解决技术难题。主要包括交通路线优化提升、校区餐厅改造、景区景点景观设计、土建模型建立、机电模型建立、结构模型建立、钢结构深化设计、安装工程综合排布、预留预埋定位、三维大样辅助安装、施工方案及关键节点管理、玻璃式样溶质及性能检测、预拌聚氨酯轻骨料混凝土性能检测、石英石生产设备研制及开发、装饰玻璃图案创新开发等，提高企业的生产效率，为企业高质量发展提供了智力支持；发挥科技人员的积极性，在各类刊物发表论文510篇，结合企业生产实际，在市级以上研究立项课题261个，已转化应用63个；组织4个专家团队27名专家深入18家玻璃行业企业，为企业解决技术难题12个，开发新工艺2个，实施科技成果转化27个，提出合理化建议63个，协助改进提高6个项目，促进了玻璃行业技术进步升级。

（九）校地校企人员双向挂职培养工程

选派77名专家学者，深入秦皇岛36个行业企事业单位挂职锻炼时间达7000天次；邀请秦皇岛行业企事业高层科研人员、管理人员42人到我院兼任教授，给14

个专业7400名学生上课6000多课时,搭建实践教学平台和科技研发合作平台,改善人才培养模式,促进学校和社会对接,培养真正符合秦皇岛市经济发展需要的应用技能型人才。

(十) 相关产业结构调整服务工程

根据秦皇岛市"十三五"产业发展规划以及我院专业优势拟定相关服务产业,以"专业服务产业"为引领,建立完善的服务机制,搭建互助服务平台,建立和打造优秀的服务队伍和优势互补的合作团队,提升服务秦皇岛地方经济发展的水平。服务新材料产业。共组建3个专业团队22名专家,为20多家新材料企业提供了技术攻关、解决技术难题、企业诊断、建立大学生实习基地、人才培训、科技成果转化等多项服务,参与职业标准和产品标准制定工作。提高了新材料产业的竞争力,为企业长远发展提供智力支持。服务建筑产业。共组建3个团队26名专家,为77家建筑行业企业提供了技术攻关、解决技术难题、企业诊断、建立大学生实习基地、人才培训、科技成果转化等多项服务,参与重点推广绿色建筑、节能建筑、创建国家生态文明城市先行示范区建设等工作,为建筑产业的升级改造和企业长远发展提供了人才智力支撑。服务先进装备制造业。依托我院机电一体化、电气自动化、机电设备维修与管理、机械设计与制造等专业组建3个服务团队16名专家,为47家先进装备行业企业提供了技术攻关、解决技术难题、企业诊断、建立大学生实习基地、人才培训、科技成果转化等多项服务,帮助先进装备制造业企业提高了科技创新的能力和水平,提高了产品的附加值和市场占有率。服务信息技术产业。依托我院计算机信息技术、通信技术等专业组建3个服务团队21名专家,为65家信息技术企业提供了技术攻关、解决技术难题、企业诊断、建立大学生实习基地、人才培训、科技成果转化等多项服务,为信息技术产业升级换代,调整产业结构等提供了人才。服务现代商贸服务业。依托我院汽车技术服务与营销专业组织3个服务团队15名专家,面向秦皇岛市20个汽车销售与维修服务行业企业,依托电子商务专业组建2个服务团队12名专家,为62家区域电子商务企业发展提供了技术攻关、解决技术难题、企业诊断、建立大学生实习基地、人才培训、科技成果转化等多项服务,提高了现代商贸服务企业的营销能力和规范化管理水平。服务生态旅游业。依托我院旅游管理、酒店管理、商务英语等专业组建2个专家团队11名专家，为75家生态旅游企业提供了企业文化与CI策划、景区政务导游、基本礼仪姿态训练、导游实务、岗位礼仪姿态、国家导游员考试技巧等培训，为中国文化创意园区、北戴河区西古城村音乐小镇、旅游文化创意产业园区等提供了设计策划服务，大规模组织志愿者为重大活动、重大赛事、重大展演提供了高水平的服务。助力推动了秦皇岛"旅游+全产业融合"，将我市打造成京津冀最佳旅游目的地的工作；服务健康产业。依托学院体育专业师资优势和体育健身康复研发平台组建2个团队13名老师，对71家健康产业企业提供了奉献爱心、关爱老人、知识讲座、文化宣传、实践基地建设等服务。促进秦皇岛市民健康生活方式的形成，为建立全民健身科学指导和服务体系提供科技支撑。服务社会公共交通事业。发挥我院科研资源优势，对54条公交路线的全部站点、场站、地标等进行了重新设计和优化，清晰表述了所有信息内容，绘制出高水平的交通路线图，助力秦皇岛智能交通系统建设，提升了秦皇岛市公共交通品质和公共交通系统形象，为市民提供更为优质和便捷的服务。

三、《服务秦皇岛五年行动计划》综合案例效果评价分析

为深化产教融合校企合作，充分发挥高校人才优势、专业优势，进一步提升高校助力地方经济社会高质量发展的能力，为此组织开展《服务秦皇岛五年行动计划》效果评价调查问卷。本次问卷发放数量5000份，有效回收4875份，回收率97.50%。下面对木次调查问卷进行详细分析。

（一）问卷填写人员基本情况分析

1.问卷人员类型分布

本次问卷填写人群中行政人员1025人，占比21.03%；教辅人员305人，占比6.26%；教师1231人，占比25.25%；学生1850人，占比37.95%；企业合作者464人，占比9.52%。人群分布较为均衡，符合问卷调查群体要求。（见图2）

图2　人员类型分布

2.学历情况

本次问卷填写人群中博士研究生102人，占比2.09%；硕士研究生2105人，占比43.18%；大学本科学历者405人，占比8.31%；大专学历人员2018人，占比41.39%；其他学历人员245人，占比5.03%。（见图3）

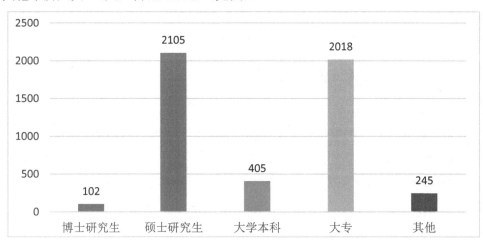

图3　人员学历分布

3.年龄情况

本次问卷填写人群中29岁以下2032人，占比41.68%；30～39岁962人，占比17.93%；40～49岁1024人，占比21.01%；50～59岁753人，占比15.45%；其他人群104人，占比2.13%。年龄分布合理，符合问卷调查群体要求。（见图4）

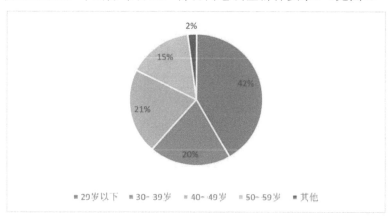

图4　年龄情况分布

4.专业技术职称情况

本次问卷填写人群中正高级职称156人，占比3.20%；副高级职称569人，占比11.67%；中级职称1153人，占比23.65%；初级职称1334人，占比27.36%；无职称1663人，占比34.11%。调查人员中拥有职称人员占大多数，共计占比65.89%。（见图5）

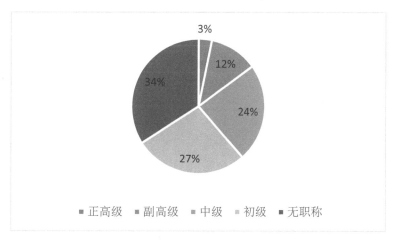

图5　职称情况分布

5.政治面貌情况

本次问卷填写人群中共产党员1120人，占比22.97%；共青团员2385人，占比48.92%；民主党派313人，占比6.42%；无党派人士1057人，占比21.68%。填写问卷人群以共青团员为主，占比较高。（见图6）

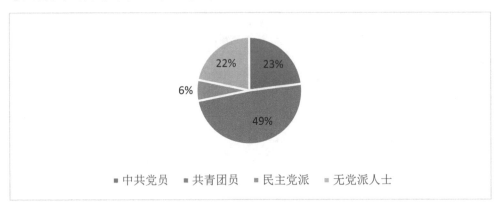

图6　政治面貌情况分布

（二）调查问卷状况分析

1.《服务秦皇岛五年行动计划》实施总体评价

问卷中选择非常满意3255人，占比66.77%；选择比较满意1167人，占比23.94%；选择基本满意364人，占比7.47%；选择不太满意89人，占比1.83%。总体满意度高达98.17%，说明《服务秦皇岛五年行动计划》得到广泛认可。（见图7）

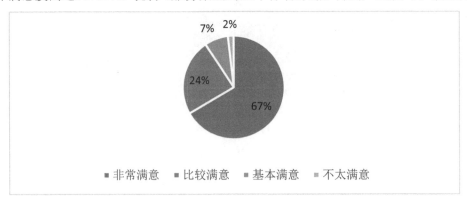

图7　《服务秦皇岛五年行动计划》总体满意度评价

2.《服务秦皇岛五年行动计划》方案指导下参加或合作服务项目类别

科技成果转化386人，占比7.92%；参与技术培训899人，占比18.44%；参与技术咨询1622人，占比33.27%；参与企业诊断1452人，占比29.78%；参与技术难题攻关1028人，占比21.09%；参与建设实训基地486人，占比9.97%；参与提高学生就业水平1226人，占比25.15%；参与企业实践活动3133人，占比64.27%；参与创新人才培养模式682人，占比13.99%；参与社会志愿服务3926人，占比80.53%。其中参与社会志愿服务和企业实践活动人数最多。（见图8）

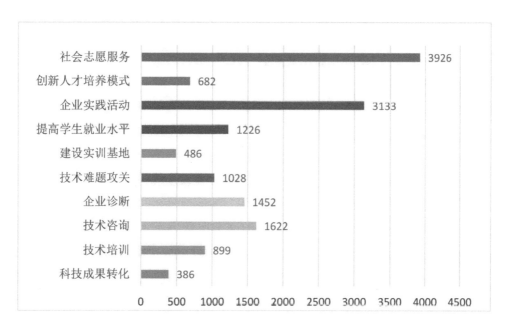

图8　参加或合作服务项目类别人数

（本题为多选题，各项之和大于问卷总人数）

3.《服务秦皇岛五年行动计划》产业的服务活动类型

参与服务新材料产业534人，占比10.95%；参与建筑产业1231人，占比25.25%；参与先进装备制造业585人，占比12.00%；参与信息技术产业763人，占比15.65%；参与现代商贸服务业1342人，占比27.53%；参与生态旅游业632人，占比12.96%；参与健康产业1063人，占比21.81%；参与社会公共交通事业2885人，占比59.18%。（见图9）

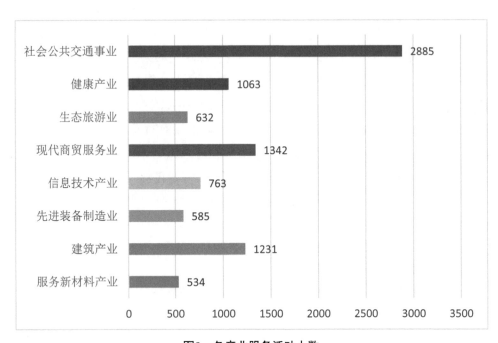

图9　各产业服务活动人数

（本题为多选题，各项之和大于问卷总人数）

4.通过实施《服务秦皇岛五年行动计划》为全市经济社会发展起到的作用

选择提升了全市旅游服务水平2845人，占比58.36%；选择提升了学生留秦就业水平2332人，占比47.84%；选择提升了全市职业教育能力2633人，占比54.01%；选择提升了全市企业员工素质1525人，占比31.28%；选择提升了全市企业管理水平1042人，占比21.37%；选择提升了党政机关创新能力899人，占比18.44%；选择打造了校地校企合作精品2189人，占比44.90%；选择突破了行业企业技术难题868人，占比17.81%；选择打通了学校企业人才通道2576人，占比52.84%；选择促进了全市产业结构调整1628人，占比33.39%。其中提升了全市旅游服务水平、提升了全市职业教育能力和打通了学校企业人才通道排在前三位。（见图10）

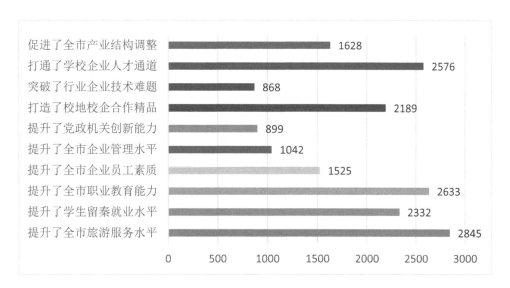

图10 《服务秦皇岛五年行动计划》为全市经济社会发展起到的作用分析

（本题为多选题，各项之和大于问卷总人数）

5.通过实施《服务秦皇岛五年行动计划》与地方深度合作过程中的创新之处

选择模式创新3476人，占比71.30%；选择理念创新2873人，占比58.93%；选择机制创新3125人，占比64.10%；选择方法创新2138人，占比43.86%；选择理论创新2267人，占比46.50%。其中模式创新和机制创新得到最广泛认可。（见图11）

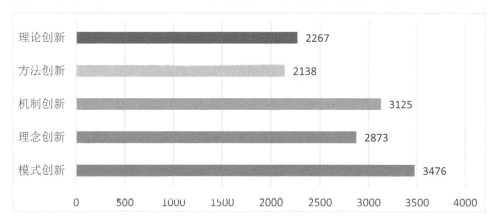

图11 《服务秦皇岛五年行动计划》与地方深度合作过程中的创新之处分析

（本题为多选题，各项之和大于问卷总人数）

6.组织实施《服务秦皇岛五年行动计划》取得的成效

选择提高了教师业务能力2139人，占比43.88%；选择提高了学生职业能力3328人，占比68.27%；选择提高了师生服务能力2783人，占比57.09%；选择提高了学院发展能力1962人，占比40.25%；选择提高了企业创新能力2331人，占比47.82%；选择提高了校企融合能力3459人，占比70.95%。其中提高校企融合能力和学生职业能力得到最广泛认可。（见图12）

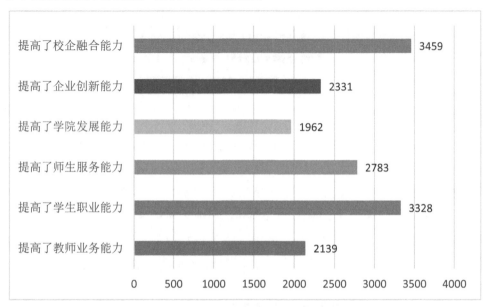

图12　《服务秦皇岛五年行动计划》成效分析

（本题为多选题，各项之和大于问卷总人数）

7.《服务秦皇岛五年行动计划》基本特色

选择立足优势3068人，占比62.93%；选择紧贴需求3785人，占比77.64%；选择项目带动2732人，占比56.04%；选择政策激励1835人，占比37.64%。其中选择紧贴需求为最基本特色人数最多。（见图13）

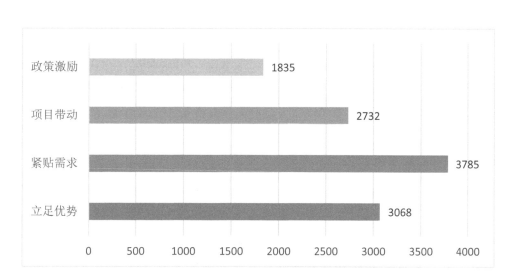

图13 《服务秦皇岛五年行动计划》基本特色分析

（本题为多选题，各项之和大于问卷总人数）

8.《服务秦皇岛五年行动计划》主要特征

选择党委领导4213人，占比86.42%；选择行政主导3478人，占比71.34%；选择规划先导3566人，占比73.15%；选择项目引导3926人，占比80.53%。选择党委领导占比最高。（见图14）

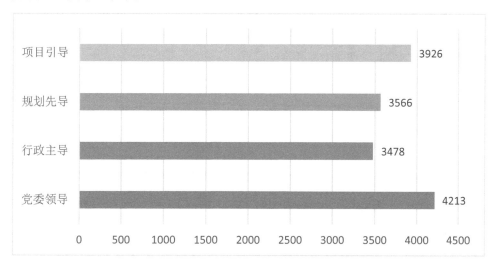

图14 《服务秦皇岛五年行动计划》主要特征分析

（本题为多选题，各项之和大于问卷总人数）

9.推动《服务秦皇岛五年行动计划》工作做法

选择认识到位3835人，占比78.67%；选择发动到位3938人，占比80.78%；选择推动到位4133人，占比84.78%；选择措施到位4011人，占比82.28%。通过调查显示推动《服务秦皇岛五年行动计划》工作做法重点在推动到位。（见图15）

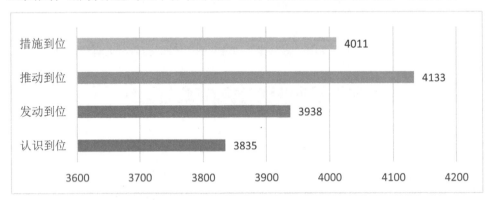

图15　推动《服务秦皇岛五年行动计划》工作做法分析

（本题为多选题，各项之和大于问卷总人数）

10.实施《服务秦皇岛五年行动计划》经验启示

选择服务大局是关键3926人，占比80.53%；选择勇于担当是基础4325人，占比88.72%；选择敢于创新是动力4186人，占比85.87%；选择狠抓落实是保障4418人，占比90.63%。通过调查显示实施《服务秦皇岛五年行动计划》的经验启示重点在狠抓落实保障。（见图16）

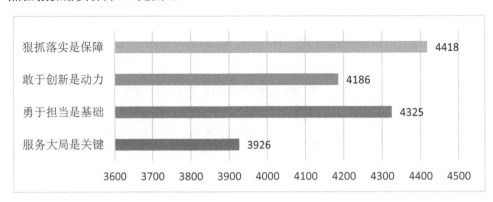

图16　实施《服务秦皇岛五年行动计划》经验启示分析

（本题为多选题，各项之和大于问卷总人数）

11.《服务秦皇岛五年行动计划》解决的问题

选择探索了职业院校发挥自身优势服务社会职能的创新道路3068人，占比62.93%；选择解决了职业院校和地方合作内容单一、机制不活、不可持续等难题3920人，占比80.41%；选择促进了各类型职业教育模式的相互融合3838人，占比78.73%；选择推动了职业教育育人方式、办学模式、管理体制、保障机制的改革4231人，占比86.79%；选择实现了高校与地方互为依托、共促共赢、融合发展的目标4359人，占比89.42%；选择填补了国内职业院校和所在城市全面、深度、持续合作的空白2988人，占比61.29%。通过调查显示更多的人认为实现了高校与地方互为依托、共促共赢、融合发展的目标。（见图17）

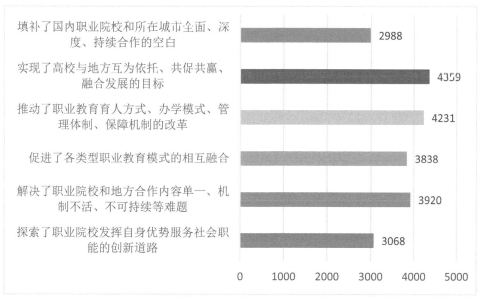

图17　《服务秦皇岛五年行动计划》解决的问题分析

（本题为多选题，各项之和大于问卷总人数）

12.《服务秦皇岛五年行动计划》从哪些方面促进了学院确定高质量发展目标

选择学院综合实力迈入省域高职院校一流行列3973人，占比81.50%；选择社会服务争创高职院校50强进入一流行列2688人，占比55.14%；选择优势项目建设成为全国高职院校一流影响3342人，占比68.55%；选择职教集团成为全国职业教育集团一流骨干3451人，占比70.79%；选择改革试点建设在全国高职院校形成一流经验3664人，占比75.16%；选择师生获得感幸福感极大提升对学院一流认可4211人，占比86.38%。通过调查显示更多的人认为师生获得感幸福感极大提升对学院一流认可。（见图18）

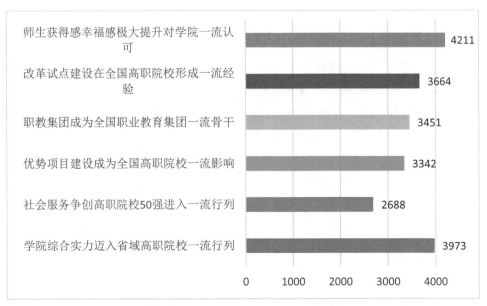

图18　《服务秦皇岛五年行动计划》促进学院确定高质量发展目标分析

（本题为多选题，各项之和大于问卷总人数）

13.进一步深化产教融合校企合作应采取哪些措施

选择出台激励政策4211人，占比86.38%；选择搭建各种平台3988人，占比81.81%；选择强化典型引领3276人，占比67.20%；选择创新合作机制3878人，占比79.55%；选择激发各方活力3426人，占比70.28%；选择优化评价策略2988人，占比61.29%；选择加强统一领导4012人，占比82.30%；选择加强理论研究2785人，占比57.13%。通过调查显示更多人认为应出台激励政策。（见图19）

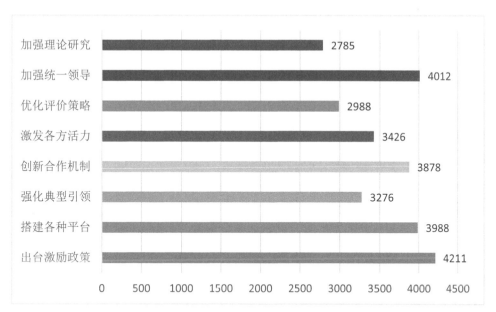

图19 进一步深化产教融合校企合作应采取措施分析

（本题为多选题，各项之和大于问卷总人数）

四、《服务秦皇岛五年行动计划》综合案例创新模式与启示

对河北建材职业技术学院《服务秦皇岛五年行动计划》实施5年来产教融合校企合作综合案例进行分析研究，并设计《服务秦皇岛五年行动计划》评价效果调查问卷跟踪效果评价。调查问卷对象主要是高校师生、行业企业、政府及相关部门工作人员，在深化产教融合背景下对实施《服务秦皇岛五年行动计划》的总体评价、《服务秦皇岛五年行动计划》方案指导下高校与各行业、企业合作服务项目类别、活动类型、对全市经济社会发展的促进作用、创新之处、取得的成效、基本特色、主要特征、解决问题、下一步工作措施等进行了问卷调查并分析研究。提炼总结出可借鉴、可复制、可推广的"四大创新"管理成果和"三全三化六提高六促进"产教融合校企合作的创新模式，为高校服务所在城市高质量发展提出有价值参考借鉴。

（一）四大创新管理成果

1.理念创新

推动校地合作我们创新了工作理念，即立足优势、紧贴需求、项目带动、政策激励。立足优势：发挥专业优势、团队优势、科研优势和培训优势打造合作品牌；紧贴需求：紧紧围绕秦皇岛发展战略以及重点产业，主动瞄准建设沿海强市、美丽港城、国际化城市的目标开展深度合作，打造合作样板；项目带动：把校地合作的全部内容整合成具体项目，成立专门工作班子，务实推进，打造合作精品；政策激励：为推动校地合作学院党委以及各部门先后出台了《服务秦皇岛五年行动计划》《河北建材职业技术学院社会服务管理办法》《现代学徒制"双导师"教师管理办法》等30余份文件，在提拔重用、业绩考核、职称评聘等方面进行明确规定，充分调动了广大教职员工的积极性、主动性、创造性。

2.机制创新

建立并坚持了"四导"工作机制，即党委领导、行政主导、规划先导、项目引导。党委领导：党委把推动《服务秦皇岛五年行动计划》作为重点工作加强顶层设计，每年都召开专门会议研究部署，党委主要领导亲力亲为，带头推动，班子成员各负其责、主动推动，基层党组织负责人一线督导、认真落实，全体党员奋发作为、勇于担当。行政主导：各位院长把校地合作工作牢牢抓在手上，及时解决合作当中的难题和困难。院长办公会定期调度、强力推进。各级各部门都把校地合作工作列为重点工作，采取有力措施抓紧抓实抓好。规划先导：学院出台《服务秦皇岛五年行动计划》，谋划了10大工程50项具体工作作为总纲。各系部各部门按照总纲要求制定分规划，每个合作项目开展之前都制定出有目标、有重点、有举措、有实效的战略规划，通过各种规划制定确保校地合作工作扎实务实高效推进。项目引导：学院把校地合作逐一进行梳理，每个项目都制定出项目说明书，逐项把关推进，对于重点项目按照时间节点要求，加强督导，坚持"交账、查账、要账、算账"，确保了每个项目都按时启动、有序推进、效果扎实、如期完成。

3.方法创新

采用了"四到位"工作法，即认识到位、发动到位、推动到位、措施到位。

认识到位：认识到推进校地合作是改革的呼唤、发展的需要和大家的期盼。职业教育必须走校地合作、产教融合之路。推动职业教育高质量发展必须深化改革、找准突破口、才能不断谱写新篇章。职业教育发展的重要任务就是为当地经济社会发展服务，只有紧密与地方经济发展相融合才能凸显职业教育发展的地位和作用。广大师生都有为当地经济发展贡献力量的强烈愿望和动力，只有搭建好校地合作的平台和载体，才能满足广大师生的期盼。发动到位：为了使广大师生在校地合作方面思想高度统一，学院先后多次召开党委会、院长办公会、教代会和各种协调会议，讲清合作的目的、意义、模式、目标、举措等一系列合作关键问题，把思想统一到党委决策部署和要求上来，使大家自觉、主动、积极投身到校地合作工作中去。推动到位：把每个合作项目都责任到专家团队、系部主要负责人，明确完成时限和工作标准，定期听取工作汇报，全面督导检查，及时跟踪问效，动态调控推进。措施到位：建立了奖惩制度、通报制度、考核制度和问责制度。通过各项制度的落实强化了广大师生的责任意识、担当意识、争先意识和落实意识，增加了广大师生的责任感、使命感、紧迫感和危机感。

4.理论创新

实施《服务秦皇岛五年行动计划》深化校地校企合作，不仅推动了学院的高质量发展，提高了广大师生的各种能力，展示了建院师生的风采，推动了地方经济发展，而且在这样一个生动实践当中积累了宝贵经验。把经验上升到理论高度，对于指导引领其他各项工作都有重大意义。服务大局是关键，市委提出的建设沿海强市、美丽港城和国际化城市的目标，鼓舞人心、令人自豪。需要全市各级各部门各个单位的努力和奋斗，也是各级党委讲政治顾大局的考量和体现。在这个大的背景下，各个部门各个单位都应结合自身优势，创造性开展工作。河北建材职业技术学院积极努力地推进《服务秦皇岛五年行动计划》正是在大局下行动、在创新中发展、在改革中提高的具体体现。勇于担当是基础，推动《服务秦皇岛五年行动计划》深化校地合作并不是一帆风顺的，需要解决广大师生思想认识问题，需要不断提高服务水平、需要持续搭建各种平台、需要科学组建各种团队、需要合理整合各种资源等等，所有这些问题和难题都需要下定决心克服。只有把服务当地经济社会发展作为责无旁贷的责任才能横下一条决心、不畏艰难困苦、闯出一条属于建材特色的发展之路。敢于创新是动力，全面、深入、系统推进校地合作是一件十分具有挑战性的新的工作任务，没有成型的、固定的、有效的经验和模式可供学习借鉴。在这种情况下只有不断解放思想、统一思想、凝聚共识，才能迎接各种挑战直面各种难题。只有敢于做"第一个吃螃蟹"的人，敢于做"摸着石头过河"的事，敢于"在无人处辟蹊径"，敢于"把不可能变成可能"，才能不断开创工作新局面。狠抓落实是保障，目标蓝图再宏伟、工作举措再具体、思路任务再清晰，落实不了、效果不好等于零。为了把校地合作工作落到实处，学院专门建立了督办落实的工作机构、成立了专门领导小组，创新实施了任务清单、反馈清单和考核清单"三清单"制度。围绕目标抓督查、围绕问题抓督查、围绕创新抓督查，收到了明显的效果，确保校地合作各项工作任务真正落到实处。

（二）"三全三化六提高六促进"创新管理模式

职业院校和地方企业合作往往是单一的、部分人或者是一段时间，河北建材职业技术学院与秦皇岛市的合作是全面的可持续的，形成"三全三化六提高六促进"的模式。

"三全"，即全员、全面、全年。全员是所有教职员工和全体学生都踊跃参加；全面是所有部门、所有系部、所有专业都积极参加；全年是不分学期、不分假期、不分忙闲都持续推进。

"三化"，即项目化、具体化、实效化。项目化是每项合作工作都按项目要求明确目标、重点、任务和举措；具体化是把合作的工作任务进一步细化，明确时限、责任人、标准；实效化是各项合作任务都建立评价体系，明确考核人、结果运用、奖惩措施。

"六提高"，即提高教师业务能力、提高学生职业能力、提高师生服务能力、提高学院发展能力、提高企业创新能力、提高校地融合能力。

（1）提高了教师业务能力。通过实施校地校企合作，使教师深入了解企业文化、企业需求、发展前沿和自身不足，从而强化了竞争意识、激发创新热情、增加奋发动力、明确努力方向，有力提升了教师的创新能力和业务素质。六年来，学院教师参加校内外学习交流、国培项目和下厂实践人次逐年上升；教师参加省市级教学能力比赛，斩获市级以上奖励500项；1支教学团队成功入选河北省首批20个省级教师教学创新团队，河北省"三三三"人才工程各层次人才、省政府特殊津贴专家人数逐年增加,填补了学院高端人才领域空白;"BIM建模技术"课程获批国家级在线开放课程,是2020年河北省仅有的国家级6门精品课程之一,实现了学院课程建设上的历史性飞跃;"BIM建模技术"入选教育部课程思政示范课程,授课教师入选课程思政教师名师和教学团队;建筑材料工程技术、电子商务教师教学创新团队入选河北省第二批职业教育教师教学创新团队;荣获省级以上教学奖励40余项,荣获河北省教学能力大赛一等奖,荣获国家级教学成果奖二等奖;"大学生职业生涯规划与就业指导""BIM管线综合深化设计""PKPM结构设计"课程荣获河北省第二届职业院校在线精品课程;《BIM建模基础与应用》入选首届全国优秀教材,等等。

(2)提高了学生综合素质。通过实施校地校企合作,使学生客观熟悉社会、认知岗位、评价自我和规划职业,从而提高了适应能力、加深岗位理解、促进自我完善、坚定成才信心,促进了学生德智体美劳全面发展,为社会输送了大批高素质技术技能型人才。六年来,学生先后在各类竞赛中摘金夺银,获得市级以上奖励千余项,其中国家级150余项,夺得全国职业院校技能大赛二等奖;学院承担教育部现代学徒制、团中央第二课堂成绩单制度试点工作,依托校地合作企业和社会实践项目,丰富了学生专业学习和综合素质提升路径,双份成绩单为7000余名毕业生顺利实习就业提供了综合素质的有力凭证,为用人单位选人用人提供了重要参考;见义勇为的燕赵好青年、热血追梦的大学生国防教育训练团、勇敢逆行的青年抗疫志愿者集体等一大批建院优秀榜样不断涌现,得到社会的广泛赞誉;毕业生就业率在全省名列前茅,用人单位满意度较高,特别是秦皇岛地方企业评价满意度达到99%。

(3)提高了学院发展能力。通过实施校地校企合作,学院得到领导认可、企业赞赏、社会好评和师生满意,从而获得领导支持、得到企业帮助、引发社会关注、感召师生奉献,为学院各项事业发展提供了创新发展动力和广阔发展平台。六年来,学院的发展进位速度持续加快,综合办学实力显著提升,稳步步入了高质量发展的快车道。通过校地双方的强力推动,学院成功购置了新校区,修缮一新并全面入驻,办学条件得到极大改善,发展空间得到充分拓展,解决了几代建材人长期想解决但没有解决的发展难题,破解了决定学院发展命运的制约瓶颈;专业建设在全国领先领跑,新型建筑材料技术和建筑装饰材料技术位列同类专业全国第一，材料工程技术位列全国第三；项目建设高质量推进，两轮12个项目入选河北省"三年创新行动计划"，成功入围河北省优质校建设单位，24个项目（任务）进入职业教育提质培优行动计划建设序列；圆满实现了"十三五"期间"全省高职院校发展进位最快"的宏伟目标，特别是《服务秦皇岛五年行动计划》成为学院"十三五"发展目标实现的重要项目支撑和样板标杆；学院各项事业稳步推进，顺利开启了"十四五"期间实现"六个一流"宏伟目标的新征程。

（4）提高了社会服务能力。通过实施校地校企合作，师生深入接触产业、了解职工、体会人生和见证发展，从而增强教学自觉、珍惜当下美好、强化责任担当、焕发奋进勇气。六年来，学院科研成果量质齐升，承担横向、纵向课题的数量、等级、到款数额大幅度提高，共承担市级以上科研项目265项，其中省、市级分别占51%和49%；最高单项外来科研经费达50万元，创建校以来科研单项经费最高纪录；出版教材著作165部，发表论文1105篇，获得国家专利148项；获河北省社会科学优秀成果奖，《校地合作理论与实践》专著被学习强国、《人民日报》新媒体等近20家平台宣传报道，被评为2020年度"燕山大学出版社十本好书"；《高校科技成果转化对策研究》专著得到多位专家、学者、媒体记者、读者的高度评价，其中以《回答时代之问是一种担当》为题的专家书评发表在《人民日报》、新华网等国家级媒体上；在网易新闻、秦皇岛发布、《潇湘晨报》、澎湃新闻、九派新闻、河北大小事、秦皇岛市图书馆公众号、秦皇岛日报社全媒体中心客户端、河北省公共政策评估研究中心公众号、燕山大学出版社公众号、河北建材职业技术学院官网等近20家省级市级媒体宣传转载报道，得到广大读者一致好评，仅新华网客户端阅读量达57.5万次，秦皇岛日报社全媒体中心阅读量达10461次；读者留言点赞近千条，得到社会各界广泛关注，产生良好的社会反响；服务社会成效凸显，为全市30多个行业提供了人才培训、企业诊断、科技攻关等服务1000余项，得到企业单位的一致好评；学院被河北省人力资源和社会保障厅评为"高技能人才培训基地"，被确定为第一届全国职业技能大赛暨第46届世界技能大赛省级集训基地。

（5）提高了企业创新能力。通过实施校地校企合作，有效发挥高校专业优势和智库优势，促进了校企共生发展，在赋能中小微企业、助力新兴产业发展、促进企业创新改造升级等方面产生了较好的经济效益和社会效益。六年来，建材学院近百名教师被评为河北省科技特派员，派驻企业开展创新研发活动、加速技术推广和成果转化、提供科技创新管理等服务；建成市级以上应用技术中心5个、创新研发团队5个，填补了学院校企合作协同科研平台建设的空白；与秦皇岛格瑞因环境工程有限公司、秦皇岛弘华特种玻璃有限公司共同申报的河北省VOCs废气治理技术创新中心、硼硅平板玻璃技术创新中心均获河北省科技厅批准建设；校企共建创业园区2600平方米，47个创业孵化项目先后入园，多个项目成功孵化，带动300余名学生参与其中，取得了较好的社会效益和经济效益，被秦皇岛市工信局认定为"秦皇岛市小微企业孵化基地"；成功承办了秦皇岛市"大众创业、万众创新"技能大赛"耀华杯"玻璃质检技能大赛、首届秦皇岛市装配式建筑职业技能大赛、河北省职工职业技能大赛工业机器人操作调整工秦皇岛市选拔赛等赛事，为驻地企业提升员工技能素质和创新能力提供了全方位支持和保障，承办工作得到省市有关部门的一致肯定与好评。

（6）提高了校地融合能力。多年来，学院始终扎根港城办教育，着力推动和促进地方经济社会文化发展。通过实施校地校企合作，不断创新应用型人才培养模式，将高职教育融入城市发展，融入产业发展，有效增强了教育链、人才链与产业链、创新链有机衔接，推进各方面事业的校地融合交流与协同发展。六年来，由学院牵头的河北省建材职教集团成员单位达到155家，秦皇岛建材企业占比近20%，形成了"优质资源共建共享、优秀人才共育共用、优秀成果共研共享"的建设经验，在全省9个骨干职教集团中以建设成效第一的身份，被河北省推荐到教育部，成功获评国家首批示范职教集团培育单位；合作办学创新推进，创立全国首家"政行企校"混合所有制现代玻璃学院，被教育部建材行指委专家称赞为"建材职业教育的典范"；建筑施工类专业省级职业技能大赛基地等7个校地校企合作项目入选教育部、河北省和全国建材行指委三年创新行动计划，3项研究成果荣获省部级表彰；获得了人社部"全国建材行业先进集体"荣誉称号，是被表彰的全国98家先进集体中唯一的高职院校。军地融合不断深化，学院征兵工作多年稳居秦皇岛市海港区第一名，被教育部评为"第三届全国国防教育特色学校"；大学生累计为秦皇岛市无偿献血超100万cc，可满足1000人临床用血，荣获了全国无偿献血促进奖；社科专家、大学生讲习团、艺术师资等资源辐射社会，开展宣讲、调研、实践等系列活动，推动地方思想文化宣传事业发展。

"六促进"，即促进综合发展实力迈入全省高职一流院校；促进服务社会成效进入全国高职一流行列；促进项目建设在全国高职院校有一流影响；促进职教集团成为全国高职院校一流骨干；促进改革创新在全国高职院校出一流经验；促进广大师生幸福感提升对学院一流认可。

（1）促进了学院综合发展实力迈入全省高职一流院校

成功购置河北环境工程学院老校区，修缮一新并全面入驻，新校区建设历史难题得到圆满解决，校园面积、生均教学资源实现大幅增长。2019年，学院获批河北省优质校建设单位，经过三年建设，在河北省14个建设单位中，以第四名的好成绩实现圆满收官。2021年，学院24个项目（任务）进入河北省职业教育提质培优行动计划建设序列，是历年来省级以上重大项目中获批项目类型和数量最多的一次。万人大学梦想成功实现，在校生规模打破历史纪录。2021年，就业率达到96.33%，在全省高校中名列前茅，专接本报名和录取人数创历史新高。学院教学投入逐年增加，基础设施建设逐步加强，校园信息化建设有序推进，学院正朝着全省高职一流院校的目标奋勇前进。

（2）促进了服务社会成效进入全国高职一流行列

精心谋划并成功实施了《服务秦皇岛五年行动计划》，开展了人才培养、企业诊断、技术咨询等系列服务，受到了市委主要领导的高度评价和批示，市委下发文件号召各级各部门各高校向学院学习，建材模式建材经验成为引领校地合作的工作典范。聚焦行业产业企业，搭建产教融合校企合作平台，建材学院"河北省绿色高性能建材应用技术协同创新中心"被河北省科技厅确定为"省级科技创新券创新服务提供机构"，学院与企业合作申报的"河北省硼硅平板玻璃技术创新中心"和"河北省先进复合石材技术创新中心"协同创新中心均通过河北省科技厅审批。

（3）促进了项目建设在全国高职院校有一流影响

特色专业突出领先，在权威机构中国教育质量评价中心专业排名中，新型建筑材料技术和建筑装饰材料技术位列同类专业全国第一，材料工程技术位列全国第三。思政教育改革活力跻身全国排行榜TOP100第29位，是历年来学院项目排序的最好成绩；《BIM建模技术》荣获教育部高校课程思政示范课，教师团队荣获课程思政示范团队，继续教育中心获批省级继续教育课程思政教学研究示范中心。

三教改革深入实施，承担国家级项目数量在全国排名221位；学院荣获国家教学成果二等奖，创造了首次获得国家级教学奖项的历史纪录，成为全省第7所获此殊荣的高职院校；夺得全国职业院校技能大赛二等奖，创造了学院国赛历史新纪录；"BIM建模技术"课程获批国家级在线开放课程，是2020年河北省仅有的国家级6门精品课程之一；《BIM建模基础与应用》《连锁企业门店运营管理（第三版）》被列入国家十三五规划教材，《BIM建模基础与应用》荣获首届全国优秀教材二等奖。

（4）促进了职教集团成为全国高职院校一流骨干

学院作为牵头单位的河北建材职教集团成功通过教育部遴选，顺利成为全国首批150家之一、全省7家之一的国家级示范性职业教育集团培育单位。职教集团成员单位达到176家，学院成功承办秦皇岛装配式建筑职业技能大赛和河北省职业院校装配式建筑构件制作与安装技能大赛等赛事。学院被人社部授予"第十四届国家技能人才培育突出贡献单位"；荣获人社部"全国建材行业先进集体"荣誉称号，是被表彰的全国98家先进集体中唯一的高职院校。

（5）促进了改革创新在全国高职院校出一流经验

创立的全国首家具有混合所有制特征的二级学院现代玻璃学院，建设成效在全省14个试点高职院校中名列榜首。入选教育部首批100所现代学徒制试点院校和团中央首批36所"第二课堂成绩单"试点单位，取得重要成果和成熟经验，现代学徒制试点项目绩效评价在全省名列第四，国家验收优秀全票通过；第二课堂成绩单在10余场国家级重要会议上介绍经验，省内外近30所高校成功实现经验复制，形成了"南学昆冶，北学建材"的生动局面。云计算平台运维与开发等18个专业进入国家1+X证书试点，建筑工程技术等5个专业进入"国家三年创新行动计划骨干专业"。成功入选河北省易班建设试点院校。大学生国防教育示范引领，被教育部评为"第三届全国国防教育特色学校"，"打造"砺刃"训练团 拓展育人新领域"实践育人项目以第十名的好成绩成功入选教育部2022年高校思想政治工作精品项目。

（6）促进了广大师生幸福感提升对学院一流认可

学院高息债务全部置换为低息银行贷款，偿还风险与压力极大降低。扎实开展"我为群众办实事"实践活动，为家属楼办理不动产证等108件实事好事有效落实，协助海港区旧改办完成家属区改造等民心工程，解决了困扰学院教职工多年的烦心事、揪心事。实施楼宇文化设计与形象提升工程、校园绿化美化、节水设施改造、采暖工程改造、老干部活动中心建设等项目,"小而美、小而精、小而特"校园环境建设初具规模。积极推进新时代教育评价改革,教师干事创业的动力活力得到有效激发。改革收入分配机制,制定并实施《奖励性绩效工资实施办法》,突出考勤考绩,教师的经济待遇和获得感显著提高。助力精准扶贫和乡村振兴,2021年驻丰宁县大龙潭沟工作队在全省588个省直工作队中脱颖而出,获得优秀等次,得到广大群众的广泛赞誉。

分析启示:河北建材职业技术学院率先实施《服务秦皇岛五年行动计划》形成的"建材理念""建材模式""建材经验"多次得到秦皇岛市委、市政府领导充分肯定并以市委名义发文要求全市各级、各部门向建材学院学习,多次在秦皇岛电视台、电台、《秦皇岛日报》、《秦皇岛晚报》、秦皇岛PLUS客户端等专题报道。多项对策报告得到河北省委省政府领导肯定批示,同时取得了以河北省社会科学优秀成果奖为标志的20余项突破性科研成果和多部有价值的学术专著,得到新华社、学习强国、《人民日报》等国家级媒体采访宣传报道,产生了极好的经济社会效益。秦皇岛市委发文向全市200多家单位推广学习建材学院创新管理模式;得到秦皇岛市委市政府领导肯定批示10余次;秦皇岛市政府及相关部门召开专题会议20余次,学习借鉴"建材模式"为高校服务驻地经济发展起到引领作用;学习借鉴"建材模式"高校20余次,服务驻地企业高度评价30余家;申报团队科研成果社会影响力不断提升,在推动《服务秦皇岛五年行动计划》深化产教融合校地合作成功实践中,科研团队始终坚持边推动、边实践、边思考、边探索、边研究的做法。自2016年实施《服务秦皇岛五年行动计划》以来,深化产教融合校企合作,充分发挥高校人才优势、专业优势,进一步提升了高校助力地方经济社会高质量发展的能力。在5年的生动实践过程中,不仅有效推动了校地合作工作,极大提升了社会服务能力,而且全面推动了全院高质量发展。同时,工作团队还取得了大批理论成果、实践成果,政府、社会以及媒体给予高度评价和广泛宣传。河北建材职业技术学院形成的可借鉴、可复制、可推广的"四大创新"管理成果和"三全三化六提高六促进"产教融合校企合作的创新模式,为高校促进经济社会高质量发展作出了努力和贡献。

产教融合典型案例分析与启示

案例一：河北交通职业技术学院与长城汽车股份有限公司展开校企合作

2020年9月17日，河北交通职业技术学院与长城汽车股份有限公司"长城汽车产业学院"签约暨揭牌仪式在河北交通职业技术学院主校区进行。河北交通职业技术学院与长城汽车股份有限公司协商共建产业学院，推进产学研用，构建深度融合、协同育人的办学模式；通过在创新人才培养模式、提升专业（群）建设质量、开发校企合作课程、打造产教融合实训基地、建设高水平教师队伍、搭建产学研服务平台、完善管理体制机制等方面深度合作，提高技术技能型人才培养的针对性和适应性，提升校企合作办学的层次和水平。河北交通职业技术学院长城汽车产业学院是长城汽车股份有限公司在全国建立的首家产业学院。长城汽车产业学院的正式成立，是学院深入推进科教融合、产教融合和校企协同育人的重要成果，也是学院抢抓历史机遇、深化职业教育改革，提升内涵建设的又一个新的契机。长城汽车产业学院的落地标志着河北交通职业技术学院与长城汽车股份有限公司将在更高起点展开合作，双方将更大程度实现资源共享、优势互补、合作共赢。

分析启示：河北交通职业技术学院是在全国有影响力的河北省一流双高院校。在全国率先建立首家产业学院，不仅对深化产教融合起到了十分积极的促进作用，而且充分发挥了引领性、示范性作用。建立产业学院是对产教融合整体、全面、系统的提升，是推动产教融合的创新举措，是提高高等职业技术院校服务经济社会发展能力的实际行动。通过建立产业学院，进一步创新了人才培养模式、搭建了产学研用合作平台、提高了人才培养质量、提升了办学能力和水平。从河北交通职业技术学院和长城汽车股份有限公司共同建立长城汽车产业学院的成功实践看，职业院校和相关企业联合建立产业学院前景广阔、大有作为，应加大力度全面推广。

案例二：湖南铁道职业技术学院与湖南华数智能技术有限公司展开校企合作

2020年9月18日，湖南铁道职业技术学院与国家数控系统工程技术研究中心湖南分中心、湖南华数智能技术有限公司签约仪式在株洲市云龙示范区创新创业园举行。此次签约旨在深化合作关系，拓展合作领域，共同培养应用型、复合型、技术技能型人才，多措并举助力做强职业教育，打造教育合作交流区域高地，共同研究解决企业生产中的关键技术和共性技术难题，共同传承与创新企业文化，实现学校和企业双赢。据了解，合作双方将基于各自在职业教育和产业技术方面的能力，依据产业发展及人才需要，共建特色鲜明的智能制造专业群；共同研究制订相关专业人才培养方案，开发教学标准和课程资源，积极推进人才培养模式、课程体系与教学内容改革；共促双师型教师队伍建设；共建智能制造实训中心，在开展科研活动、产出科研成果、专利申请、技术开发与转让等方面发挥各自优势，共同提升智能制造教师团队的科研能力与水平；共同支持学校加快推进智能制造专业群相关1+X证书融通建设；选拔培养优秀学生，有计划、有步骤地训练和组织学员参与智能制造专业群相关竞赛。双方将着眼于企业和学校的可持续发展，推进产教融合、校企合作，不断提高人才培养质量和服务智能制造行业发展的能力。近年来，湖南铁道职业技术学院通过校企密切合作、产学深度融合、优质资源共享共建，在创新人才培养模式、提高人才培养质量上取得了突破性进展，源源不断为社会发展输送高质量技术技能型优秀人才。

分析启示：湖南铁道职业技术学院和湖南华数智能技术有限公司的合作是全面、系统、规范、长久的合作，具有极强的生命力、可行性、科学性和实效性。合作内容涵盖了人才培养、企业诊断、技术研发、文化传承、模式创新等方面面。合作理念体现了互利共赢、优势互补、共同提高的先进思维。合作成效凸显了湖南铁道职业技术学院高质量发展迈上新台阶，各项事业取得了新成效，成为湖南乃至全国的一面旗帜。湖南华数智能技术有限公司科技创新取得了新突破，专利拥有量取得了新提升，各项经济指标全面进步而且协调可持续。这种合作模式适应于高水平院校和大规模的企业全面、深度、长期、紧密合作。合作内容全面化，合作机制规范化，合作理念科学化，合作方式灵活化，合作成效务实化。

案例三：柳州职业技术学院与广西汽车集团有限公司展开校企合作

2020年7月22日，柳州职业技术学院与广西汽车集团有限公司合建的"智能制造产业学院"正式宣告成立。"智能制造产业学院"的成立，是柳州职业技术学院在"双高计划"建设专业领域的首个产业学院。它的成立，一定会成为推进柳职高水平、高质量发展的一个重要契机，成为深化校企合作的重要平台和载体，成为促进企业智能制造快速发展的助攻利器。"智能制造产业学院"依托柳州发展智能制造产业战略规划，以柳州申报国家产教融合试点城市为契机，围绕广西打造"先进制造业"创新名片战略目标，以智能制造技术为引领，校企双方共建集人才培养、技术应用研发、创新孵化、标准研制、社会服务于一体的"智能制造产业学院"，以深化产教融合，促进教育链、人才链与产业链、创新链和培训链的有机衔接，实现学校教育资源与企业技术资源的深度融合，打造一批高水平的双师型队伍，培养符合企业和产业发展需求的"创新型、创业型、复合型、应用型"人才，打造智能制造新技术研究、应用、推广的工程中心及实训基地，助力柳州智能制造产业快速、创新、科学发展，为打造万亿工业强市奠定坚实基础。近期，"智能制造产业学院"将在打造智能制造人才培养基地、共建智能制造运维中心、共建智能制造赋能中心、共建智能制造"双创"中心、开展国际化合作、联合创建智能制造职业教育集团等多个领域大力推进。

分析启示：柳州职业技术学院与广西汽车集团有限公司共建"智能制造产业学院"是在柳州市申报产教融合试点城市大背景下进行的。其合作内容、机制、方式、策略、举措、成效和其他共建产业学院基本相同，都是抢抓机遇、因势利导、顺势而为、乘势而上。只有在有利条件具备的情况下才能收到事半功倍的效果，才能调动职业院校、地方政府、企事业以及方方面面共同合作的积极性、主动性，也才能实现产教融合的初衷并达到产教融合的目标。因此，各职业院校和企事业推进产教融合要从实际出发，着眼未来和长远，充分发挥多方积极性，加强顶层设计、宏观谋划、周密部署，突出抓好落实。唯有如此，才能不断深化产教融合、校地校企合作。

案例四：成都工贸职业技术学院与东风悦达起亚汽车有限公司展开校企合作

2020年6月12日上午，成都工贸职业技术学院与东风悦达起亚校企合作人才培养基地落成仪式举行。东风悦达起亚汽车有限公司向学校捐赠了价值100万元的整车、动力总成、专用工具和技术资料等教学资源，为获得"东风悦达起亚核心教师"资质认证的4名教师颁发了证书，为"起亚班"的9名学生发放了奖学金和助学金共计3.2万元。据悉，成都工贸职业技术学院汽车工程学院与东风悦达起亚从2018年开始深度交流与合作，成为东风悦达起亚校企合作项目全国首批、西南地区唯一的合作院校。双方合作内容包括实训基地建设，打造集机电维修、销售服务、管理培训于一体项目，着力为企业经销商培养有专业能力的高技能人才；师资培训及课程开发，选拔教师参加企业的维修技师、销售顾问及服务顾问高级课程的培训，认证上岗；每届选拔60名学生组建"起亚班"，按照企业要求录取、授课与考核，设立企业专项奖助学金。此次共建人才基地，将为东风悦达起亚经销商可持续发展提供更丰富的高素质人才支援和储备，所培养的人才将以西南为中心辐射全国。同时，校企双方将在基地建成的基础上积极研究探索新型学徒制的试点以及制定核心教师成长培养方案，设立教师技能研修中心，为教师提升发展创造更好的条件。

分析启示：成都工贸职业技术学院和东风悦达起亚汽车有限公司共建人才培养基地，学院发挥人才、办学经验、场地等各种优势，企业发挥资金、人才需求、技术等各种优势，形成利益共同体，共同研发课程、制订人才培养方案、建立科学考评体系等。在为企业培养人才的同时，提高了学院的社会影响力、知名度和美誉度。职业院校和企业共建人才培养基地对深化产教融合具有重大意义，具有很强的生命力，前景广阔、大有作为。共建人才培养基地，是培养"双师型"教师的最佳途径，也是提高学生就业质量的有效举措，还是为企业输送优秀人才的有效路径。这种模式对于规模较大、同一种人才需求较多的企业是比较适宜的。

案例五：山东畜牧兽医职业学院建设股份制实训基地打造校企命运共同体

多年来，山东畜牧兽医职业学院坚持立足农牧业、融入农牧业、服务农牧业的办学定位，与社会企业合资共建混合所有制产教融合型实训基地，走出了一条产教融合、校企合作特色办学之路。

（一）设立运营公司

为实现学院资产保值增值，学院成立山东天宇教育咨询有限公司，代表学院行使出资人职责，负责对参股公司的产权管理，成为学院与社会企业合作的"防火墙"和"转换器"。目前，学院与行业龙头企业共建合资公司6家，合资公司具有双重属性，对内是产教融合型实训基地，对外是生产性独立企业法人。

（二）保障发展活力

学院按照"参股不控股""不求完全拥有、但求充分利用"原则，在合资公司中的持股比例定位在10%到40%之间。合资公司在学院"党委会"和公司"董事会""监事会"治理架构下，按照现代企业制度运行，保证了公司适应市场的灵活性和创新发展活力。

（三）完善运行机制

学院将合资合作企业服务教科研工作写入合资公司章程，确保公司资源能够最大限度为学院发展服务。建立以合资公司为主体的协同创新和成果转化机制，校企协同开展横向课题研究，合资公司优先获得科研成果使用权。鼓励校企双方人员按照市场规律和工作需要，自由组合、双向兼职、跨界融合发展。合资公司在提供学生实验实训岗位的同时，优先吸纳优秀毕业生就业，获得优质人力资本。

（四）取得多维效益

专业接产业，为产业振兴提供人才支撑。学院紧紧围绕农牧产业发展加强专业建设，促进专业与产业对接、互为支撑，建成"从牧场到餐桌"全产业链专业体系；合资公司作为学院生产性实训基地，为学生提供"真刀实枪"的技能训练和实践锻炼环境，学生练就过硬本领；工厂对接课堂，让课堂教学变得鲜活起来。教师和企业技术人员共同参与人才培养，造就了大批"接地气的教授"和"登讲台的技术员"；教师及时将企业新技术、新工艺、新成果、新规范融入教学，将教学科研成果应用于生产，实现课程和生产流程的再造优化。理论在生产中变成技术，技术在实践中升华为理论，两者相得益彰；研发对接企业，为企业发展提供科技支撑。以合资企业为载体建立院士（教授、博士）工作站、山东省工程技术研发中心等研发平台，校企联合技术攻关，合作开展新技术、新工艺、新产品研发，科研成果优先在合资企业转化，调动双方合作研发积极性；校企共建合资企业，以资本的融合带动了双方人才、科技、设备、品牌等资源充分融合，产生了强强联合、优势互补、资源集聚的放大效应，实现校企互利共赢，日益发展成为促进"三教改革"、示范带动一方百姓致富的校企命运共同体。

分析启示： 山东畜牧兽医职业技术学院立足农业、畜牧业建立股份公司深化产教融合，建立实训基地的模式具有较强的超前性、创新性和实效性，极大地调动了高校、企业、产业以及教师、科研人员的积极性和创造性，特别值得推广借鉴。尤其对解决科技成果转化难、高校和地方联系不紧密、科研人员搞科研积极性不高、科研人员开展科研活动如何取得合理报酬等难题提供了可以借鉴的具体方案。在推广这个合作模式中，政府以及相关部门应出台相应政策，明确合作目标、制定鼓励政策、加大服务力度、细化支持措施、搭建各种平台、建立合作机制。同时，要坚持"一事一议"，切实解决合作中的各种难题，让高校满意、企业满意、产业发展。

案例六：浙江交通职业技术学院与杭州都市高速公路、浙江高速公司展开合作

2020年5月28日，浙江交通职业技术学院与杭州都市高速公路有限公司、浙江

高速信息工程技术有限公司校企合作签约仪式在杭州都市高速公路有限公司多功能厅举行。此次与学校签约的都市公司和高信公司均属于浙江省交通投资集团有限公司旗下，专业从事智慧公路建设和大数据分析运营工作。浙江交通职业技术学院充分发挥职业教育资源优势，结合都市公司的交通资源优势和高信公司的科技创新优势，构筑校企合作平台，促进产教深度融合，在人才培养、教学团队建设、教学资源建设、职业技能培训、科学研究与技术服务等方面开展深入研究和合作，为浙江省智慧公路建设提供强有力的人才保障和智力支持，共同推动智慧公路产业升级和技术进步。近年来，浙江交通职业技术学院在省交通运输厅的大力支持下，以"交通强国"建设为契机，结合浙江省交通建设和区位优势，面向智慧公路交通战略性新兴产业，跨学科、跨院系组建培育智慧公路工程技术专业群，并成功入选中国特色高水平高职学校和专业建设计划。学校与企业要持续加大协同力度，充分挖掘合作深度，强化合作机制落地，确保合作质量。签约各方一致认为，人才培养和科技创新是加快智慧公路建设发展的重要支撑。三方将通过资源整合、战略协同，建立校企紧密的战略合作伙伴关系，共同构建高质量创新型技术技能人才培养平台，助力做强做大交通人才队伍建设，全过程保障和促进高水平交通强省建设。

　　分析启示：浙江交通职业技术学院和浙江高速系统开展合作，是围绕一个产业全面、深度、系统合作的成功实践，具有典型性、示范性和可学性。职业院校围绕一个产业或者一个系统进行合作，其最大优势一方面是可以把所有问题进行集成，抓住主要矛盾集中破解，用主要矛盾的解决带动次要矛盾的解决，从而推动整个产业或者系统的全面发展；另一方面可以在全校范围抽调骨干教师组成高水平团队集体攻关，在解决重大科技成果的同时可以培养一大批复合型人才，为学院高质量发展提供人才支撑。这个案例还可以启示我们，职业院校应立足自身优势和特点确定合作企业、行业，这样做才有作为、才有空间、才有发展，也才有创新的可能、成功的机会、辉煌的未来、伟大的前景。

案例七：河北对外经贸职业学院广播影视节目制作专业，同国内知名台球产业领军企业"秦皇岛乔氏台球企业集团"合作

　　河北对外经贸职业学院广播影视节目制作专业，同国内知名台球产业领军企

业"秦皇岛乔氏台球企业集团"合作，积极开展专业与产业对接、教学与项目对接、课程与岗位对接，以赛为媒，助力中式台球运动不断走向国际化。2020年在自制赛事的推动下，企业迅速战胜新冠肺炎疫情的不利影响，同比营收超3000万元，合作运营的"中式台球大师赛"成为中宣部'一带一路'文化走出去"唯一入选的体育运动项目，落户全世界60多个国家。

（一）引企入校，搭建赛事技术协同创新平台

为满足2022年北京冬奥会对于高素质赛事制作技术人才和中式体育运动国际化发展的需要，2019年2月27日，由学院提供场地，校企共同投资建设的体育赛事制作暨赛事技术协同创新中心正式揭牌投入使用。中心占地270平方米，包括国际水准的赛场和能够提供4K信号制作的摄像、制作、直播设备。在项目实施过程中，校企导师8人参与技术指导，学徒（学生）累计参与制作864人次。优秀学子还在企业导师（师傅）的带领下，参与2019 国际篮联篮球世界杯广州赛区、北京网球大师赛等大型国际赛事的制作工作。

（二）赛事引领，一张球桌打造国际顶级赛事

2019年5月，学院同秦皇岛乔氏台球企业集团、腾讯企鹅、CCTV5未来广告共同打造的大型台球直播节目"决金——中式九球世界球王争霸赛"正式启动。2019、2020年，两个赛季的82场争霸赛中，现场观众达到2万人次。通过腾讯企鹅网、抖音、新浪等媒体平台累计直播526个小时，点击观看超4亿人次。新冠肺炎疫情以来，助力企业复工复产，在保证身体健康的情况下，2020年5月选派学生（学徒）4人，参与校企赛事项目"决金——中式九球球王争霸赛"第二季的赛事制作；2020年10月选派两名学生（学徒）参加中式台球大师赛"武汉站"的制作。至今秦皇岛乔氏台球企业集团逆势增长，营收增加3000多万元，10月份即完成全年订单生产任务。

（三）走出国门，校企携手推广中式体育运动

非洲是践行"一带一路"倡议的重要方向和落脚点，2019年，"一带一路"中式台球国际超级联赛南非站正式启动。学院与秦皇岛乔氏台球企业集团积极合作，参与赛事制作和直播，使该项赛事不仅发挥了一项体育运动的价值，更是为当地球员提供了追逐中式台球梦想的舞台。它闪耀着中国运动的人文光辉，谱写"一带一路"对接非洲发展的新乐章，为世界汇聚起开放融通、合作共赢的新时代潮流。

分析启示：引企入校、赛事引领、走出国门是河北对外经贸职业技术学院广播影视制作专业推进产教融合的三部曲。引企入校是前提基础，赛事引领是平台载体，走出国门是提升提高。三者互为依托、紧密衔接、互促共融、相得益彰。在产教融合过程中，不仅提高了人才质量，而且提升了教师教学能力；不仅提高了学校的知名度影响力，而且服务了经济社会发展；不仅推动了学校高质量发展，而且充分发挥了高校的职能作用。"引企入校、赛事引领、走出国门"的合作模式不仅值得理论工作者研究，而且值得实际工作者实践。

案例八：河北对外经贸职业学院休闲体育专业与北戴河英伦国际马术俱乐部校企合作

河北对外经贸职业学院休闲体育专业与北戴河英伦国际马术俱乐部校企合作，是教育部第三批现代学徒制试点专业。经过两年的建设，该专业形成了"三双两学段"现代学徒制人才培养模式："三双"是指校企双主体联合育人、双导师全程指导、学生双身份学习实践；"两学段"是指学生在校学习一个学期、在企学习和实习共五个学期的两个阶段。校企联合开展了一系列的"课堂革命"，助力学生从"学徒"向"骑士"的转变。

（一）专业理论课程搬到企业：充分体现学生的主体地位

适应现代学徒培养的特点，发挥企业重要办学主体作用，学院进一步推进"入企办学"改革试点，将专业理论类课搬到企业，校企共建"厂中校"。深化"现代学徒制"和"企业新型学徒制"改革试点，建立"校企双元、工学一体"的办学模式，校企双导师共同商讨课程，优势互补，提高授课质量，使学生（学徒）在潜移默化中获取隐性知识，帮助其实现岗位成才。

（二）开发专业课程：为学生量身定制授课形式

根据职业教育规律和马术行业特点，校企双方共同开发了一系列具有现代学徒制特点的专业课程。在"统"字上下功夫，在"融"字上做文章，在"新"字上求突破，在"深"字上见实效。要求校企双导师积极组建团队，整合各方面的资源，融合信息化教学手段，创新教学方式方法，在深化教师队伍建设、教材建设、教法改革上下功夫、见真招。英国马会和德国马协一直致力于马术教育、训练体系、安全骑乘以及马匹管理，主要专业之一便是为所有的专业从业人员和马术机构设定标准和培训体系。校企选取英国BHS教练资格考试原版教材，授课内容选择和课时安排参照该认证体系，同时参考德国马协骑术认证等级，帮助学生接受国际行业标准的系统学习。根据企业经营状况、师傅工作、学生（学徒）接受能力等，校企双导师可以通过企业教室集中讲解、马厩演练操作、训练场专项训练等形式完成授课任务，兼顾制度性与灵活性。

（三）联合监管课程：多维度评价教学效果

校企双方制定了相关制度，开展联合监管。企业师傅授课采用教学任务双确认式管理，统一纳入学院的教学管理范畴，对学生（学徒）学习及实践进行全程跟踪指导和管理。在企业授课的实践类课程采用过程性、岗位考核的方式。在校企双导师共同研讨课程时，校方老师帮助企业师傅梳理了相关课程的课程内容、课程标准及具体的教学项目。企业师傅会根据以上内容对学生进行逐一考核。考核评价从学生对知识的掌握情况、技术运用情况及在岗工作成效等多维度进行。

（四）延伸企业课堂：为社会提供优质服务

工作岗位是学生（学徒）课堂的延伸，在实际工作中深化马术知识的理解，熟练掌握骑士技能的操作，有效提升了职业教育的质量，也将"工匠精神"潜移默化地根植于学生（学徒）的心间。通过一系列的"课堂革命"，学生（学徒）在真实的工作情境中快速成长为合格的骑士，在不同的工作岗位上，正逐步彰显出骑士的魅力。

分析启示：产教融合的关键是课堂创新和改革。河北对外经贸职业学院体育休闲专业进行课堂革命抓住了产教融合的关键、核心和根本，其经验、模式和举措都值得推广、复制和借鉴。抓课堂教学质量就抓住了人才培养的牛鼻子、抓住了魂。只有提高了课堂质量和效率，才能提高教学水平和实效。河北对外经贸职业学院以课堂改革为牵引，以厂中校和校中厂为抓手，以"三双两学段"为模式，以打造"双师型"教师为基础，以强化学生主体地位为前提，以开发适宜学生教材为重点，以完善教学评价效果为动力，以服务社会服务发展为目标，以形成学校和企业一体、学生和教师互动、高校和产业共融新格局为路径，取得了人才培养和服务社会双胜利。从河北对外经贸职业学院的成功实践看，深化课堂改革确定目标是关键，创新模式是基础，明确思路是前提，突出重点是核心，抓好落实是根本。

案例九：河北民族师范学院和慧科集团共建人工智能专业

2020年9月11日，河北民族师范学院与慧科集团在河北民族师范学院行政楼正式签署人工智能专业共建协议。本次人工智能专业项目共建主要是为弥补人工智能产业人才缺失问题，慧科集团和河北民族师范学院以学校现有资源为基础，在河北民族师范学院的数学与计算机科学学院架构下共建"人工智能"专业。双方共同参与人才培养方案制订、专业建设实施、教学质量评估等工作。同时，双方还在师资培训、企业实训、实践环境建设、职业认证考试、岗前培训等多层次校企合作，共同培养契合区域经济社会发展的新兴产业人才，推动区域经济发展新旧动能持续转化，为人工智能产业发展提供人才储备。

分析启示：近年来河北省加快推进人工智能产业发展，形成数字产业化、产业数字化和城市数字化的协同融合发展之势。人工智能专业是未来发展大势，具有广阔前景，河北民族师范学院、慧科集团以人工智能产业发展大势为契机，双方携手共育，把学生培养成具有创新精神和实践能力的高素质应用型人才，助推学校转型发展，为区域产业升级科技创新提供重要支撑。

案例十：南宁职业技术学院与东软教育科技集团共建 IT 应用型产业学院

2020年8月21日，南宁职业技术学院与东软教育科技集团在南宁市政府签署校企合作框架协议。东软教育借助自身的产业与技术优势，积极支持南宁职业技术学院高水平高等职业院校建设、高水平专业群建设。南宁职业技术学院紧紧围绕电子信息、先进装备制造、建筑及房地产、现代服务等广西北部湾经济区重点支柱产业及新兴产业群、产业链布局和调整构建专业体系。南宁职业技术学院东软IT应用型产业学院项目围绕南宁数字经济产业发展对人才的需求，快速培养、输出大批用得上、留得住的产业人才。多年来，南宁职业技术学院以建筑室内设计、软件技术两大国家高水平专业群为龙头，带动智能制造、智慧财经、现代物流、传媒、健康与旅游、国际服务、艺术设计、新能源汽车等8个专业群优势，与华为、富士康、阿里巴巴、迪士尼、万豪、希尔顿等世界知名企业和南宁龙头企业融合发展，建成华为ICT产业学院、南宁富士康学院、人工智能学院、中德双主体行业学院、李宁时尚（鞋服）产业学院等6个特色产业学院，建成广西人工智能职教集团、广西民族技艺职教集团、南宁职教集团等3个职业教育集团，入选教育部现代学徒制试点院校。

分析启示： 南宁职业技术学院东软IT应用型产业学院项目为双方在共建产业学院、双师型师资队伍建设、高质量理实一体化课程资源建设、新一代信息技术培训、创新创业教育等方面的深入合作奠定基础。为深化产教融合校企合作、协同育人机制，形成具有特色的IT应用型人才培养模式，提升教学效率与效果，提高学生的实践能力、创新创业实践能力和就业竞争力，为进一步加快人才培养结构调整，促进教育和产业联动发展起到积极促进作用。积极推动南宁市人才培养模式创新发展，为"数字南宁"的建设提供人才支撑。

案例十一：成都工业学院产教融合校企协同育人模式

成都工业学院是入选全国"十三五"产教融合发展工程规划项目应用型本科建设院校。学院以四川省纳入国家全面创新改革试验区以及成为首批四川省高校创新改革试点单位为契机，不断解放思想、先行先试，积极落实《国务院办公厅关于深化产教融合的若干意见》中"提高行业企业参与办学程度，健全多元化办学体制，全面推行校企协同育人"的要求。成都工业学院长期坚持"根植地方，魂在应用，产教融合、协同育人"的办学思路，学院通过制定各项《章程》《全面深化综合改革指导意见》《产教融合建设方案》，明确了发展目标、制定了时间表和路线图，落实了责任人，建立了跟踪检查、督察问责机制。明确构建产教融合、校企合作的多样化协同育人模式纳入主要改革任务，探索产教融合校企协同育人创新模式。

近年来，学院以人才培养和学生就业为导向，相继与成都地铁、士兰半导体等企业开展订单班，与高新西区的富士康、华为、京东方、中芯国际等知名企业深入合作，积极探索产教融合校企协同育人创新模式。一是探索解决应用型人才培养新路径，建立校企合作长效机制。学院与富士康集团合作成立具有独立法人资质的实体运营机构，联合打造中国西部智能制造人才培训基地，共同搭建省、市智能制造政、产、学、研、用创新平台等。为响应"中国制造2025"国家战略，满足中国西部地区智能制造人才发展需求及"中国制造2025四川行动计划"、成渝经济区和天府新区等区域重大战略任务，成都工业学院主动融入地方经济社会发展和产业转型升级，改革教育供给侧结构，对接区域经济发展需求，促进专业链、人才链与产业链、价值链有机结合。2017年年初，成都工业学院资产公司与富士康正式成立了"四川成工富创科技有限公司"，公司注册资金人民币1200万元，成都工业学院资产公司控股51%。成工富创是一家专注于高端智能制造全产业链发展，集智能制造技术产、学、研、用于一体的高科技公司。二是推进信息化与工业化"两化"融合，打造西部智能制造示范基地。为助推地方区域经济"两化"融合，校企双方积极将成工富创打造成西部智能制造示范基地，力争对西部地区的制造业升级发展起到引领示范作用。成工富创建成智能制造产线1条，配套30余台FANUC数控加工中心、28台工业级机器人、智能仓储系统等各类生产教学设备200余台(套)，价值人民币近千万元。目前，基地已成为培训展示、实验实训、工程教学、科技创新、研发生产等功能较为完善的教学生产场所。三是开展智能制造学科群建设。为推动学科专业建设与产业转型升级相匹配，建立智能制造学科群。新一轮工业革命是以信息化与制造业的深度融合为主要特征，以制造业的数字化、网络化和智能化为核心技术。校企双方围绕智能制造领域，积极开展智能制造学科群建设，改变原来按单一学科分别建设的模式。学校将机械工程、计算机科学与技术、电气科学、自动化等核心学科统一纳入智能制造学科群，以合作建立的智能制造基地为载体，加强学科方向凝练，整体打造与产业转型升级相匹配的智能制造学科群。四是成立智能制造学院，培养应用型智能制造人才。成都工业学院和富士康以成工富创为基地，建立智能制造学院，培养适应地方需要的优秀的智能制造人才。在人才培养过程中，根据智能制造人才的需要，校企双方共同制订人才培养方案，围绕学院应用型人才培养目标，构建不同层次、针对不同学科专业对象的实践教学体系和模块，培养符合企业实际需要的应用型技术人才。打造科学研究和服务地方经济发展的协同创新平台。企业派遣实践经验丰富、理论水平高的工程师进入智能制造学院参与科研、教学活动，他们既是工程师，又是教师；学校派理论水平较高、责任心强的教师进入智能制造学院，同时参与企业的科学技术研究，他们既是教师，又是工程师；将一部分课程或部分课程的部分内容放到生产现场进行，形成企中校、校中企的创新育人模式；校企双方共同开发应用型课程和教学案例，学校紧紧围绕应用型人才培养目标，整合实验室、校办工厂和"成工富创"的实训设备、人员和场地资源，构建大实践教学体系，为学生工程实践能力培养提供"真实环境"，实现学校应用型人才培养的机制创新和资源共享。

分析启示：成都工业学院牢牢抓住国家全面创新改革试验区以及首批四川省高校创新改革试点单位的契机，以培养应用型人才、服务行业、对接产业，助力经济社会发展为目标，结合学院自身优势专业与行业、企业共同探索产教融合校企协同育人创新模式。成工富创智能化制造生产线在国内高校处于领先地位，良好的运行机制和运行效果得到了校内外高度的评价；学校智能制造学科群的建设率先取得突破，除为国家和地方进行短期人才培训外，学院成功申报智能制造工程本科专业，走在了西部地区智能制造人才培养队伍的前列；成工富创是学院办学思维模式的转变，大胆创新改革成功探索出了产教融合校企协同育人创新模式的典型案例；富士康和成都工业学院在各自的领域内具有优势，合作建设中国西部智能制造人才培训基地，将产教两个不同主体，通过一种新型的合作模式和机制，形成了有着共同发展目标的利益共同体，这种以"股权共持、利益共享、风险共担、优势互补"的产教融合校企合作创新机制，探索了解决应用型人才培养"校热企冷"问题的新路径。"成工富创"模式实现了校企双赢，既是建设应用型大学的一次体制机制创新，也是产教深度融合校企协同育人模式的创新。为促进学院的发展、提高学院应用型人才培养能力、提升学院服务地方区域经济发展起到引领示范作用。

产教融合对策研究

本部分是作者通过研究产教融合发展历程、总结发展成果、分析存在问题、凝练发展经验、借鉴先进做法、审视案例特征，系统提出了有关深化产教融合的政策制定、评价体系、组织领导、推进方略等宏观对策，务实提出了有关科技成果转化、借力京津发展、大学生就业创业、企业创新主体建设等产教融合重点问题解决方案。

深化产教融合校企合作对策建议

从新中国成立一直到现在，产教融合工作经历了起步、发展、创新、高质量发展的历史阶段，党和国家领导人对深化产教融合工作越来越重视，政策措施越来越有力，实际成效越来越凸显。深化产教融合工作对经济社会发展的促进作用越来越不可替代。新时代对深化产教融合工作提出了新要求、新期待、新挑战。毋庸置疑，深化产教融合工作取得了令人瞩目的历史性成就。但是，和新时期经济社会发展对深化产教融合工作要求比，和产教融合工作自身高质量发展的要求比，和深化产教融合工作与全国其他工作同步发展的要求比，和产教融合各方利益主体对深化产教融合工作期待比，和产教融合战线广大工作者对深化产教融合工作期待比，仍有一定差距和很大发展空间。存在的主要矛盾和问题有以下五点：一是产教融合对经济社会发展的贡献率还有待进一步提高；二是产教融合两大主体高校和企业的积极性、主动性、创造性还有待进一步提高；三是各级政府深化产教融合的措施力度还有待进一步提高；四是社会中介组织对深化产教融合的作用发挥还有待进一步强化；五是深化产教融合的氛围还有待进一步浓厚。所有这些问题的解决，既需要发展更需要创新。

一、制定出台配套政策强力推动

长期以来，各级政府以及相关部门，围绕深化产教融合相继出台了许多政策规定，特别是《中华人民共和国职业教育法》的颁布，对于深化产教融合起到了十分积极的作用。今后仍应进一步加大工作力度，制定出台配套政策，解决各领域、各方面、各环节、各层级、各阶段有关深化产教融合的相关问题。比如：如何调动高校积极性、如何调动企业积极性、如何发挥社会中介组织作用、如何发挥政府推动作用、如何评价产教融合成效、如何加强组织领导，等等。各级政府及相关部门要深入产教融合相关部门、环节、地区调查研究，查实情、听真言、寻良策、出实招。在此基础上，总结深化产教融合成功先进经验、借鉴国际国内可复制能推广合作模式，制定出台有针对性、应用性、实效性的配套政策。

二、提高高校推动产教融合能力

高校是产教融合的重要主体之一。目前在深化产教融合工作上存在着积极性不太高、方式方法不太活、协调推动机制不太全、和产业企业对接不太准、产教融合成效不太实等诸多问题。这些问题的存在，既有主观原因也有客观理由，既有发展中的困难也有现在的难题，既有深层次的矛盾也有工作中的困惑。解决这些问题就需要深化改革、大胆创新。要把深化产教融合工作纳入对高校领导班子的考核内容；各高校党委把深化产教融合工作同其他工作同谋划、同部署、同推动、同检查、同考核、同奖惩；要加大和各级政府、相关部门、企事业单位联系沟通力度，及时把高校科技成果向社会发布，定期深入企事业单位了解对高校的需求；要努力用心用情为广大教师搭建和政府科研部门、企事业单位交流沟通的平台；要采取措施提高广大教师的科研能力。通过综合实策千方百计提高高校深化产教融合的能力和水平。

三、激发企业参加产教融合活力

企业是产业的承载体，因此企业是产教融合的另一主体。企业是否具有深化产教融合的积极性、主动性、创造性对于深化产教融合的成效具有重大的影响。企业要把发挥高校作用、引进高校科研成果、借力高校发展作为企业的重大发展战略去推动；及时把企业引进高校科研成果、人才需求、技术服务、技术改造、课题攻关等信息向高校发布；制定出台企业吸引高校服务的优惠政策；谋划实施和高校共同进行人才培养，建立现代学徒制，实施1+X制度；与高校合作对现有职工进行素质提升培训；邀请高校专家学者到企业进行企业诊断、技术服务、政策指导；和高校开展人才双向挂职锻炼。企业自身深化产教融合积极性、主动性、创造性的提升，会极大地提高产教融合的实效。

四、充分发挥社会中介组织作用

深化产教融合的一个关键环节就是搭建高校和企业沟通联系的有效渠道、平台、载体。社会中介组织正是履行这一职责的工作机构。多年来，社会中介组织具有积极促进作用，但是工作机制尚需进一步理顺规范，服务范围尚需进一步明确拓展，方式方法尚需进一步丰富改进，工作理念尚需进一步创新强化。根据新时代对社会中介组织的新要求、新挑战、新期待，出台《关于进一步加强社会中介组织建设的意见》，对指导思想、建设目标、工作原则、重点任务、工作方法、实施路径、考评办法、保障措施等进行明确，确保社会中介组织在深化产教融合工作中目标更明确、思路更清晰、措施更有力、重点更突出、作用更明显。

五、充分发挥各级政府推动作用

深化产教融合既需要高校和企业两个主体的共同努力，也需要社会中介组织的大力配合，更需要各级政府以及相关部门的积极作为。要把深化产教融合工作列入对各级政府以及相关部门考核内容；各级政府以及相关部门要结合实际情况出台有针对性、指导性、可行性、科学性、务实性的工作意见，推动社会中介组织高质量发展；加大对高校、企业、社会中介组织指导帮助力度，调动他们深化产教融合的积极性，及时解决工作中的困难和问题；有效搭建高校、企业和社会中介组织的平台，定期召开深化产教融合工作会议，不定期召开深化产教融合对接大会，确保高校、企业、社会中介组织有效沟通交流。

六、创新产教融合成效评价体系

深化产教融合成效评价是否科学、精准，对于深化产教融合至关重要。但是，目前尚没有比较权威配套的评价体系，这在一定程度上影响甚至阻碍了深化产教融合工作健康发展。因此，相关部门应抓紧建立产教融合评价体系。评价体系要明确考核什么、谁来考核、怎么考核、何时考核、如何奖惩。对于产教融合工作的考核，既要注重经济效益也要关注社会效益，既要审视当前成效也要衡量长远影响，既要考虑高校利益也要分析企业发展，既要突出重点也要着眼全局，既要考察单一项目也要评价总体情况。总之通过科学评价，要评出各方积极性、评出产教融合工作成效，评出经济社会高质量发展。

七、加强深化产教融合组织领导

深化产教融合需要进一步加强组织领导。各级党委要加强对深化产教融合工作的领导，与党的建设、经济发展、社会稳定、生态文明建设等重点工作同谋划、同部署、同推动、同检查、同考核。各相关部门要把深化产教融合工作列上重要议事日程，加强顶层设计、落实工作责任、分解目标任务、注重督导落实、确保工作实效。各高校要把深化产教融合工作作为重点工作主动作为，精心谋划服务项目、建立专家攻关团队、主动对接产业企业、瞄准科技发展前沿、创造一流科研成果。各企事业单位要把深化产教融合作为自身发展的有效路径，主动对接高校、引项目、引人才、引技术、引智力、引先进理念、引优秀文化，深化供给侧结构性改革，推动创新发展。各社会中介组织要把深化产教融合作为推动自身发展的极好契机，走高校、入企业、跑市场、找项目、强服务、助发展。

坚持不断深化改革推动校地融合发展

习近平总书记在党的十九大报告中指出："完善职业教育和培训体系，深化产教融合、校企合作。"在2018年9月10日召开的全国教育工作会议上，习近平总书记再次对产教融合、校企合作作出了明确指示。河北省委、省政府认真贯彻落实党的十九大精神和全国教育工作会议精神，在2018年11月20日召开的省委理论中心组学习会议上，省委书记王东峰明确指出："深化产教融合、校企合作，促进职业教育与经济社会发展相适应，有针对性地培养人才和产业大军。"省政府高度重视产教融合、校企合作工作，出台了《关于深化产教融合的实施意见》。如何进一步深化改革，推动校地融合发展是建设经济强省、美丽河北的重大战略课题。目前河北省已拥有120多所高校，7万多名高级人才，在校生130万余人。专业覆盖理工农文管等各大学科，门类齐全，与地方产业的契合度很高，科研能力、服务经济的实力很强。充分发挥河北高校人才、技术、科研各方面优势，推动河北省经济社会创新发展，必须采取超常举措、务实措施，才能取得实效。

一、紧贴河北支柱产业推进高校专业结构调整

高等院校主要任务，首先是立德树人培养人才，其次是服务当地经济社会发展。为了提高服务地方经济发展能力和水平，关键是专业设置和当地经济发展重点进一步契合。河北省高校专业调整虽然是动态的，但是和经济快速发展特别是满足供给侧结构性改革的需要仍有差距和不足，因此要紧贴河北支柱产业推进高校专业结构调整。应成立高校专业调整委员会，由常务副省长、主管教育副省长

牵头，省发改委、教育、科技等相关部门主要领导为成员。一要摸清河北产业和高校专业现状；二要找准需要调整的重点专业和产业；三要作出专业调整的长远规划，本着先易后难的原则成熟一个调整一个。通过几年的努力使河北高校专业和重点产业的结合度明显提升。

二、促进高校科技成果转化推动支柱产业升级

高等院校人才济济，每年会有许多创新性的科技成果产出，科技成果虽然产出多，但成果转化率偏低是一个既现实又长期影响科研人员积极性的重要问题，也是制约经济社会发展的薄弱环节。解决好这个问题既能充分调动广大科研人员投身科研的积极性又能快速推动产业升级。为此，要着力从以下四方面入手：一是充分发挥各级科技支持资金的调节作用，科技项目立项时应要求高校与企业共同完成；二是加大科技成果中试环节的支持力度，建立科技成果转化中试基地；三是成立科技成果转化中介机构，为供需双方搭建桥梁提供服务；四是建立奖励机制，对科技成果转化推动产业效果明显的项目，高校对企业给予表彰。

三、提高科研人员为地方经济发展服务的能力水平

高校科研人员有为地方发展服务的强烈愿望，但对省情、市情以及产业现状和发展前景了解不够深入、不够全面、不够客观的问题影响了科研人员为地方经济发展服务的成效。破解这一难题会极大激发出科研人员创新的热情和勇气，也会提高科研人员自身的能力和价值。一是加大高校科研人员到企事业单位交流挂职的力度，为科研人员了解企业、产业情况提供方便。二是定期选派各级党政领导、企业家到高校介绍产业和企业发展现状及情况，提高高校科研人员对当地经济社会发展需求、产业结构调整的认知和了解，从而提高科研人员服务经济的针对性和实效性。三是定期举办各种论坛，高校科研人员和企业经营者、企业技术人员围绕着共同关注的难题交流观点、思路，达成共识，从而达到进一步统一思想、明确目标、共同努力的良好局面。

四、科学建立高校服务地方考核评价通报机制

高等院校服务地方工作虽然取得了一定的成绩，但目前还停留在号召阶段，没有成为高校自身必须做好的硬性任务，因此存在着高校自身积极性、主动性不强的问题。从根本上解决这个问题要从制度层面着力。一是把高校服务地方的成效作为考核的重要内容之一。二是每年高校主管部门都应召开专门会议推动部署，明确任务、压实责任、加强督导、务求实效。三是加大督查推进力度，总结先进经验，查找工作差距，及时解决工作中的各类问题。四是定期进行通报，工作效果好的给予表扬，工作不力的通报批评。五是研究制定高校服务地方的考评体系。

五、创新校企共同育人模式，提高人才质量

目前高校培养人才和企业人才需求脱节的问题一直存在，尽管高校在努力探索采取各种措施解决这个问题，但没能从根本上解决好。解决好这一问题对于提高人才质量和满足企业人才需求至关重要、非常必要、十分紧迫。一是推行招生即就业的思路举措，解决养老保险、就业保险等一系列政策问题。二是高校和企业共同制订人才培养方案，要把企业文化引入人才培养的各个过程中。三是聘请更多的企业人员为学生上课，推进学生到企业学习考察。四是力求把更多的课堂搬入企业，让学生直接了解企业、感悟企业，从而达到热爱企业、建设企业的目的。高校和企业深度融合是推动经济社会高质量发展的必然选择，也是推动高校创新发展的客观选择。要坚持"功成不必在我，功成一定有我"的理念，发扬钉钉子精神，一件事一件事抓落实，一个困难一个困难去克服，久久为功。

（2020年1月，公开发表于《办公室业务》第2期，同时获得河北省政协副主席、民革中央常委、河北省委主委卢晓光批示）

经济新常态背景下推动高校科技成果转化的重大意义及实现路径

2014年11月9日，习总书记在亚太经合组织工商领导人峰会开幕式上强调指出："中国经济呈现出新常态的主要特点：一是从高速增长转为中高速增长；二是经济结构不断优化升级，第三产业、消费需求逐步成为主体，城乡区域差距逐步缩小，居民收入占比上升，发展成果惠及更广大民众；三是从要素驱动、投资驱动转向创新驱动。"这一重大战略判断，是对中国经济发展客观历史的总结，是准确研判中国未来宏观经济发展趋势，作出的科学总结、科学判断。经济新常态是从追求高速度发展转变为追求高质量发展。高质量发展要求经济结构更优、经济效益更高、经济速度适中。同时，高质量发展必然要求要素驱动、投资驱动转向创新驱动。高等院校具有人才优势、信息优势、科研优势，是创新驱动的重要力量和基本引擎。科技成果转化是创新驱动的核心要素和关键环节。推动高校科技成果转化具有深远的历史意义、现实意义和实践意义。

一、推动高校科技成果转化的重大意义

（一）推动高校科技成果转化是促进经济高质量发展的必然选择

华企商学院研究中心分析师孙海红表示："经济新常态下，我国需要探寻推动经济增长的新力量，推动经济结构调整，实现经济转型。科技创新是经济增长的

持续动力,通过带动产业升级拉动中国经济转型,是新常态下经济增长的新动力。"高质量发展的核心要义是创新驱动,要求"无中生有""有中生新"。科技成果是高校自然的产物和财富,推动高校科技成果及时地、有效地转化,是促进经济高质量发展的重要渠道。长期以来,我国非常重视科技成果转化工作,出台了一系列的政策意见,采取了科学有效的工作措施,举办了一些有影响的对接活动,取得了明显的成效。河北省委、省政府站在讲政治的高度,把推动科技成果转化工作列入重要议事议程抓紧抓实,科技成果转化数量不断增加、质量逐步提高、结构更加优化、效益显著增强,推动了河北高质量发展的进程。但是,科技成果转化仍有较大的差距和不足,如政府的推动力度仍然有待加强,政策举措依然需要细化提高,科技成果转化环境仍需优化,科技成果转化促进经济社会发展的作用尚待进一步凸显、广大科技工作者的积极性还需进一步充分调动。解决上述问题,对于推动河北经济高质量发展意义重大、影响深远。

(二)推动高校科技成果转化是加速高校创新发展的客观选择

高校的基本职能是人才培养、科学研究、服务社会和文化传承。四项职能相互联系、各有侧重、自成体系、有机统一,其根本出发点和落脚点是推动经济社会高质量发展。而科技成果转化是实现高校基本任务的直接、有效的重要措施。长期以来,各级党委和政府以及教育行政管理部门在推动科技成果转化方面做了大量工作,采取了比较有效的措施,组织了一些有益的对接活动,取得了可观的工作成果。各高等学校从实际出发,立足自身优势,发挥各自特长,抓住工作难点,调动科技人员的积极性,科技成果转化工作迈上了新台阶,推动了高校的自身发展。但一些瓶颈问题依然没有从根本上解决,阻碍着科技成果转化工作的健康发展,依然影响着推动经济社会高质量发展的工作成效。各高校对科技成果转化工作重视程度还不够高,科技成果转化水平还不尽如人意,科技人员的积极性还比较低,等等。采取务实举措,建立完善政策体系,加强瓶颈问题破解,是推动高校科技成果转化工作的有效抓手,是推动高校健康发展的明智之举。

(三)推动高校科技成果转化是助力"双创"深入发展的现实选择

党的十八大明确提出实施创新驱动发展战略。2015年3月,我国政府工作报告中提出"大众创业、万众创新"。全党上下各级各部门都在结合本地实际认真贯彻落实,取得了积极成效。高等院校是推动"双创"工作的重要力量和主要战场,应该把高校科技成果转化工作作为"双创"工作的基本任务和重要抓手,摆在重要议事议程,加强顶层设计,科学谋划方案,多措并举推进,合力攻坚克难,协调联动作为。尽管科技成果转化工作取得了积极成效,促进了经济高质量发展,但依然存在许多瓶颈问题还没有从根本上解决。有关高校和科技人员对"双创"工作的重要性认识不足,推进思路举措不清,工作着力点不明,目标要求不高,积极性主动性不强。要不断加大工作力度,创新工作方法,明晰工作举措,激发工作活力,开创高校助力"双创"工作的新局面,展示高校服务发展的新形象,谱写高校新时代奋发作为的新篇章。

(四)推动高校科技成果转化是加强"校地合作、产教融合"的智慧选择

积极开展"校地合作、产教融合"是加快经济转型升级、推动河北省经济高质量发展的重要举措。对各级政府而言,推动"校地合作、产教融合"既是自身的工作职责,又是加快地方经济社会发展最现实、最直接、最有效的方式和途径;对高等院校而言,推动"校地合作、产教融合"既是加快科技成果转化,充分发挥高校服务地方经济社会发展功能的必然选择,也是展示新时代高校形象的生动实践;对企事业单位而言,推动"校地合作、产教融合"既是企事业单位加快自身发展的客观需求,又是研发新产品、推广新工艺、引进新技术,提高核心竞争力成本最低、见效最快的重要举措。当前各级政府和各高校都充分认识到了推动"校地合作、产教融合"的重要性、现实性,都在采取务实举措强力推进并取得了明显成效,出现了一些典型,取得了一些经验。尤其在人才培养、技术咨询、志愿服务、智力服务、企业诊断、技术攻关等方面取得了突出成效,促进了经济发展。但还存在着服务内容不够全、服务方法较单一、服务体制机制尚不完善、评价方法不科学、推动力度不够大、科技成果转化水平不够高等问题。因此,要不断提高认识,建章立制,科学推进,注重落实,加强指导,把"校地合作、产教融合"提高到新高度、新层次、新水平。

二、推动高校科技成果转化的实现路径

（一）建立科技成果供需数据平台

为了提高高校科技成果转化针对性、实效性和成功率，解决校企科技成果供需双方底数不清的问题，就要建立科技成果供需数据平台，全面掌握高校科技成果向哪些企业转化，企业需求的科技成果哪些高校拥有，等等。科技成果供需数据平台主要包括两个方面：一是高校科技成果数据库，二是企业需求科技成果数据库。高校科技成果数据库，主要包括高校立项科技研发情况，具备中试条件的科研成果情况和已具备转化条件的科技成果情况；向哪些地区、哪些领域、哪些行业、哪些产业、哪些企业转化更有价值；所转化的项目需要新建企业、产业提升、技术更新、新产品开发等内容。企业需求科技成果数据库，主要包括当前需求的科技成果、未来五年内需求的科技成果和企业中长期发展需求的科技成果；企业吸引科技成果的优惠政策，为提供科技成果的高校以及科研人员提供哪些方便；企业吸引科技成果所具备的各种条件，科技成果转化后未来经济效益和社会效益评估结果。

（二）建立科技创新发展研究机构

推动科技成果转化主要是解决高校科研经费不足、科技成果与市场联系不紧密、企业高层次人才紧缺等问题，解决这个问题就必须将高校与企业紧密结合起来，建立高校、企业科技创新发展研究机构。选择高校优势学科专家团队，与相关的产业联盟和相关企业组成创新研究院。科技创新研究院由各级政府牵头组织，高校、企业领导和专家参加。牵头单位负责科技创新研究院总体谋划、协调推进、督导落实、成效评估和奖罚兑现。高校负责组建专家团队，确定专家团队负责人和参加人员，组织课题研究，保障科研条件，制定鼓励政策，提高科研水平。产业联盟和企业提供生产急需的和未来新上的项目课题，提供必要的科研经费，保障中试条件，提供转化条件，进行转化成效评估。科技创新研究院属于松散型组织，既可以某一高校和若干产业联盟、企业建立创新研究院，也可以一个产业联盟、企业和若干高校组建科技创新研究院。

（三）建立科技成果转化中试基地

科技成果从研发到产业化必须经过中试环节，不经过中试环节不能进行产业化，这是科技成果转化的瓶颈问题。突破中试环节的瓶颈，对于推动科技成果转化至关重要。建立中试基地不单是经济活动，也需要各级政府和相关部门采取措施、务实推动。各经济开发区、高科技产业园区均承担各自区域重点规划和发展职能，享有许多与之配套的优惠政策，具有吸纳高校科技成果转化的广阔空间。各级政府应出台针对性强的政策措施。在各开发区、高新科技产业园区建立高校科技成果孵化园区，单列土地使用指标。采取"筑巢引凤"策略，按照"先建成后奖补"的方式，鼓励按照企业先建成中试基地，后各级政府给予奖励补助的思路推动中试基地建设。各级政府出台中试基地建设相关的指导意见，科技成果转化中试基地实行备案制，科技部门对纳入备案管理的中试基地统一授牌，明确中试基地建设标准、奖补方法、考评机制等，定期进行考核评价，对考核评价优秀的予以奖补支持，优先考虑符合条件的中试基地承担国家级、省级科技计划研发项目；以各支柱产业为中心鼓励各重点企业建设中试基地，企业建成的中试基地验收后为挂牌中试基地，政府给予一次性奖励资金；企业引进高校科技成果实施转化，完成中试正式投入生产的，按照产品中试费用给予一定比例的补助资金；高校科技成果持有者在中试基地完成转化的，经专业评价后，可给予高校科技成果持有者一定比例股份。

（四）建立科技成果转化评价机制

科技成果评价是科技评价的重要内容，是科技成果管理的重要组成部分，直接关系到科研的发展方向和科研人员的积极性以及经济建设的发展。根据我国经济发展和科学技术发展需要，建立科学、规范、统一的科技成果评价机制，有利于科技成果转化工作的健康发展。一是要明确科技成果评价是以加速科技成果转化为核心的指导思想，鼓励自主创新、激发科研人员积极性，建立客观公正、科学规范、监管有力、运行高效的科技成果评价体系。二是要明确科技成果评价的发展方向，推动形成市场评价、专业机构评价和政府评价相结合的多元科技成果评价模式。推行科技成果分类评价，建立健全科技成果评价中的责任机制。三是完善科技成果评价政策和保障措施，明确科技成果分类评价标准和操作规范。建立科技成果专家库和评价行业自律组织，完善科技成果评价机构管理办法、章程等，确保科技成果评价工作规范和有序。

（五）出台科技成果转化优惠政策

科技成果转化优惠政策其实质就是让基础研究的科技成果从实验室走进企业和市场，解决科技成果转化"最后一公里"问题。优惠政策的制定内容要全面，措施要具体，应具有较强的吸引力和可操作性。既要对高校科技成果转化给予鼓励，又要激励企业吸引高校科技成果的积极性和主动性。优惠政策既要对高校进行鼓励，又要对科技工作者个人进行奖励。优惠政策制定的思路是先落地、有效益后进行奖补，既要有降费免税等物质奖励，又要有精神鼓励表彰。对高校科技成果在地方转化的，可在现有的科技成果转化项目奖补、财税支持等优惠政策基础上，出台有针对性的政策措施，主要包括设立高校科技成果转化专项基金、强化科技成果持有人的股权激励、强化财政资金支持、强化税费减免支持、加大企业融资扶持力度及创新政府采购政策等内容。通过细化这些优惠政策，形成可操作性的措施，让高校科研人员能够通过科技成果取得更丰厚的报酬，使科技成果承接企业获取更充分的利益，真正打通高校科技成果转化的"最后一公里"。

（六）加强科技中介服务组织建设

科技中介服务可以提升工作效率，实现资源共享，加速成果转化，保障各方权益，在成果转化过程中起着关键、核心作用。一是加强科技中介服务机构自身建设。通过"请进来、走出去"方式，学习先进科技中介服务机构的经验、类型、模式、管理、制度等，提升科技中介服务机构的整体水平，保证科技中介服务机构高效运转。二是重视科技中介人员队伍建设。严格执行科技中介服务人员的入职标准；政府鼓励支持科技中介服务组织定期开展业务能力培训，提升科技中介机构人员综合素质；构建科技中介服务机构人才库，积极从高校、科研院所、企业中吸引科技专业人才，为科技中介服务机构提供人才储备。三是优化科技中介服务发展环境。完善的法律、政策是科技中介服务机构生存和发展的前提条件，要明确自身法律定位、权利义务、发展模式和组织制度等。成立科技成果中介服务机构指导专家组，建立科学的、系统的考核评价体系、行业标准，提供政策解读、咨询服务等。逐步形成法律定位明确、政策资金到位、运行高效有序、监督管理完善的健康发展环境。

（七）激发高校科技成果转化活力

推动科技成果转化的源头和基础是高校。只有激发高校的科技成果向地方转化的积极性、主动性、创造性才能提高高校科技成果向地方转化水平。一是各级政府、科技、发改、工信等部门在各种立项中要向主导产业倾斜。二是要压实高校责任。引导高校立足服务地方发展开展科研。高校优化顶层设计，成立科技成果转化领导小组，加强科技成果转化工作的领导和统筹协调；成立高校科技成果转化咨询委员会和高校地方经济研究委员会，对相关重大项目提供决策咨询；成立科技成果转化管理机构，完善科技成果的管理和运行；建立健全科研人员职称评聘政策，职务晋级中突出对科技成果转化比例的考核；从根本上解决教学和科研相矛盾的问题，引导正确认识教学与科研是互相促进、相得益彰的关系；各高校制定科技成果转化推广奖励的相关政策。三是完善出台科技成果转化的系列鼓励政策，保障高校科研人员全身心投入科技成果转化的工作中。对于高校科研成果向地方转化好的高校和科研人员要给予适当的奖励，同时在支持学校发展、解决学校办学困难、回应师生诉求等方面加大工作力度。

（八）强化企业科技成果转化责任

企业发展需要产业升级、研发新产品，也需要上新项目，上新项目就需要引进引领发展的高科技项目，引进高校的科技成果是成本最低、见效最快、服务最方便的选择。一要引导企业在思想上认识到引进高校科技成果的重要性、实效性和便利性。二要各级政府相关部门对于积极引进高校科技成果的企业在立项、土地供应等方面给予支持。三要加强企业引进高校科技成果的服务力度。建立工作专班，一个项目确定一个牵头领导，相关部门要参加，手续从简、政策从优、服务求好。四要把企业引进高校科技成果工作列入企业考核评价体系内容之一。定期考核、定期通报、定期总结、不断提高。

（九）打造科技成果转化示范工程

采取典型引路、示范推动的工作方法是做好工作的重要经验。工作典型具有示范性、引领性和带动性，具有可复制、可借鉴、可模仿、可推广的特征。抓好典型示范对于推动全局工作具有重要意义。各级政府要发挥领导作用和推广典型作用，及时研判高校科技成果转化进展情况，聚焦问题、精准施策、总结成功经验，不断提高高校科技成果在地方转化的水平。组织新闻媒体对典型案例进行采访，加大宣传力度、推广先进经验。组织专家学者深入调研，撰写有深度、有理论、有分析、有价值的调研报告和理论文章，形成良好导向。各级政府相关部门要组织高校向地方科技成果转化工作推进会和经验交流会，通过多种措施抓好典型示范。典型示范具有带动作用、导向作用，可以产生"一化引来万化开"的效应，不断营造高校科技成果向地方转化的浓厚氛围。

（十）加强科技成果转化组织领导

各级政府应高度重视，加强统一领导，强化顶层设计，着力精心指导，努力把高校科技成果向地方转化工作提上新水平。要把高校科技成果向地方转化打造成落实党的十九大精神、推动创新发展的样板工程，打造成科技创新工作的亮丽名片。各级政府相关部门要把高校科技成果向地方转化工作摆上重要议程，主要领导靠前指挥，分管领导一线作战，分管科室全力推动，把各部门推动工作情况列入对部门考核之一，严格考核、奖优罚劣、兑现奖惩。各高校要把向地方科技成果转化工作作为党委重要工作之一，形成党委指挥、行政推动、部门落实、专家参与的生动局面。把科技成果向地方转化的成效作为服务地方发展的重要考量之一。各企事业单位要认清高校科技成果向地方转化的重大意义，抢抓机遇、主动谋划、积极作为，把吸引高校科技成果转化工作作为推动企业高质量发展的重大举措、战略选择，取得明显成效。

（2021年2月，公开发表于《经济论坛》第2期）

推动河北高校服务全省经济社会
发展的思考与建议

习近平总书记在2018年9月10日召开的全国教育大会上强调指出：要提升教育服务经济社会发展能力，调整优化高校区域布局、学科结构、专业设置，建立健全学科专业动态调整机制。目前河北省拥有120多所高校，7万多名高校员工，在校生130万余人，有96所高校建成众创空间127个，有500多个省厅级重点科研项目通过验收，技术转移转让186项，是加快河北省高质量发展的一支重要力量。采取各种措施推动河北高校服务全省经济社会发展，不仅是推动河北高质量发展的重要举措，而且也是把习近平总书记对河北发展重要指示落实的必然选择。近几年来，河北省委、省政府以及省教育厅采取了一系列举措推动高校服务经济社会发展，取得了明显成效，但仍然存在着一些亟待解决的问题和难题，需要采取务实举措加大工作力度予以破解。下面就如何推动河北高校服务河北经济社会发展提出八点建议。

一、紧贴河北经济发展进行高校专业结构调整

河北省高等院校多数已成立几十年了，专业骨干设置基本上是建校之初形成的，虽经过一些调整但和经济发展和产业升级的速度比，专业调整的速度明显滞后。高校服务地方最核心竞争力是输送大量合格人才，只有专业和地方经济发展高度契合才能完成高校的任务和使命。因此，加大高校专业调整力度是当务之急、

发展所需。对高校进行专业调整，一要坚持保留发展一批、取消压缩一批、新建新增一批的原则；二要坚持紧贴经济发展、服务产业升级要求的原则；三要坚持优先服务河北重点发展的产业和支柱产业的原则；四要坚持长远规划，本着先易后难的原则，成熟一个调整一个，结合高校自身实际，撤销、新增一些专业；五要坚持加强领导、统筹兼顾、协调联动的原则。通过几年的努力使河北高校专业和经济发展重点产业和支柱产业的结合度明显提升。

二、采取各种措施提高大学生留冀就业创业率

人才是区域经济发展的主导力量，在很大程度上影响或决定着经济发展的方向、速度、潜力、市场竞争力和经济效益。河北高校拥有大量的大学生、研究生等各级各类人才，提高大学生留冀就业创业数量就是拥有了大力发展经济社会的强大后援。当前，全国各地千方百计争抢大学生，吸引河北高校大学生留冀就业创业对于推动河北高质量发展非常紧迫和紧要。一是制定优惠政策，鼓励用人单位积极争抢人才，河北省应抓紧出台优秀人才晋职晋升、薪酬分配、购房补贴等政策，特别对留冀创业的人才给予更大的支持和倾斜。二是创新人才培养体系，提高留冀人才质量。通过研讨会、交流会的形式，组织专家学者与行业精英共同谋划人才培养模式，增强学生的实践动手能力、就业竞争力、创新创业能力，形成服务、教学、就业、创业一条龙的创新型人才培养体系，为河北经济社会发展提供高质量人才。三是建立校企政行沟通联系机制，相互沟通信息。政府有关部门定期通报大学生留冀工作情况，及时解决问题和矛盾，制定出台政策措施，协调推进；企业家定期深入高校就企业发展、科技研发、人才需求等宣传介绍；高校党政主要负责人定期到企事业单位介绍办学理念、专业建设、毕业生质量等情况。通过搭建信息沟通、洽谈交流、供需互动的平台，激发大学生热爱河北、建设河北的热情和勇气，调动用人单位争抢人才的积极性和主动性，提高高校毕业生留冀就业创业的数量和质量。

三、采取措施提升河北高校科技成果转化效率

河北省高校科研成果数据统计显示，高校科研成果转化率偏低，许多科研成果被长久搁置，即便有能够及时转化的科研成果也大部分在省外，省内较少。因此，应尽快研究制定出台各种政策措施，推动高校科研成果转化特别是在河北转化效率提高。一是鼓励科研人员在确定课题研究方向时，向河北省经济社会发展研究方向适当倾斜，在确定具体研究领域时，优先向与各城市主导产业相关联的研究领域倾斜。二是对重大的科研成果在河北转化的提供资金政策扶持，将科研成果的"质"和"量"相结合，加大成果应用试验、评价力度，把成果评价作为科研人员实验总结、反思、提升的手段。三是培育完善技术市场，建立校企合作模式下的科技成果转化"专利共用、成果共享"的激励机制。四是建立健全政府成果转化奖励机制，加大对科技成果在省内转化的奖励力度。

四、为科研人员提供熟悉地方企业发展的机会

高校科研人员有为地方发展服务的强烈愿望，但对省情以及产业现状和发展前景了解不够深入、不够全面、不够客观的问题影响了科研人员为地方经济发展服务的成效。破解这一难题会极大地激发出科研人员创新的热情和勇气，也会提高科研人员自身的能力和价值。一是加大高校科研人员到企事业单位交流挂职的力度，为科研人员了解企业、产业情况提供方便；二是提高高校科研人员对当地经济社会发展需求、产业结构调整的认知和了解，定期选派各级党政领导、企业家到高校介绍产业和企业发展现状及情况，从而提高科研人员服务经济的针对性和实效性。三是定期举办各种论坛，高校科研人员和企业经营者、企业技术人员围绕着共同关注的难题交流观点、思路，达成共识，从而达到进一步统一思想、明确目标、共同努力的良好局面。

五、组织专家为地方企业开展技术诊断和服务

高校专家具有较高理论水平，对所从事行业有较深的研究，对行业发展前景

以及发展有可能遇到的问题有着自己独到的见解，组织专家学者对有关企业进行诊断咨询，既有理论意义也有实践意义。一是对国有大型企业的组织架构、决策机制、发展战略、企划体系、管理策略以及市场和销售系统进行宏观系统诊断，助力企业提高以管理组织系统化、管理手段自动化、管理方式定量化、管理思想现代化为特征的现代化管理水平。二是对中型企业经营定位的规划制定、运营过程的综合平衡、预算和资金计划的协调匹配、执行过程的质量效率等经营管理中的关键要素进行专项诊断，帮助他们改善经营管理，降低生产成本，提高生产效率，提升自身在市场竞争中的层次位价和经济效益。三是对小微企业的产品定位、发展方向、资金管理、质量控制、成本核算等环节进行育成性诊断，帮助他们提升实力、加速成长，为小微企业做大做强指明方向。对科技创新型企业的创新能力、赢利能力、扩张能力、资本运营能力进行综合性的评估诊断，帮助他们用好扶持政策，强化技术优势，提升竞争实力，实现跨越式发展。

六、推动组织实施大学生服务河北"十走进"活动

为打造河北省高校大学生品牌，发挥大学生积极作用，提高大学生的学习能力、创新能力和职业素养，调动大学生的积极性、主动性和创造性。河北省应出台高校深入开展大学生服务河北"十走进"活动，为建设经济强省、美丽河北提供智力服务、展示大学生积极向上勇于担当的美好形象、推动河北经济社会发展作出应有的努力和贡献。一要明确"十走进"具体内容和要求。走进图书馆、走进商场、走进养老院、走进社区、走上交通岗、走进农户家、走进福利院、走进风景区、走到大海边、走进学生家。二要明确"十走进"的任务和目标。各高校必须坚持从实际出发，发挥自身优势，创新思路方法，明确重点任务，搭建各种平台，丰富活动载体，通过活动进行评比，抓出品牌，经验推广，确保取得实效。三要明确"十走进"的效果和意义。高校开展好"送服务、展形象、作贡献"主题"十个走进"志愿服务活动，就是落实好习近平总书记"立足新时代、展现新作为，弘扬奉献、友爱、互助、进步的志愿精神，继续以实际行动书写新时代的雷锋故事"的指示要求。同时能够提高大学生的学习能力、创新能力和职业素养，完成高校立德树人的根本任务，培养出具有执着的信念、优良的品德、丰富的知

识、过硬的本领的新时代大学生。

七、科学建立高校服务地方考核评价通报机制

高校服务地方虽然取得一定共识，但还没有成为高校的自觉行动和主动追求，服务的成效也不十分明显。要想取得突破就必须采取强有力的措施，全力推进。一是把高校服务地方的成效作为对高校绩效考核的内容之一，占有一定的比例，作为评价高校工作优劣的重要内容；二是每年高校主管部门都应召开专门会议进行推动部署，明确任务、压实责任、加强督导、务求实效；三是加大督查推进力度，总结先进经验，查找工作差距，及时解决工作中的各类问题；四是定期进行通报，工作效果好的给予表扬，工作不力的通报批评；五是研究制定高校服务地方的科学考评体系。

八、充分发挥典型高校示范引领积极作用

遵循典型示范、重点突破的工作规律，典型就是一面旗帜可以不断推动工作健康发展。一是遴选典型。根据高校层次以骨干院校、一般院校和职业院校进行分类，从高校服务经济社会的意愿、特色专业、资源优势等方面评选，分类择优聚力打造出服务河北经济的典型高校。二是培育典型。（1）明确标准。政府精心谋划，出台高校服务地方经济发展培育典型的方案，明确高校服务地方经济社会的共性标准和个性标准等内容。（2）明确责任。政府在资金、政策等方面给予高校倾斜的同时，典型高校应具有强烈的意愿和足够的能力承担服务经济社会发展的职能。三是推广典型。在高校服务河北经济社会发展过程中，政府要发挥领导作用和推广典型作用，及时研判高校和地方合作进展情况，聚焦问题、精准施策，不断提高高校服务水平。从典型高校的成功案例中总结推动高校和地方合作的工作经验和工作模式，不断把河北高校服务地方经济社会发展工作推向深入，实现高校与全省高质量发展的重点领域和产业精准对接、全面合作。

（2020年4月，公开发表于《中国商论》第7期）

推动秦皇岛市高校科技成果转化的思考

　　百年恰是风华正茂，党的十九届六中全会在"两个一百年"的历史交汇点胜利召开。本文认真学习和深刻领悟党的百年奋斗巨大成就和历史经验，以党的十九届六中全会精神为指引，深入调研秦皇岛市高校科技成果转化现状，分析存在问题、提出具有针对性、操作性的八方面对策建议，为切实提高高校科技成果转化数量、转化质量、转化成效，进一步优化转化环境，充分释放创新驱动引擎作用提供理性思考，助力建设一流国际旅游城市奋斗目标尽快实现。

　　高校科技成果转化是科技创新的重要内容，也是驱动地方经济高质量发展的有力抓手。长期以来，市委、市政府认真贯彻落实习近平总书记关于科技创新系列重要精神，高度重视驻秦高校科技成果转化工作，倾注了大量心力，取得了积极成效，为服务地方经济社会发展发挥了重要作用。近期，通过深入秦皇岛市高校、企业进行走访调研，发现科技成果转化工作水平仍有待提升，差距主要表现在：供需双方对接渠道不畅通，缺乏科技成果转化平台和中试熟化平台；高校科研经费不足、没有中试经费和条件；高校科技成果向市域转化的积极性、主动性不高，高校间科技成果转化发展不均衡；科技成果与市场联系不紧密，企业主观接收意识偏差，企业客观接收能力有限；科技成果评价政策和保障措施不够完善；科技成果转化经济效益和社会效益不高，对同一相关产业拉动力偏低，带动就业低等方面问题。为切实提高高校科技成果在秦转化数量、转化质量、转化成效，进一步优化转化环境，充分释放创新驱动引擎作用，助力建设一流国际旅游城市奋斗目标尽快实现，特提出以下八点建议。

一、开发科技成果供需数据平台

科技成果供需数据平台由高校科技成果数据库和企业需求科技成果数据库两部分组成。建议高校科技成果数据库由市教育局牵头负责建立，企业需求科技成果数据库由市工信局牵头负责。高校科技成果数据库主要包括高校立项科技研发、具备中试条件的科研成果和已具备转化条件的科技成果情况，反映向市域哪些县区、领域、行业、产业、企业转化更有价值等内容。企业需求科技成果数据库主要包括当前需求的科技成果、未来五年内需求的科技成果和企业中长期发展需求的科技成果，企业吸引科技成果的优惠政策以及科技成果转化后未来经济效益和社会效益评估结果。在此基础上，由市科技局负责牵头组建总数据库，市教育局和市工信局定期将两个数据库的情况向市科技局通报。市科技局建立科技成果转化平台，及时向供需双方发布，采取召开新闻发布会、现场对接会、媒体定期发布、组织专家现场宣讲等多种方式进行发布，确保供需双方对供需情况心中有数、了然于心。对于具备转化条件的科技成果，加强转化协调指导，建立工作专班，加大推进力度，强化责任落实，提高转化实效。

二、建立科技创新发展研究机构

选择高校优势学科专家团队，与高校优势学科专家团队一致或相关的产业联盟和相关企业组成创新研究院。科技创新研究院由市政府或县区政府牵头组织，高校、企业负责人和专家参加。牵头单位负责科技创新研究院总体谋划、协调推进、督导落实、成效评估和奖罚兑现。高校负责组建专家团队，确定专家团队负责人和参加人员，组织课题研究，保障科研条件，制定鼓励政策，提高科研水平。为产业联盟和企业提供生产急需的和未来新上的项目课题，提供必要的科研经费，保障中试条件，提供转化条件，转化成效评估。科技创新研究院属于松散型组织，统一领导、分工负责、密切合作、利益共享、风险共担、同舟共济、共同发展。既可以某一高校和相关产业联盟、企业建立科技创新研究院，也可以某一高校牵头，驻秦高校相关专业专家参加组建科技创新研究院。

三、建立科技成果转化中试基地

依托高校、科研院所和龙头企业的科技创新资源，建设开放共享的中试基地。市政府出台中试基地建设相关的指导意见，科技成果转化中试基地实行备案制，市科技局对纳入备案管理的中试基地统一授牌，明确中试基地建设标准、奖补方法、考评机制等，定期进行考核评价，对考核评价优秀的予以奖补支持，并支持符合条件的中试基地优先承担省科技计划（专项、基金）研发任务；围绕全市支柱产业，鼓励各县区重点企业建设中试基地，对验收合格的企业投资建成的中试基地，政府给予一次性奖励资金；企业引进高校科技成果实施转化，完成中试正式投入生产的，按照产品中试费用给予一定比例的补助资金；高校科技成果持有者在中试基地完成转化的，经专业评价后，可给予高校科技成果持有者一定比例股份；应设立重大科技成果中试专项奖励，对经济结构调整、产业结构优化、产品结构升级换代具有重大影响、辐射带动作用强、带来较大经济效益的科技成果应列入市级重大科技成果中试专项给予重点支持，保证高校科技成果在中试基地顺利完成。

四、出台科技成果转化优惠政策

优惠政策制定的思路是先落地、有效益后进行奖补，既要有降费免税等物质奖励又要有精神鼓励表彰。对高校科技成果在秦皇岛市转化，可在现有的科技成果转化项目奖补、财税支持等优惠政策基础上，出台有针对性的政策措施，主要包括设立高校科技成果转化专项基金、强化科技成果持有人的股权激励、强化财政资金支持、强化税费减免支持、加大企业融资扶持力度及创新政府采购政策等内容。通过细化这些优惠政策，形成可操作性的措施，让高校科研人员能够通过科技成果在秦皇岛市转化取得比其他地区更丰厚的报酬，使科技成果承接企业获取更充分的利益，真正打通高校科技成果积极转化的"最后一公里"。

五、激发高校科技成果转化活力

市科技、发改、工信等部门在立项中要向高校服务秦皇岛发展倾斜，引导高校立足服务秦皇岛发展开展科研。高校优化顶层设计，成立科技成果转化领导小组，加强科技成果转化工作的领导和统筹协调；成立高校科技成果转化咨询委员会，成立高校地方经济研究委员会，对相关重大项目提供决策咨询；成立科技成果转化管理机构，完善科技成果的管理和运行；建立健全对科研人员职称评聘、职务晋级中突出科技成果转化的比例，从根本上解决教学和科研相矛盾的问题，引导正确认识教学与科研是互相促进、相得益彰的关系，完善出台科技成果转化的系列鼓励政策，保障高校科研人员全心投入科技成果转化的工作中，对于高校科研成果向秦皇岛转化好的高校和科研人员要给予适当的奖励，同时在支持学校发展、解决学校办学困难、回应师生诉求等方面加大支持力度。

六、强化企业科技成果转化责任

引导企业在思想上提高对引进驻秦高校科技成果重要意义的认识，对于积极引进驻秦高校科技成果的企业项目，市政府相关部门在立项、土地供应（上项目时的手续）方面给予支持。对于有转化前景的科技成果，科技部门提前研究培育计划，实施科技成果转化推进专项行动，谋划一批、储备一批、转化一批，确保科技成果转化取得实效。对于企业当下、未来五年以及中长期发展需要的科技成果，根据市场前景预判、与全市产业发展契合程度等情况，应支持的项目及时和有关高校对接、及时立项、及时组建高水平团队、及时研发，给予必要的支持、指导和服务，确保科技成果及早研发成功、及早进行转化、及早产生效益，推动企业发展、产业升级、经济发展。加强企业引进高校科技成果的服务力度，建立工作专班，手续从简、政策从优、服务求好。把企业引进高校科技成果工作列入企业考核评价体系内容之一，定期考核、定期通报、定期总结。

七、打造科技成果转化示范工程

采取典型引路、示范推动的工作方法，市政府要发挥领导作用和推广典型作用，及时研判高校科技成果转化进展情况，聚焦问题、精准施策、总结成功经验，不断提高高校科技成果在秦转化水平。组织新闻媒体对典型案例进行采访，加大宣传力度、推广先进经验。组织专家学者深入调研科技成果转化的典型案例，撰写有深度、有理论、有分量的文章，以产生"一花引来万花开"的效应，实现高校科技成果向秦转化的浓厚氛围。

八、加强科技成果转化组织领导

市委、市政府加强统一领导，强化顶层设计，着力精心指导，努力把驻秦高校科技成果转化工作提上新水平。市政府相关部门要把高校科技成果向秦转化工作摆上重要议程，主要领导靠前指挥，分管领导一线作战，把各部门推动工作情况列入对部门的考核，严格考核、奖优罚劣、兑现奖惩。各高校要把向秦皇岛科技成果转化工作作为党委重要工作之一，形成党委指挥、行政推动、部门落实、专家参与的工作格局。各企事业单位要认清驻秦高校科技成果向秦皇岛转化的重大意义，抢抓机遇、主动谋划、积极作为，把吸引高校科技成果转化工作作为推动企业高质量发展的重大举措，把科技成果向秦转化成效作为立足秦皇岛发展的重要考量。

（2021年3月，公开发表于《秦皇岛日报》，同时刊发于秦皇岛市政府内参《调研参考》第9期，获多位市领导批示，并发表于《秦皇岛宣传》内刊）

提高京津冀高校科技成果向河北转化水平

京津冀协同发展战略实施5年多来,在以习近平同志为核心的党中央坚强领导下,京津冀协同发展取得了重要成果。京津冀高校科技成果向河北转化的主动性、积极性明显提高,数量越来越多,质量越来越优,结构越来越合理,对于推动河北产业结构调整起到积极的促进作用。但是京津冀高校科技成果来冀转化工作与河北经济社会发展需求比,与京津冀协同发展战略中科技成果转化工作要求比,与打造"京津研发、河北转化"的创新链条比还有一定差距。京津冀三地应采取务实举措,提高京津冀高校科技成果向河北转化水平。

一、建立京津冀高校科技成果和河北科技成果需求数据库

为了提高京津冀高校科技成果来冀转化和河北引进京津冀高校科技成果的成功率,必须建立京津冀高校科技成果数据库和河北需求数据库。京津冀高校科技成果数据库要掌握已有研究成果和转化情况,正在研究成果以及未来规划研究成果;河北需求成果数据库要掌握现有重点产业需求、未来发展需求和长远规划需求,使供需双方能够及时、长久对接从而提高转化率。数据库的建立对各部门及时掌握京津冀已有的科技成果、正在研发的科技成果、规划研发的科技成果具有重要作用。数据库要动态调整,确保内容真实、准确。采取各种措施,及时向有关地区企事业单位发布,使高校和企业双方全面掌握供需情况。通过京津冀协同发展领导小组加强京津冀科技部门对科技成果的登记、及时更新,补充、完善京津冀高校科技成果数据库;河北政府加强对企业的指导,明确未来发展方向,加

强京津冀科研部门与河北企业的沟通、交流，双方根据需求调整科研和发展的方向，不断完善河北需求数据库。

二、出台推动京津冀高校科技成果在河北转化的优惠政策

采取个案政策推动京津冀高校科技成果在河北转化是必要的，出台综合优惠政策是必须的。优惠政策的制定内容要全面，措施要具体，应具有较强的吸引力和可操作性。既要对京津冀高校科技成果来冀转化给予鼓励，又要激励各地以及企业吸引京津冀高校科技成果的积极性和主动性。优惠政策既要对单位鼓励又要对科技工作者个人进行奖励。优惠政策制定的思路是先落地、有效益后进行奖补，既要有降费免税等物质奖励又要有精神鼓励表彰。对京津冀高校科技成果来冀转化，可在现有的科技成果转化项目奖补、财税支持等优惠政策基础上，出台有针对性的政策措施，主要包括设立京津冀高校科技成果转化专项基金、强化科技成果持有人的股权激励、强化财政资金支持、强化税费减免支持、加大企业融资扶持力度及创新政府采购政策等内容。通过细化这些优惠政策，形成可操作性的措施，让京津冀高校科研人员能够通过科技成果在冀转化取得比在其他地区更丰厚的报酬，使科技成果承接企业获取更充分的利益，打通京津冀高校科技成果积极来冀转化的"最后一公里"。

三、打造接收京津冀高校科技成果在河北转化的生产基地

科技成果转化地的选择一个重要因素是科技成果能够迅速投入生产，因此根据重点产业发展打造科技成果转化生产基地是多吸引京津冀高校科技成果的智慧选择。河北各市、县经济开发区、高科技产业园区云集，均承担各自区域重点规划和发展职能，具有与之配套的发展政策，具备吸纳高校科技成果落地的广阔空间。为有效吸引京津冀高校米冀转化，河北省可依托各经济技术开发、高科技产业园区等区域打造科技成果转化生产基地。建议出台针对性政策措施，在各区域重点规划京津冀高校科技成果孵化园区，土地使用计划指标单列，采取"筑巢引凤"策略，进行生产基地前期建设，确保交通顺畅便利、水电暖配套齐全、医

疗服务设施完善、娱乐场所健康文明、教学设施水平一流、住房保证优质，等等。营造有利于京津冀高校科技成果来冀转化的软硬件环境，为科技成果产业化、促进当地经济发展奠定坚实基础。

四、支持河北企事业单位和京津冀高校共同建立研发机构

推动科技成果转化关键是解决高校科研经费不足、科技成果与市场联系不紧密、企业高层次人才紧缺等问题，解决这个问题就必须把企业、高校无缝隙组合起来，支持企业和高校共建研发机构。研究课题由企业生产需求确定，企业负责提供研究经费，高校科技人才和企业研发人员共同组建专门团队。研究成果直接由企业进行产业化生产，科技成果由高校享有。产业化取得利润后科研人员可以入股或获取奖金。有关部门在课题立项、项目审批、落地服务等方面应给予大力支持。

五、深入推动京津冀高校各类人才积极到河北任职或挂职

京津冀高校人才数量多、质量高，有许多顶尖人才，掌握着丰富的科技资源和发展资源。广纳京津冀高校高科技人才会带来许多有利于河北省发展的信息、项目、技术等。一是推动京津冀高校科技人才到河北省任职挂职，县级政府以上不受指标限制配备副县、市长，省直各部门根据工种需要配备相应的副职，具有一定规模的企业都要引进任副职。给引进挂职人员提供必要的经费支持和生活保障。二是建立京津冀高校研究生以上人员社会实践基地，组织京津冀高校研究生到河北省各有关单位进行社会实践活动，开展技术咨询、企业诊断、难题攻关等一系列服务活动。三是联合开展课题研究，省科技主管部门列出专项，专门针对省企事业单位和京津冀高校共同研究的课题进行立项，鼓励合作开展课题研究。针对区域内经济社会发展问题、难点课题和重大技术问题联合攻关。

六、设立吸引京津冀各高校科技成果到河北转化奖励基金

京津冀高校科研实力一流，科技成果资源丰富，对外输出空间广阔，全国各

地均想方设法用足政策优势吸纳落地。河北作为环京津经济圈省份，应当把握北京疏解非首都功能、打造雄安新区新引擎的战略机遇，加强政策引导，吸引京津高校科技成果来河北转化，推动河北高校科技成果就地转化。加大对引进京津冀高校科技成果在冀转化的奖励力度，是调动各地以及企业和京津冀高校积极性的有效措施。建议由省政府主导，建立京津冀高校科技成果在冀转化奖励基金，用于激发京津冀高校科技成果在冀转化的热情。奖励基金可由省、市、县政府共同承担，省政府出资20%，市、县政府出资80%，市县政府按现GDP占全省GDP份额比例出资。根据各地引进京津冀高校科技成果转化数量、企业效益、税收贡献、就业人数等综合评定，给予奖励。对于京津冀高校科技人才和引进京津冀高校科技成果有贡献人员也要给予一定奖励。通过奖励促使河北各地政府、企业千方百计引进京津冀高校科技成果，激励有识之士推动京津冀高校科技成果来冀转化，鼓励京津冀高校科技人员自觉自愿主动把科技成果向河北转化。

七、鼓励京津冀高校和企事业单位共同建立创新研发联盟

京津冀地区科教资源丰富、企业资源富集、创新链条完整，具有科研和产业优势。为用足这些优势，近几年，同行业、同专业的校校之间、校企之间、行业之间结成联盟共谋发展的实践比比皆是，他们在各领域创新研发中起到了积极的作用，显示了这些专业、行业联盟特有的优势。在京津冀协同创新的大背景下，京津冀高校和企业形成共同创新研发共同体的组织基础条件成熟，集聚校、企力量打出创新发展"组合拳"的前景十分广阔。所以，建议省政府会商京津政府主导，以京津冀协同创新发展联盟牵头，吸纳整合京津冀三地高校、企业、行业及开发区之间已有各类联盟组织参加，创建京津冀高校和企业创新研发联盟，以强化创新研发综合实力，为京津冀协同发展注入强大力量。京津冀创新研发联盟将集聚京津冀科技创新资源，构建以高校和企业为主体，经济技术产业需求为导向，产学研深度融合的技术创新体系。联盟将采取企业投资、共同研发、利益共享的运作模式，构建产学研深度融合新平台、校企技术交流平台、前沿科技领域技术孵化平台，促进资源整合、联合攻关、人员互动交流，不断激发高校与企业创新研发活力，增进校企研发机构间的联系，为政府政策制定和重大科技创新项目开

发提供依据，同时，实现高校科技成果研发与生产企业精准对接，带动校企产学研在科技创新领域的深度合作，将高校科技成果转化落到实处，共同走出产学研深度融合的创新发展之路。

八、强化京津冀高校科技成果到河北转化的中试基地建设

科技成果从研发到产业化必须经过中试环节，不经过中试环节没有办法进行产业化，这是科技成果转化的瓶颈问题。研发机构受资金限制做不了中试，企业不取得经济效益也不可能进行中试，因此必须采取措施解决这个问题。按照"先建成后奖补"的方式，鼓励企业先建成中试基地后政府给予奖励补助的思路推动河北省中试基地建设。省政府出台中试基地建设相关的指导意见，明确中试基地建设标准、奖补方法、考评机制等。河北省以各市的支柱产业为中心鼓励各市重点企业建设中试基地，企业建成的中试基地验收后为挂牌中试基地，政府给予一次性奖励资金；企业引进京津冀高校科技成果实施转化，完成中试正式投入生产的，按照产品中试费用给予一定比例的补助资金；京津冀高校科技成果持有者在中试基地完成转化的，经专业评价后，可给予京津冀高校科技成果持有者一定比例股份；河北省应设立重大科技成果中试专项奖励，对河北省经济结构调整、产业结构优化、产品结构升级换代具有重大影响、辐射带动作用强、带来较大经济效益的科技成果应列入省级重大科技成果中试专项给予重点支持，保证京津冀重点高校科技成果在中试基地顺利完成。

九、积极借力京津冀高校优势助推河北大学生创新与创业

京津冀高校创新资源优势明显。北京、天津作为全国高等教育的优势聚集地，拥有的博士点、基础研究和人才培养基地等的数量占全国的55%左右，河北也是教育大省，高校数量较多。京津冀地区大学生的创新教育和创业孵化在全国也位居前列，具备丰富成功经验，河北可以借力京津冀高校成功经验助推本省大学生创新创业，主要从以下方面着手：一是搭建合作共建平台。京津冀各高校以深厚的文化底蕴为依托，创新创业工作在全国高校中处于领先地位，建立了完备的创

新创业体系。充分利用京津冀高校在创新创业方面的资源优势培训创新创业教师队伍，促进全省创新创业教师队伍整体专业素质的提高。二是培育河北高校大学生创业项目。京津高校大学生创业项目培育方式日趋成熟，创业项目孵化成功率和获取天使投资的创业项目均居全国前列，已经形成有专职创业指导教师、校外企业家参与创业项目打造和配套齐全的"一街三园多点"孵化体系。河北大学生创业项目应当多参加京津冀各类创新创业大赛，赛前邀请京津高校专业团队进行辅导，赛中与京津大学生创业项目交流，赛后进行深入总结和学习，促进河北省大学生创新创业能力的快速提升。同时，河北大学生创业项目团队还可以赴京津向同类成功团队学习提高。三是打造互联网+创业机制。利用互联网平台技术，建立更多的优质在线课堂，使全省大学生享受京津高校优质创业教育，提升大学生的创新创业观念和水平。

十、切实加强对京津冀高校科技成果来冀转化的组织领导

高校科技成果转化是国家科技兴国战略的重点，为了加强对京津冀高校科技成果来冀转化，规范科技成果转化活动，推动河北经济高质量发展，应加强对京津冀高校科技成果来冀转化的组织领导。一是成立京津冀高校科技成果来冀转化工作领导小组，由主管科技工作的副省长担任，省科技厅、省人社厅、教育厅等相关部门参加，市、县级也相应地成立领导小组，明确工作职责和工作分工，按照职责对京津冀高校科技成果来冀转化工作做好管理、指导、协调和服务。二是对京津冀高校科技成果来冀转化工作的统筹规划。定期召开工作会议，加强顶层设计，制定长期规划和具体工作目标，营造良好的科技成果转化大环境。三是对京津冀高校科技成果来冀转化工作的组织协调。充分利用政府权威和公信力，加强京津冀高校与河北企业之间合作交流，对京津冀高校科技成果来冀转化工作进行协调指导。四是对京津冀高校科技成果来冀转化工作的督导检查。督促科技成果转化工作按期落地、按时完成，对项目进展情况、完成情况以及存在的问题等每季度形成督查通报。五是对京津冀高校科技成果来冀转化工作的考核问责。京津冀高校科技成果来冀转化工作列入县、市级政府年度工作计划并作为年终考核指标体系中的重点任务，对落实力度大、工作任务完成好的给予奖励，对敷衍应

付、没有完成工作任务或科技成果转化的产值、利润没有取得明显经济效益的给
予问责。

（2020年9月，公开发表于《中国科技成果》第9期）

供给侧结构性改革背景下高校助力 激活中小企业创新主体研究

创新是驱动供给侧结构性改革不断深化的核心动力，而企业则是实施并完成技术创新活动的关键主体。中小企业群体是全国企业中数量最多、占比最高、创新潜力最大的重要组成部分，在供给侧结构性改革过程中，这一庞大群体能否充分发挥创新主体的作用，既影响着其自身的生存与发展，也关系到国家的产业升级、结构优化、经济进步和民生福祉。文章从系统论的视角，分析了高校助力中小企业激活创新主体的必要性与可行性，针对中小企业在创新过程中遇到的瓶颈和问题，提出了高校借助自身优势支持中小企业创新的方法与路径，进而促进企业更好地发挥创新主体作用，推动供给侧结构性改革持续深化。

供给侧结构性改革旨在调整经济结构，依靠转型、创新实现要素的最优配置，进而培育新的增长点，形成新的增长动力。在此背景下，创新已成为撬动企业发展的首要杠杆。企业能否充分发挥技术创新的主体作用，不断提升自主创新能力，进而在激烈的市场竞争中得以生存和发展，这是许多企业当下必须面对的课题。

一、高校助力激活中小企业创新主体的必要性分析

中小企业是构成市场经济主体中数量最大、最具活力的企业群体，是促进就业、改善民生、发展经济、推动创新的基础力量。目前，中小企业数量占全国企业总数的99.7%，提供城镇就业岗位超过80%，创造的最终产品和服务约

占国内生产总值的60%，上缴利税占50%，与国计民生的关系极为紧密。然而，中小企业的基金存量小、技术积累少、融资渠道窄、抗风险能力差等劣势也使其在供给侧结构性改革中面临着比规模化企业更大的风险和挑战。因此，党的十九大报告中强调："建立以企业为主体、市场为导向、产学研深度融合的技术创新体系，加强对中小企业创新的支持，促进科技成果转化。"

高等院校作为创新要素集中的智力资源高地，依托其丰富的知识资源、较好的科研条件和大量人才储备，助力中小企业激活创新主体、完成创新活动，既有利于促进企业进一步提高创新质量和水平，又有利于高校贴近生产实践、加速成果转化，更好地肩负起人才培养、科学研究、社会服务及文化传承与创新等重要职能，推动国家供给侧结构性改革的深化。

二、中小企业创新中面临的具体瓶颈和问题

（一）原发性研究能力羸弱制约技术创新的层次和水平

中小企业的技术创新位于"基础研究—应用研究—开发研究"这一创新链条的末端，属于开发研究的范畴，主要是利用基础研究的理论知识和应用研究的既有成果，创造新的技术、方法和产品，因此要以基础研究和应用研究的不断进步为前提。多数中小企业资金少、规模小，虽有创新的愿望，但受到资金、人才、设施、资源等的限制，无法独自承担原发性的基础应用研究项目。一些初创阶段、产品单一的小微企业更是在技术创新投入上捉襟见肘，无力承担创新风险，只能做风险低、投入小的"短平快"项目，技术创新的层次和水平受到制约，长此以往，可能导致创新意识下滑、技术创新能力退化，因而制约中小企业技术创新主体作用的发挥。

（二）部分中小企业存在片面关注技术创新的失衡倾向

技术创新的成效往往在产品升级和生产效率提高上有直观体现，能为企业带来直接的经济效益，因而中小企业对技术创新给予广泛关注，在资金、人员和精力上予以倾斜，而忽视了管理创新、文化创新，从而对自身发展造成了不利影响。一些私营中小企业的管理方式脱胎于家族式管理，不同程度地存在着组织管理混

乱落后的问题，导致企业运行不畅，经营无果而终；有些企业忽视文化建设，没有清晰的经营思路、核心价值和共同理念，造成团队动荡、人才流失，错失了做大、做强的重要机遇，最终遭到市场淘汰。技术创新与管理创新、文化创新、模式创新明显失衡的问题已成为部分中小企业生命周期短暂的一个重要原因。

（三）一些中小企业的人才需求难以有效满足

供给侧结构性改革要求企业提供更高层次、更高质量、更高附加值的产品，经过几年的调整和发展，全国中小企业的产业结构已经有了一定的改善，但大多数仍然处于从资源开发型、产品初加工型、低层次服务型向现代化高品质转型的过程之中。各地中小企业特别是欠发达地区的中小企业对行业高端人才的需求虽然迫切，但普遍存在"引不来、留不住、养不起"的突出问题，一些企业不具备业内中、高水平研发团队的运作环境和研发条件，在工作岗位和发展空间上对高层次人才的吸引力不足，在专业人才这一核心创新要素储备方面严重不足，面临自主创新能力"空心化"的风险。

（四）多数企业在员工整体创新素质提升方面存在现实困难

企业发挥创新主体作用需要管理、研发、营销、保障等多团队的协同配合，需要全体职工创新意识和创新能力的整体提升。相当数量的中小企业诞生并发展于劳动密集型产业，现有员工的文化程度、专业水平、职业能力均有提升需求，企业缺少相应的专业师资和系统的培训渠道，零星的突击式培训往往收效不大。与此同时，企业新招聘员工适应专业岗位通常要较长时间，从熟悉业务到参与创新速度慢、周期长，对提高生产效率造成不利影响，一定程度上拖延了企业发挥创新主体作用的步伐。

三、高校助力中小企业激活创新主体的方式和路径

（一）整合基础研究、应用研究成果为中小企业技术创新提供前期支持

科学研究是高等院校的一项重要职能，与中小企业的技术创新相对应，高校

的科学研究更多地集中在基础研究和应用研究领域，与企业技术创新所属的开发研究领域互为补充，组成一个完整的创新链条。许多涉及基础研究和应用研究的国家级、省级重点实验室均依托高校设立，各级财政为此配置可观的经费、资源、设施和研究力量。高校有针对性地选择对应行业、地域、专业的技术创新需求规划、布局、设置应用研究项目，根据相关企业转型升级需求，适当调整应用研究的成果产出重点，既能提高自身应用研究成果的转化效率，又能解决中小企业原发性研究能力孱弱的现实问题，支持中小企业集中资源和精力专注于技术创新，更好地满足市场需求，提供有效供给的质量、效率和水平。

（二）发挥智力资源优势助力中小企业实施全面创新

中小企业疏于管理创新和文化创新，既有对系统创新、全面创新认识不足的主观因素，也有缺乏专业管理知识和文化育成能力的现实困难。高校作为学术、科研、教育的综合体，总体上拥有的专业门类几乎覆盖企业创新各个方面的需求。通过开展企业管理诊断、企业经营规划、企业文化塑造、专业技术交流参与企业项目等方式，将高校的专业能力转化为具体的社会服务活动的能力，解决企业在管理、文化制度、模式创新方面能力不足的问题和短板，提升企业的全面创新意识和创新的系统化水平，促进企业成为名副其实的创新主体。

（三）通过项目合作、人才挂职等形式满足中小企业人才需求

高等院校通常是一定区域范围内专业人才和智力资源集中的高地，各领域的高层次人才也通过专业论坛、学术研讨、交流访学等形式与相关高校保持着联系。传统上，高校自有的专家、学者的主要精力集中在学理研究和教书育人方面，参与企业经营和技术攻关活动的联系尚不紧密。通过适当的激励政策引导，促进上述专业人才在一定的时间和范围内通过项目化的方式参与企业创新，可以解决企业高水平创新人才不足的问题，缓解中小企业无力引人、留人、养人的窘迫局面，同时带动企业自有人员提高攻关和创新水平，加强自主创新能力，更好地发挥创新主体作用。

（四）发挥教育资源优势根据生产需求开展定向人才培养

培养适应经济社会发展需要的高素质人才是高等院校的重要使命，开展继续教育、职业培训、终生教育也已纳入高校的教育职能。高校拥有的师资力量和教育资源可以较好地满足中小企业的人员素质提升需求，通过定期进修、专项辅导、现场教学、岗位轮训等方式促进企业在职人员知识素养和专业水平的螺旋式上升，也能让高校教师更好地了解行业发展状况和企业用人需求，从而根据企业现实需求进一步优化专业人才培养方案，提高在校生的职业能力，缩短毕业生适应岗位周期，使其入职后更快地成为促进企业发挥创新主体作用的有生力量。

"创新就是生产力，企业赖之以强，国家赖之以盛"，高校助力激活中小企业的创新主体作用，既是整合创新资源、加速中小企业发展升级的现实需要，也是高校深化内涵建设，加强自身核心竞争力的必然要求，对优化社会资源配置、加强市场优质供给具有重要意义，必将推动经济发展，促进供给侧结构性改革向着更好地满足人民群众美好生活向往的根本目标加速前进、不断深化。

（2019年12月，公开发表于《企业科技与发展》第12期）

产教融合背景下做好大学生
思想政治教育工作的思考

习近平总书记在全国高校思想政治工作会议上指出:"要坚持把立德树人作为中心环节,把思想政治工作贯穿教育教学全过程,实现全程育人、全方位育人。"习近平总书记的重要讲话明确了思想政治工作的重大意义,为高校做好思想政治工作指明了方向和要求。高校作为大学生思想政治工作的主阵地,应该真抓实干落实好习近平总书记的讲话精神,担负起立德树人的根本职责。

一、切实发挥党委统揽全局主心骨作用

习近平总书记在党的十九大报告中指出:"党政军民学,东西南北中,党是领导一切的。"党委要始终把立德树人作为高校改革和发展的根本任务,把思想政治工作放在首要的位置上。要健全领导机制。高校党委书记是思想政治工作第一责任人,分管领导是直接责任人,要定期召开专题会议研究部署思想政治工作,实行校领导定期讲思想政治理论课制度,定期听思想政治理论课制度。要确定牵头部门,各部门积极配合。党委宣传部要充分发挥思想政治工作的宣传学习作用;党委组织部要开展全体党员干部"一对一进宿舍"活动;思想政治理论课教学部门要有效发挥思想政治理论课作用;学生处、团委要组织丰富多彩的第二课堂活动;后勤管理处等部门要充分发挥服务育人作用。要努力形成党委统一领导、部门积极配合、校院各负其责、各方协调联动、教师尽心尽责、学生主动学习的生

动局面。

二、切实发挥思想政治理论课主渠道作用

思想政治理论课的目的在于帮助大学生树立正确的世界观、人生观、价值观。思想政治理论课是最全面、最系统的让大学生学习和掌握马克思列宁主义理论以及党的路线、方针、政策和中国特色社会主义理论基本内容的主要渠道，也是大学生接受爱国主义和革命传统教育的主要渠道。发挥好思想政治理论课主渠道作用，必须加强思想政治理论课教师队伍建设。教师是学生的引路人，思想政治理论课教师更是学生的灵魂导师。因为思想政治理论课教师不仅传播知识，更承载着传播思想、传播真理、塑造学生灵魂的重任。思想政治理论课教师一要做理想信念的坚定者。深入学习和科学宣传马克思主义理论，真正学懂弄通习近平新时代中国特色社会主义思想，确保十九大精神入脑入心。二要做丰富学识的掌握者。要想成为一名真正有深度的思想政治理论课老师，掌握丰富的知识是基本素质。除了熟练掌握思想政治理论课教学内容外，还应该多了解一些时事、新闻、历史、地理、文学、经济等方面的知识，开阔视野、博采众长、丰富知识，从而引导学生沿着求真理、悟道理、明事理的方向前进。三要做教学方法的创新者。新时代大学生是"90后""00后"群体，要了解他们的成长环境、性格特征、喜好兴趣，有针对性地因材施教。运用通俗易懂的语言、贴近生活的案例、热点焦点话题，吸引学生的注意力。采用参与式互动教学方式，多引导、多鼓励、多奖励学生，充分发挥学生的主动性，让学生在轻松的课堂氛围中掌握知识，真正有获得感和幸福感。

三、切实发挥辅导员队伍主力军作用

高校辅导员是开展大学生思想政治工作的骨干力量，是大学生健康成长的指导者和引路人。为切实发挥辅导员队伍的主力军作用，加强思想政治教育工作，高校辅导员必须提高政治理论素养，深刻领会习近平新时代中国特色社会主义思想，确保高校思想政治工作的正确导向，要始终保持清晰的头脑、明辨是非的能

力，引导大学生努力践行社会主义核心价值观，引领大学生树立新时代正确的人生观、世界观和价值观。一是做"爱生如子"的模范。教育本身就是一项爱的事业，因为我们教育的对象是有情感的人，每一个学生都渴望在学校得到老师的关注、关爱，高校辅导员不仅要关注课堂上学生的学习状态，还要更多关注学生思想上的困惑、生活中的困难。二是做尊重学生的表率。高校辅导员要尊重学生的发展规律，信任学生、欣赏学生，与学生成为良师益友，让学生从心里真正接受和认可自己成为引路人。三是做宽容学生的楷模。学生犯错误时及时纠正，友善提醒，保护学生的自尊心，用宽容之心唤醒学生的上进心和自信心，消除学生的自卑感，化解学生的烦恼，建立和谐的师生关系。

四、切实发挥新媒体主阵地作用

随着社会的发展，新媒体已经成为大学生学习、生活、人际交往的必需品。要切实发挥新媒体的主阵地作用，通过网络宣传，提高习近平新时代中国特色社会主义思想的影响力，巩固其在高校思想文化领域的主导地位。同时也要认识到，新媒体也是一把"双刃剑"，一些网络暴力、影响社会安全稳定的不良信息，也会对身心尚未成熟的大学生思想产生很大的负面影响。因此，一是要科学合理指导大学生正确认识和理解新媒体的性质和特点，掌握信息传播必需的知识和相关法律知识。二是要充分利用校园广播、校园网站、学生论坛、公众号等大学校园媒体，鼓励大学生积极开展多种形式的多媒体实践活动，进一步提高大学生对新媒体信息健康、积极的判断能力。三是要加强高校新媒体的管理和使用，出台《高校多媒体管理和使用办法》，维护高校校园的安全和稳定。

总之，做好思想政治工作是高校各项工作的生命线，要始终坚持在创新中发展，在发展中提高，在提高中创新。我们相信，只要踏踏实实做好思想政治工作，一定会培养出更多优秀的大学生，使之成为国家发展的栋梁和骨干。

（2019年4月1日，公开发表于《秦皇岛日报》第6版，收录时文章题目有改动）

产教融合背景下加强高校"双创"能力提升

新时代高职院校的人才培养目标将逐步向大学生的创新创业能力提升方面转变。当前高职院校面临的一个重要问题是如何培养和提升大学生的创新创业能力。本文通过对当前高职大学生创新创业能力培养的现状、存在的问题以及提升大学生的创新创业能力等方面进行分析，并针对高职大学生在"大众创业、万众创新"背景下，提升自身创新创业能力提出几点建议。

党的十九大报告明确提出："中国特色社会主义进入了新时代，创新是引领发展的第一动力，是建设现代化经济体系的战略支撑。"新时代创新创业生态是一个区域经济发展的基础，而创新创业能力是构建创新创业生态的关键因素。新时代的发展需要具有专业职业技能的人才和创新创业能力的人才，高职院校的教学改革应该注重学生专业职业技能的培养，更应该注重学生创新创业能力培养，只有这样才能适应新时代的发展需求，为"大众创业、万众创新"打下坚实的基础。

一、高校大学生"双创"能力培养现状

（一）创新创业教育理念不明确

当前我国高等教育中择业就业教育所占的比重较大，而对创新创业教育重视还不够，对大学生创新创业意识及能力的培养目标不够明确。人才培养方案没有融入创新创业的教育理念，基础课程、专业课程与创新创业教育不能紧密结合，使创新创业教育和创业实践缺乏实效性。

（二）创新创业教育机制不健全

由于对创新创业教育重要性以及必要性认识不充分，部分高职院校没有独立的创业指导部门和专人负责创新创业教育工作，创新创业实践场地、经费普遍紧缺。创新创业教育机制不健全、创新创业知识和能力有限，学生得不到系统帮扶，创业意识还没有真正变成学生的内在需求。

（三）创新创业师资力量薄弱

高校创新创业师资队伍主要来自专业教师、辅导员和就业创业指导行政人员，很少有创新创业实战经验。获取创新创业知识的途径也是通过各类社会培训，获取间接的经验传授学生，很难真正地指导学生创业。另外，相应的激励奖励机制尚未完善，有意愿从事创新创业教育的教师不多，还未形成专兼职相结合的创新创业师资队伍。

（四）创新创业实践环境不完善

学生的创新创业意识需要通过实践来检验，大多数高校的创业实践条件不完善，制约着学生创新创业能力培养和提升。大学生创业孵化园雨后春笋般地建立，但功能和设施不够完善，不能全面带动整个学校的创新创业氛围。

（五）创新创业社会环境有待加强

良好的社会环境是培养好学生的创新创业能力的重要因素。当前大学生创业并不是大多数人认可的社会行为，评价创新创业人才的机制还没有完全建立起来。学生难以通过校外实践基地和企业来提升创新创业能力。

二、培养和提升大学生创新创业能力的途径

（一）树立创业引领就业理念

高职教育不只是就业教育和职业培训，应该是以创新创业意识为引导，把学生的学习能力、专业能力、创新意识、实践能力培养等方面统筹结合，使职业能

力与创新创业能力紧密地结合在一起，使以就业为目标的人才教育培养方式朝着创新创业教育方向转变，引领大学生从依赖就业型向自主创业型转变，由从业者转变成为创业者。

（二）完善创新创业保障机制

学校应单独成立大学生创新创业教育和指导部门，部门中有创新创业课程教研室，建立和完善创新创业课程体系；有创新创业日常活动引领和实践活动指导科室，并指定专人负责创新创业工作。学校层面应制定出台相应的创新创业激励机制，对优秀的创业指导教师和工作人员予以充足的晋升空间。对优秀创业团队或学生给予鼓励和支持。

（三）加强创新型师资队伍建设

教育是以学生为主体，教育的基础是教师给予学生的指导和帮助。因此，创新创业师资队伍的素质和能力是做好创新创业教育的重要保证。一是教师要拥有创新意识，在日常的课程当中有针对性地提升学生的创新意识，让学生用创新的思维去思考和总结。二是教师要善于引发学生的创造性和主动性，让学生在良好的创新创业环境中成长，从项目设计、选题、分析、实施和总结等方面为学生提供帮助。

（四）营造创新创业实践环境

良好的创业实践环境对学生的创新创业能力提升也非常有帮助。通过整合学校现有资源建立大学生创业孵化园，园区为有创业意识的学生提供场地、咨询、指导、帮扶等服务，让学生创业想法落地，在创业园中孵化成长。通过与社会专业的孵化器、众创空间合作，让学生了解和感受真实的商业氛围和运行模式，引导有潜力的科技型创业项目预制对接，最终实现孵化落地。

（五）凝聚创新创业培养合力

大学生的创新创业能力培养不仅仅依靠学校，政府、社会和家庭等方面的培养和引导也起着同样重要的作用。一是从国家到地方各级政府为引导大学生创业出台了一系列优惠政策，同时成立了创业服务中心、小额担保贷款中心等创业帮扶机构服务大学生创业，使大学生在创业的过程中有政策的帮扶和引导。二是社会环境和家庭环境对学生创新意识和创业精神的形成有着很大影响，从家庭到社会应形成良好的氛围，鼓励和支持学生利用自身特长和专业技能，把创新意识和创业精神融入工作中。当学生在创新创业过程中遇到问题时各方都应给予鼓励、支持和指导。创新创业不仅是我国新时代的发展战略，也是高校育人的重要目标之一，更是当前教学改革的重点内容。培养大学生的创新意识和创业能力不能一蹴而就，只有系统谋划、精心组织、扎实推进，才能使创新创业教育工作健康可持续发展。

（2018年9月，公开发表于《纳税》第27期，收录时文章题目有改动）

产教融合背景下关于提高高校办公室

文件传阅质量和效率的思考

文件传阅是办公室的一项重要工作。随着高校不断深化改革，对文件办理质量和效率也提出了更高的要求。高校文件办理的质量和效率直接体现着学校领导和各级部门管理人员的工作质量和办事效率，作为办公室文件传阅人员要"想领导所想，想领导未想"，最大限度为领导提供高质量、高效率的文件审阅服务，是做好办公室工作的重要内容。

一、认真规范地做好文件签收、登记、分类工作

文件签收是文件办理的重要内容，要有专人负责。签收包括文件送达签收和文件领取签收两个环节。仔细核对、准确无误后再签收。文件登记是对收到的文件按照类别和内容进行详细登记。登记内容包括来文日期、编号、机关、题目、紧急程度和秘密级别等。文件分类是将文件按照来文机关分为上级文件、同级文件、下级文件三类；文件按照是否涉及秘密分为涉密性文件和普通性文件两类；按照文件内容性质分为分报件和呈报件两类。所谓分报件是所有文件同时分别报送各位领导参阅。一般这类文件只是领导参阅，不需更多落实。这样既提高了工作效率，缩短传阅文件的时间，还确保领导们第一时间了解文件内容。所谓呈报件是需要各位领导提出具体落实意见的文件，传阅顺序按领导职务由低到高的顺序审阅。一方面下级领导得以充分发挥意见，另一方面确保上级领导能全面把握大家的意见和态度，便

于正确决策。例如：各种信息类、快报类、新闻类、表彰类等文件采用分报件方式传阅。各类需要贯彻落实类的文件采取呈报件的方式传阅。

在文件传阅的过程中，一要做到准确理解领导的批示意见，批示中涉及的领导和部门要逐一传阅到位，不能简化文件传阅程序或扩大文件传阅范围；二要保证每一份文件的传阅过程轨迹清晰，便于随时查阅，无特殊情况，一般不越位传阅；三要严格按照《中华人民共和国保密法》的要求阅知范围传阅，对保密性文件要做到专人负责，即阅即退。

二、严谨准确地做好文件的摘要工作

办公室文件传阅人员必须认真做好每一份文件的阅读工作，在认真研读文件基础上，准确地摘录文件中领导需要关注的文件内容，需要落实的文件精神，需要决策的文件要求，形成"文件摘要"，与文件一并报送给领导。文件摘要主要把握三方面内容：

（一）新变化的内容

当与以往的文件对比出现新的内容、新的政策、新的要求时，办公室文件传阅人员要准确摘要，便于领导及时把握上级要求，提高工作效率。例如：《关于扶持高层次创新团队实施细则（试行）等文件的通知》（秦政办字〔2016〕127号），就应将相关政策的新旧对比情况进行梳理，汇总出文件中的新政策和新要求，供领导参考审阅。

（二）与本单位相关的文件内容

在研读文件过程中摘要与本单位工作密切相关的内容并及时记录，以便领导第一时间看到，及时提出意见。例如：大学生思想政治教育、教学改革工作、在新形势下的职业教育等方面，文件传阅人员应该将重点段落、重点语句、上级的重点要求等及时摘录下来，传阅给领导批示。

（三）领导容易疏忽的内容

为避免领导审阅文件的疏忽，文件传阅人员应将有关需要上报材料、有具体时间节点的文件内容、重要会议通知的文件、要求固定时间必须上报情况的文件，及时梳理供领导审阅。

三、注重时效地做好文件的督办工作

在办理文件过程中，需要有严格明确的时效要求。抓好领导文件批示意见的落实工作，是提高各部门工作效率的重要保障。对要求督办的文件，特别是需要领导提出批示意见的文件，应及时将文件批示具体化、项目化、实事化。按照文件要求明确办理部门、办结时限、办结结果、开展督办、形成办结报告、及时反馈批示领导。如领导对办结报告做出新的批示意见，要按照批示要求重新交办，继续督办落实。切实做到事事有结果，件件有回音，保证学校各项工作落到实处。

四、科学规范地做好文件的归档工作

文件归档工作是文件传阅的重要组成部分，科学规范地做好文件的归档工作，不仅有利于提高文件收集的齐全性和完整性，更有利于提高文件管理工作的效率和水平。因此，文件传阅人员要在文件办结后及时按照来文时间、来文机关、秘密级别等将文件进行科学的、规范的、有序的分类存放。对重要的和利用率较高的文件要扫描成电子版存档，以便于日后查找使用。

（2017年5月，公开发表于《办公室业务》第9期，收录时文章题目有改动）

提高高校督查工作实效
助力深化产教融合的思考

习近平总书记对加强督促检查、抓好落实作出一系列重要指示和部署，他强调一分部署，九分落实，崇尚实干，狠抓落实。中共中央印发的《关于加强新形势下党的督促检查工作的意见》为高校督查工作指明了方向，明确了要求，高校加大督查工作力度既是和党中央保持高度一致，强化"四个意识"的具体举措，也是高校推动高质量发展的必然选择。督查工作是新时代高校办公室的一项重要职能，是推动各项工作落实的关键和基础。做好督查工作应建立专门机构，明确工作原则，突出督查重点，建立工作制度。

一、建立专门机构

督查工作是确保各项工作落实的重要环节，必须建立专门机构，明确工作职责，建立科学的工作机制，才能承担起督查工作的任务。一是学校成立督查工作小组，党委书记担任组长，主管校领导、各职能部门负责人任成员。督查工作小组是学校督查工作的领导机构，主要负责督查工作的全面部署、重大督查事项决策、制度制定等。党政办公室是督查工作的办事机构。主要负责落实工作小组的决策；组织协调督查工作会议；落实具体督办事项的立项、交办、催办、反馈、归档；定期编制督查通报等工作。学校各部门是督查工作任务的具体执行部门，各部门负责人是本部门督查工作第一责任人，负责本部门各种范围内各项工作任务的督促检查并按时反馈工作。办公室专职督查人员是督查工作的直接责任人，在办公室主任领导下，以紧急件优先的原则，严格按照督查工作程序，负责各项具体督查事项的任务分解、下发督查通知单、明确完成时限，采取现场督办、跟踪督办、书面催办、会议催办等方式对督查事项开展督查，督查结果反馈领导。二是结合高校督查工作的特点，出台《高校督查工作管理办法》等相关规范文件，要明确工作职责、原则、方法、目标、责任、程序以及评价办法，建立科学合理的工作机制。

二、明确工作原则

原则是说话、行事所依据的法则和标准。只有遵循工作原则、坚持工作原则，才是做好工作的基本规范。做好督查工作必须坚持的最基本、最重要的原则：一是坚持服务重点原则。督查工作必须要突出重点兼顾全局。紧紧围绕高校的重点工作开展，着力抓好影响高校发展和改革的重点、难点、热点工作。二是坚持实事求是原则。督查人员要全面、准确、及时掌握对所督查事项的进展情况、取得成效、存在问题及原因，作出客观分析、公正评价。要以认真负责的态度、一丝不苟的精神向领导反馈，为领导的决策和管理发挥好参谋助手的作用。三是坚持注重实效原则。督查工作的目的是强化高校上下的落实意识，真正把各项工作落到实处。因此狠抓落实、注重实效是抓好督查工作的关键。认真落实好每一项督查事项，确保事事有着落，件件有回音。

三、突出督查重点

督查工作涉及内容多、任务重，只有突出重点、抓住关键、集中力量、统筹协调、重点推进、务求实效，才能实现以重点工作的突破带动全局。一是明确重点督查内容。重点督查内容分为学校重点工作、各部门重点工作和学校领导调研工作等。学校重点督查内容是高校年度工作会议、教职工代表大会、党委会、院长会、各专题工作会议等重要会议决策和部署的重点工作任务。各部门重点工作内容是根据学校重点督查工作内容的总体安排，本着抓重点、补短板的原则，根据各部门的特色开展工作。学校领导调研工作内容是学校领导对上级重要工作部署、学校、各部门重点工作及学校阶段性重点任务的落实情况的调研。督查重点应紧紧围绕领导调研重点工作时指出的问题、提出的要求、达到的目标开展督查。针对问题进一步深入研究、分析原因、提出可行方案，为领导提供真实有效的建议。二是明确督查任务。高校办公室必须把每一项重点工作任务进行分解，明确责任领导、责任部门和责任人；明确完成时限和工作进展的阶段性目标；明确保障措施、评价标准和奖惩办法；明确督办方式、反馈形式和结果运用。

四、建立工作制度

制度是学校内大家共同遵守的行为规范。建立督查工作制度为开展督查工作提供可遵循的依据，也是确保督查工作有效运转完成督查工作目标的可靠保证，更是实现督查工作程序规范化、工作责任法规化、督查方法科学化的保障。一是定时提醒制度。办公室根据学校重大决策和领导重要部署梳理出清晰的、合理的重点工作任务清单，按月或周或日定时提醒责任部门，避免出现态度不积极、认识不到位、思考不全面等现象。二是定期汇报制度。建立高校党委会、院长办公会定期听取重点工作汇报的机制，以便及时了解和掌握各项工作进展情况，协调工作推进。三是分级负责制度。各分管领导、责任部门负责人必须各尽其责、相互支持、相互配合，以重点工作为中心，采取有效措施，确保督查事项落到实处。四是定期通报制度。办公室以表扬先进、督促后进、交流经验为目的，每两个月对督查工作办理落实情况、反馈质量等进行具体说明，以《督查通报》、领导对反馈报告的批示等形式进行通报，并将督查工作结果作为各责任部门年度考核的重要依据，确保督查工作的质量和效力。新时代需要新思路、新目标、新成就。在实际工作中，高校只有加强领导、周密安排、精心组织、狠抓落实才能实现各项工作目标，才能够实现高校高质量创新发展。

（2019年1月，公开发表于《办公室业务》第2期，收录时文章题目有改动）

产教融合背景下提升高校毕业生就业质量对策研究

  党和国家一直高度重视高校毕业生就业情况，提升高校毕业生的就业质量是做好就业工作的一项重要任务。影响毕业生就业质量的因素很多，如家庭与地域的因素、学校的培养、用人单位的用工需求及当下国际、国内经济环境影响等。本文将从提升高校毕业生就业质量的意义入手，分析影响毕业生就业质量的因素，探索出提升高校毕业生就业质量的对策。

  习近平总书记在党的十九大报告中提出："就业是最大的民生。要坚持就业优先战略和积极就业政策，实现更高质量和更充分就业。"一直以来，从党中央、国务院到地方政府都高度重视就业问题，更是将就业列为"六稳""六保"之首，而大学生作为最重要的就业群体，提升大学生就业质量不仅仅是教育问题，更是社会问题。近年来高校毕业生人数逐年增多，如图1所示。同时受新冠肺炎疫情和国际环境影响就业压力也随之增大。让高校毕业生充分就业并提高就业质量是当下就业工作的重中之重。

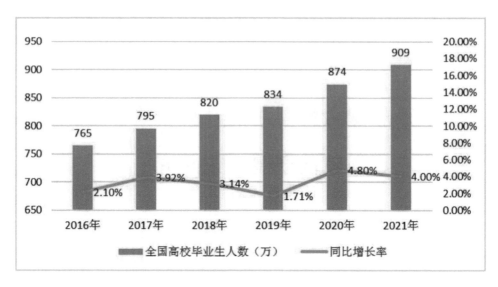

图1 2016—2021年全国高等学校毕业生数量分布

一、提升高校毕业生就业质量的意义

当前我国经济形势已经处于增速平稳阶段，开始面向高质量发展的阶段。大学生群体作为国家的栋梁、家庭的希望，提升大学生就业质量具有非常重要的意义。

（一）党中央和地方政府将提升就业质量作为解决就业问题的重要途径

2021年8月23日国务院印发《"十四五"就业促进规划》（国发〔2021〕14号），从国家层面上推动就业高质量发展，是各级政府、高校开展就业工作的指导性文件。以河北省为例，2021年10月8日省长许勤主持召开省政府常务会议，专门将《就业促进"十四五"规划》作为一个重要议题研究，会议要求进一步健全机制、完善政策，千方百计扩大就业容量，努力提高就业质量。

（二）提升高校毕业生就业质量是全面建成小康社会的重要基础

高质量就业更加符合国家就业优先战略，能够有效促社会经济发展，同时提升人民生活水平。高校毕业生高质量就业不仅仅是大学生个人价值的具体体现，同时也是带动其所在家庭进入小康社会的重要动力。有效提升高校毕业生就业质量对于巩固经济发展、保障民生具有重大意义。

（三）提升高校毕业生就业质量是大学生的刚性需求

教育部从2014年就开始要求所有的高校在其网站显著位置向社会公示就业质量年度报告。一所高校的就业质量也成为考生报考该院校的重要依据。毕业生普遍期望有一份体面的工作、不菲的收入、完善的社会保障以及良好发展的职业路径。

（四）提升毕业生就业质量是高校发展的必然选择

出口旺，入口才能畅。一所高校的毕业生能否连续多年得到社会的普遍认可，成为行业发展的中坚力量，一定程度上反映出该校的人才培养水平的高低。这也是学校的重要声誉，发展的源泉。因此，绝大部分高校都将就业工作列为"双一把手"工程，由党委书记和校长担任就业工作领导小组组长，将就业工作列为年度工作要点，以就业工作为抓手，不断提升办学质量，为各行各业培养高素质的专业人才。

二、影响高校毕业生就业质量的因素

笔者根据查阅相关文献资料、调查问卷分析以及十余年一线就业工作经验，认为影响高校毕业生就业质量的因素主要有大学生、高校、企业三方面因素。

（一）大学生方面的影响因素

一般包括毕业生的沟通表达能力、组织协调能力、学习能力、执行力、创新能力和专业水平等。通过多年对企业走访和调查问卷了解到，企业最看重毕业生面试时的沟通表达能力（72.5%）、专业能力（67.3%）和逻辑思维能力（66.3%），同时责任（60.8%）和团队意识（56.5%）也是企业注重的能力素质，具体如图2所示。毕业生在求职过程中，可多了解企业招聘时看重的要素和能力表现，并在日常学习和实习的过程中注重相应能力的培养。

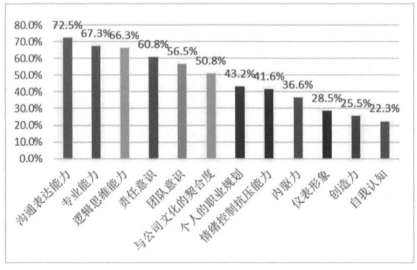

图2　企业招聘时关注的毕业生表现

（二）高校方面的影响因素

一是国务院办公厅2007年发文（国办发〔2007〕26号）将就业指导课程纳入教学计划。目前《大学生职业生涯规划与就业指导》课程已经成为高校必修课程。但是很多高校专职的职业生涯规划课程教师不足，多是由辅导员、专职教师和就业工作人员担任，缺乏知识的系统性、队伍的稳定性、指导的专业性；很多学校授课教师的课件多年不变，内容与社会需求脱节；也有相当部分学校受教学资源限制，采取合班授课，大班额的授课无法有效保证针对性的指导。二是部分高校专业开设不严谨，未经过充分论证就匆忙上新专业，盲目改专业名称，使之培养的学生与社会需求不符，影响学生就业质量。如果高校能够发挥自身办学优势、加强校地和校企合作、搭建就业平台、开拓就业市场，充分为毕业生提供就业机会，就能使毕业生获得高质量的就业岗位，从而促进高校进一步发展，形成良性循环，建立良好声誉。

（三）企业的影响因素

通过调查显示，毕业生在求职时主要考虑的因素有企业发展前景（58.6%）、薪酬福利（54.3%）、工作环境（35.2%）和工作地点（32.2%），具体如图3所示。

许多企业由于对大学校园招聘不重视、没有系统的培养计划、缺乏有竞争力的薪酬福利和公平公正的发展环境，导致对毕业生的吸引力不足，难以招聘或留住高素质人才，影响企业的发展。另外，有部分企业提高招聘学历标准，使毕业生就业难度增大，造成高学历的毕业生不愿意去，低学历的毕业生去不了，造成人力资源的浪费，影响毕业生就业质量。

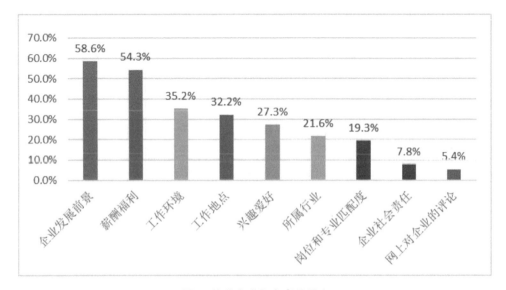

图3　毕业生求职考虑的因素

三、提升高校毕业生就业质量的对策

高校毕业生是宝贵的人力资源，是促进当前经济发展的重要力量。提升高校毕业生就业质量要从上至下提高政治站位、完善促进就业的体制机制、多举措加强就业工作，力争让高校毕业生高质量就业。

（一）营造良好就业环境

近年来我国高校毕业生就业率维持在90%以上，在新冠肺炎疫情和整个经济环境下行压力增大的背景下，这样的成绩实属不易，说明在国家就业优先的战略下取得了丰硕的成果。但不能满足于就业率的稳定和提高，更应该加强提升毕业生就业质量。一是政府要发挥宏观指导作用。既要有公共政策、法规制度的保障，又要有各级政府就业指导服务部门的支持。二是建立科学合理的就业质量评价体系，将提升就业质量列为考核高校的重要指标。要切实发挥高校就业工作"双一把手"工程作用，定期召开就业工作联席会议，研判就业形势，出台相关促进政策，形成合力营造良好就业环境。

（二）创新驱动发展，创业带动就业

国务院总理李克强多次在政府工作报告中提及"大众创业、万众创新"，各省市政府部门出台一系列加强大学生创新创业政策。高校加强了大学生创新创业教育，将创新创业教育纳入必修课程，制订大学生创业训练计划，聘请校外企业家为创业导师，建设众创空间、创业孵化基地、科技孵化器等实践平台。教育、人社、科技、工信和共青团等政府部门都有针对大学生的创新创业大赛，高校应鼓励大学生参赛，在赛事准备过程中提供指导帮扶，通过大赛促进学生学习成长，在解决自身就业的情况下带动社会就业。

（三）提升人才培养质量

当前就业环境复杂多变，但是高素质人才始终是企业争抢的对象，也是提升就业质量的关键因素。因此，高校一是要制订科学合理的人才培养方案，培养社会所需的高素质人才；二是加强校企合作，开展校外实习实训基地建设，让学生尽早接触职业、了解企业所需的知识和技能，才能够在日常学习中有针对性地学习，缩小大学生就业能力与社会、企业需求之间的差距。

（四）加强就业创业指导服务体系建设

就业创业指导服务工作不应只在毕业年度才开展，而是要融入日常学生工作之中，就业工作是有温度的，要全员参与就业。学院领导要做好就业工作的顶层设计；职能部门要出台促进就业的相关政策；专业教师在日常教学中加入就业元素；辅导员、班主任是直接接触学生的一线工作人员，在日常的工作中要引导学生就业意识，提升就业能力。全员参与的就业创业指导服务体系，能够有效提升毕业生就业质量。

（五）加强就业信息化平台建设

当前已经进入移动互联网时代，各类信息纷繁复杂，提供的就业信息良莠不齐，为了让毕业生获得真实有效就业信息，应加强各类信息化平台建设。例如，教育部联合多家社会平台在2020年推出"24365"校园招聘平台，平台不仅整合了招聘信息，还定期开展针对性的指导讲座。高校要积极联合政府有关部门，建设智慧就业系统，善用云平台和移动终端，推动线上线下高效协同，信息化覆盖就业管理全过程。

（2021年11月，公开发表于《办公室业务》第22期，收录时文章题目有改动）

深化农村电商改革推动校地合作的思考

"大众创业、万众创新"出自2014年9月夏季达沃斯论坛上李克强总理的讲话，李克强总理提出，要在960万平方公里土地上掀起"大众创业""草根创业"的新浪潮，形成"万众创新""人人创新"的新势态。党的十八大以来，我国通过持续推动"大众创业、万众创新"，人民群众的创业创新热情高涨，创业创新成为就业转型新的增长点和动力源。近年来，随着互联网经济的快速迭代发展，自媒体、新零售、共享经济等新的商业形态和创业思维不断涌现。互联网以及电子商务的发展呈现出前所未有的高速状态，截至2020年12月，中国互联网网民数量已经达到9.89亿人，比美国人口的3倍还要多，这个巨大的市场无疑为网络创业，特别是乡村振兴、农村电商的发展步入快车道带来了绝佳的创业机遇。

一、农村电商发展形势分析

改革开放以来，我国经济总体上长期保持着高速稳定的增长趋势。从20世纪90年代开始，网络经济融入风起云涌的中国经济浪潮之中，农村电商是近年来中国经济具有活力的一部分。

（一）消费者的变化

快速扩大的互联网消费市场。2011年我国网民数量是5.31亿人，到了2020年12月，已经达到9.89亿人，互联网普及率达到70.4%（见图1）。互联网的快速普及在中国培育出庞大的网络消费群体。这是中国网络经济快速发展的坚实基础和动力源泉，也是网络创业的肥沃土壤。不仅网络消费群体的规模在快速增长，网民们使用网络的频率和时间也在增加。调查显示，2016年，全球近1/3的消费者每天或者每周网购；而在中国每天或者每周网购的消费者数量占比达到2/3（见图2）。网上消费逐渐成为城市居民的日常生活习惯，很多农村百姓利用电子商务平台出售土特产或自由选购商品。网络消费正在越来越广、越来越深地融入人们的生活，成为社会商品与服务消费的重要方式。

图1　中国网民规模和互联网普及率

图2　中国网上零售市场交易规模及增长率

（二）互联网企业的变化

随着国内市场经济的持续发展，中国互联网已经培育出一个总规模近5万亿美元的巨大消费市场。数量级10亿的消费群体规模和持续增长的经济发展态势，为当代中国创业者创造了得天独厚的历史机遇，同时这也是前无古人的巨大挑战。2021年12月，中国互联网协会、工业和信息化部发布了中国互联网企业百强榜单（见表1）。

表1　2021年中国互联网综合实力百强企业（前30强）

排名	中文名称	主要业务与品牌	所属地
1	阿里巴巴（中国）有限公司	淘宝、天猫、阿里云、高德	浙江省
2	深圳市腾讯计算机系统有限公司	德信、腾讯视频、腾讯云、 胸讯会议	广东省
3	百度公司	百度搜索、百度智能云、小度 、Apollo自动驾驶开放平台	北京市
4	京东集团	京东、京东物流、京东健康	北京市
5	美团公司	美团、大众点评、美团外卖	北京市
6	北京字节跳动科技有限公司	抖音、今日头条、西瓜视频	北京市
7	上海寻梦信息技术有限公司	拼多多	上海市
8	网易集团	网易游戏、网易有道、网易严选、网易新闻	广东省
9	北京快手科技有限公司	快手	北京市
10	三六零安全科技股份有限公司	360安全卫士、360手机卫士、360手机助手	北京市
11	小米集团	小米、MIUI米柚、Redmi、米家	北京市
12	腾讯音乐娱乐集团	QQ音乐、酷狗音乐、酷我音乐	广东省
13	北京五八信息技术有限公司	58同城、安居客、58到家精选、中华英才网	北京市
14	新浪公司	新浪网、微博	北京市
15	好未来教育集团	学而思网校、学而思素养、 直播云、熊猫博士	北京市
16	贝壳控股有限公司	贝壳找房	北京市
17	北京爱奇艺科技有限公司	爱奇艺、随刻、奇巴布	北京市
18	携程集团	携程旅行网、去哪儿、Trip.com、天巡	上海市
19	搜狐公司	搜狐媒体、搜狐视频、搜狗搜索、畅游游戏	北京市
20	北京车之家信息技术有限公司	汽车之家、二手车之家	北京市
21	广州津虹网络传媒有限公司	YY直播、YY语音、追玩	广东省
22	北京网聘咨询有限公司	智联招聘	北京市

（续表）

排名	中文名称	主要业务与品牌	所属地
23	上海米哈游网络科技股份有限公司	米哈游、miHoYo	上海市
24	东方财富信息股份有限公司	东方财富、东方财富证券、天天基金、股吧	上海市
25	竞技世界（北京）网络技术有限公司	JJ比赛	北京市
26	湖南快乐阳光互动娱乐传媒有限公司	芒果TV、芒果TV国际App、小芒App	湖南省
27	唯品会（中国）有限公司	唯品会	广东省
28	美图公司	美图秀秀、美颜相机、BeautyPlus、美拍、美图宜肤	福建省
29	三七文媒（广州）网络科技有限公司	三七游戏、37网游、37手游、37Games	广东省
30	武汉斗鱼鱼乐网络科技有限公司	斗鱼直播	湖北省

互联网百强企业呈现出以下特点：一是互联网企业综合实力逐年增强，2021年前百强企业指数值高达616.5分，互联网行业总体保持良好发展态势。二是营收规模再创新高，盈利能力不断加强。前百家企业互联网业务总收入达4.1万亿元，同比增长16.9%；营业利润总额达4426.9亿元，同比增长39.4%。三是研发投入持续加码，发明专利比例大幅提升。前百家企业研发投入达到2069亿元，同比增长16.8%。四是网络文娱业务蓬勃发展，企业地理聚集特征更加显著，京津冀、长三角、珠三角集中了超八成的互联网前百强企业。五是风险防控能力处于健康水平，企业上市选择呈现回归。六是经济和财政拉动作用显著，互联网与实体经济的融合不断深化。

（三）积极优惠政策引导

为了支持和鼓励创新创业与网络经济更好地融合发展，国务院、有关部委以及多地人民政府相继出台了一大批有利于网络创业的政策，如《国务院关于大力发展电子商务加快培育经济新动力的意见》（国发〔2015〕24号）、《国务院办公厅关于促进跨境电子商务健康快速发展的指导意见》（国办发〔2015〕46号）、《国务院办公厅关于推进线上线下互动加快商贸流通创新发展转型升级的意见》（国办发〔2015〕72号）等。众多利好政策的出台对电子商务的发展提供了大力支持和鼓励，指明了国家经济发展的宏观趋势。

二、农村电商的特点

随着"互联网+"在农业领域应用的不断深入，农村电商在乡村振兴、带动农民增收、就业等方面发挥着巨大作用。从经营范围来看，农村电商的经营业务范围从单一的农产品扩大到工业品，如江苏省睢宁县沙集镇有2000多家网店主营板材家具。从服务内容来看，农村电商的业务体系涵盖了网上对接农产品市场行情和动态信息、依托农村旅游资源发展特色旅游、结合互联网开展数字化农家乐和招商引资等内容。从创业者角度来看，农村电商较之于传统的农产品经济发展模式有其特殊性。打破区域和时间限制；降低成本，提高效率；农产品流通组织化和规模化；市场潜力较大。

三、农村电商典型案例

目前，全国各地农村电商呈现出"星星之火"燎原之势，涌现出了一大批立足区域经济，模式独特的农村电商创业典型。

案例一：河北"清河模式"。清河县位于河北省东南部，隶属于河北省邢台市，与山东省相邻，面积502平方千米，人口规模约38万人。清河县域经济发达，是全国最大的羊绒加工经销集散地和重要的羊绒制品产销基地，先后被国家有关部门授予"中国羊绒之都""中国羊绒纺织名城"等称号。目前，清河全县注册的电商平台店铺超过2万家，年销售额超15亿元，羊绒纱线销售额占淘宝同类产品销售额七成以上，成为国内最大的羊绒制品网络销售基地。清河县农村电商的发展源于传统产业外贸受阻，当地一些农民开始转战电商平台。如当地东高庄村村民于2008年陆续注册店铺，开始电商创业，3年后，有的店铺羊绒制品的网上年销售额就超越4000万元。在"榜样"的激励下，东高庄村村民互帮互助、快速复制，从产品加工到销售推广，依靠农民自身的组织力量，全村300余户家庭都走上了电商创业的道路，继而带动一批批清河县其他村村民和企业纷纷通过电子商务销售羊绒毛线产品，形成了羊绒毛线的电子商务产业集群。

案例二：吉林"通榆模式"。通榆县位于吉林省西部，隶属于吉林省白城市，人口规模约36万人。该县地处北纬45度，肥沃的土地使它成为全国杂粮杂豆的黄金产地之一，被誉为"八百里瀚海"的一颗明珠。通榆县发展农村电商源于其长期受地理位置偏远、销售方式落后等束缚，天然的优质产品无法有效对接市场需求，更无法凸显其规模化和品牌化优势。为此，通榆县成立了县电子商务促进中心，一边对接农户解决货源问题，一边对接第三方机构解决产品品牌建设和营销问题，在电商平台上打造了"三千禾"品牌，直接将特色农产品销售至全国各地。

四、壮大农村电商的建议

（一）加大开展农村电商培训

越来越多的农民认识到电子商务的发展带来了很好的创业机遇，但计算机操作技能不熟练、互联网及电商营销和运营知识缺乏，在电商创业过程中力不从心，所以需加大农村电商培训力度。

（二）健全农村电商的第三方服务

农村电商创业过程中涉及图片美工、文案策划、客服、营销推广、物流管理等多方面内容，很多农村电商的创业者无法兼顾所有环节。可以结合自身特点和资源，定位了农村电商市场，组建团队给予这些农村电商创业者提供专业的、系统的服务。

（三）打造农产品的品牌化

随着农村电商的发展，市场竞争越来越激烈。自身的产品能够被消费者识别和认可越来越重要。因此，需要通过品牌化打造和产品差异化定位以获得良好的销售效果。

（四）大数据与农村电商相结合

大数据、云计算和物联网技术与农村电商不断融合，使得用户可以对农产品的生产全过程进行"追根溯源"和全程监控，有利于提高农产品认可度和提供售后服务等。

（2021年12月，本文收录在《智启雄安——第九届公共政策智库论坛暨乡村振兴与"一带一路"国际研讨会论文集》，作者作大会主题发言，收录时文章题目有改动）

加强高校助力社区疫情防控
深化校地合作的建议

习近平总书记指出，全国都要充分发挥社区在疫情防控中的阻击作用，把防控力量向社区下沉，加强社区各项防控措施的落实，使所有社区成为疫情防控的坚强堡垒。打赢疫情防控人民战争要紧紧依靠人民。要做好深入细致的群众工作，把群众发动起来，构筑起群防群控的人民防线。习近平总书记的重要指示不仅深刻阐述了社区在疫情防控中的重要作用，而且为社区防控工作指明了方向。城市社区是疫情防控的基础和重要防线，做好社区疫情防控工作至关重要，特别是在疫情防控常态化背景下如何应对防控等级时常变化的形势，有条不紊地做好工作，是对社区管理和社区工作人员的严峻考验。高校师生特别是党员同志应发挥自身专业优势、人才资源，主动对接社区，助力社区工作人员在扩大宣传、深入排查、联防联动、后勤保障等方面做大量细致烦琐的基层工作。当前，我国疫情防控基本稳定，但零星散发情况时有发生，有的社区在应对方面仍有许多不尽如人意和不被社区居民理解的问题。比如：有的小区对外地人员进入信息掌握不及时、不准确、不全面；有的小区工作人员态度蛮横，在居民中产生不良影响；等等。虽然疫情防控部门对社区防控工作作了全面的部署并作出了明确规定，但尚需进一步完善和督导落实。现提出如下三点建议：

一、进一步加强社区防控管理规定的学习宣传力度

疫情防控部门作出的各项规定，不仅要确保社区工作人员全面领悟并认真落实，而且要确保每一位居民全面了解掌握并自觉践行。高校师生与社区工作人员通过明白纸、宣传栏、广播、电视和社区信息平台等新媒体等各种形式广泛宣传普及防疫知识，引导居民科学防控、依法防控、克服焦虑心理，引导居民不信谣、不造谣、不传谣，让广大居民自觉服从管理，支持疫情防控工作，增强广大居民按防控要求行动的自觉性、主动性和积极性。

二、进一步加强社区工作人员能力建设力度

多年来，各级政府对社区工作越来越重视，社区工作人员的整体素质也在不断提高。但社区工作人员依然存在着年龄偏大、学历偏低、素质不高等现象，不能适应社区发展特别是疫情防控的要求。有的社区工作人员既不会做居民的思想工作也不愿意做甚至根本不认为应该做，有的基本的管理规定都不掌握，还有甚者把服务职能看成个人权利，等等。这种现象不仅影响疫情防控工作，而且还会影响党群干群关系。要建立社区工作人员准入制度，对年龄、学历和录用程序等严格规范，确保社区工作人员的基本素质。利用高校党员与社区工作人员开展共建活动，加强社区工作人员政治和业务培训，及时主动学习最新防疫政策，学习先进人物事迹，学习岗位需求的必备素质，不断提高社区工作人员的业务能力。充分发挥高校、社区党员干部的示范引领作用，对社区工作人员深入开展"爱居民、爱岗位、爱时代"的"三爱"教育活动，强化社区工作人员服务意识、奉献精神和家国情怀。

三、进一步加大社区防控工作督查问责力度

各级政府要高度重视社区疫情防控工作，不能发了文件、开了会议就认为落实了、放心了，而应该组织专门力量做到定期督查和随时抽查相结合，公开督查和暗访巡查相结合，工作专班督查和部门责任人督查相结合，逐级督查和越级督

查相结合。督查工作要深入、细致、具体和务实，不能只听汇报不看真情。既要督查各级领导重视程度，也要检查政策规定规范情况，更要督查实际落实情况和成效，还要掌握广大居民对社区工作满意度和信服度，对督查中发现的问题要责任到人，限期整改，对于存在的严重问题要严肃问责，绝不姑息。对督查中发现的先进工作经验认真总结全面推广，对在疫情防控工作中有作为、有担当、有才华、有成效的人物应及时提拔褒奖。形成认真落实是本分，积极落实是担当，创新落实是光荣的局面。

（2021年1月，本文收录在《第七届公共政策智库论坛疫情防控咨政专题研讨论文集》，作者作大会主题发言，收录时文章题目有改动）

推动河北省高校和产业深度合作的十条建议

目前河北省拥有120多所高校，7万多名教职员工，在校生130万余人，有96所高校建成众创空间127个，有500多个省厅级重点科研项目通过验收，技术转移转让186项，是加快河北省高质量发展的一支重要力量。推动全省高校与地方产业深度合作，具有成本低、见效快、效率高的明显优势，对于提高教育服务经济社会发展能力、促进教育大省向教育强省转变具有关键作用。为此，提出十条建议。

一、建设世界一流雄安新区产教融合示范区

建设雄安新区是习近平总书记亲自谋划和推动的国家大事。千年大计，教育先行。要建设一流的雄安新区，就需要打造一流的产教融合示范区。一是建议以职业教育为突破口，高标准定位、推动。2018年河北有8所高职院校进入全国各类排名50强，有较好的职业教育基础，应乘国家支持之势举全省之力，建立一所世界领先的职业院校，做优做强职业教育，使之成为世界职业教育高地。二是创建全省高校雄安新区科技成果转化示范园。把全省高校"高精尖"科研成果集中孵化转化、转移交易，既可以充分展示全省高校的科研成果，又可以促进经济发展产业升级。三是加大雄安新区现有村民整体素质培训提升工作力度。由现有高校组织培训团队，分期、分批、分类对村民进行道德素质、文化修养、职业技能、创业能力等专项培训，以适应雄安新区建设对用工的新需求。

二、推动各地市争创产教融合建设试点城市

为促进人才培养供给侧和产业需求侧结构要素全方位融合，培养大批高素质创新人才和技术技能人才，国务院办公厅出台了《关于深化产教融合的若干意见》，并责成国家发改委、教育部会同有关部门、各省级人民政府共同来完成试点工作。河北省也制定了《关于深化产教融合的实施意见》，作出了相应部署。建议进一步加大落实力度，尽快选择若干个有较强代表性、影响力和改革意愿的城市、行业、企业开展试点，认真组织，精心谋划，完善支持激励政策，力争创出河北经验，走在全国前列。

三、构建高校和地方合作交流的平台

河北省目前开展了部分高校和地方的合作项目，但普遍存在临时及短期合作为主、合作方式单一、合作层级偏低、合作深度不够、合作实效不理想等诸多问题，需要认真加以解决。一是筹备召开高水平、高规格的河北省高校和地方企事业单位服务项目推进对接会议，为校地深度合作搭建更大更好的平台。二是组建由高校牵头的产业发展研究院。以全省最强的某一专业学科所在高校为牵头单位，整合全省高校同一专业的人才资源，组建松散型的公益性的研究院，负责对全省的关联产业进行产业规划、行业指导、企业诊断、技术研发、人才培养等工作。省发改、科技、工信等管理部门在立项、资金、评奖等方面予以倾斜和支持。

四、集合高校的专家智力资源组建智库团队

为落实习近平总书记关于建设新型智库的要求，建议各地级市党委政府组建战略咨询智库团队，对重大的、长远的战略问题和公共政策，特别是涉及百姓关注的问题进行决策咨询；对重大决策的实际效果进行跟踪评估；对党委政府关注的问题进行专业辅导等。党委政府要把专家咨询论证作为科学决策、民主决策、依法决策的必经程序，认真听取咨询论证意见和建议，为智库团队开展工作提供各种必要保障。

五、建立校地合作实效评价体系和鼓励机制

推动校地合作的根本目的是助力经济强省、美丽河北建设,为此要有一套科学的评价体系。建议成立校地合作评价中心,以第三方机构的身份开展产教融合、校地合作的效能评价,大胆探索、积极实践,力求评价科学、准确。同时强化评价结果的运用,把绩效考核情况作为投入引导、试点开展、表彰激励的重要依据。整合发改、科技、工信、财政等有关部门科技创新的经费,建立政府支持鼓励机制。

六、打造高校和企业深度合作样板工程

遵循典型示范、重点突破的工作规律,优先在事关全省高质量发展的重点领域和产业,积聚力量打造高校服务地方的样板工程。如河北农业大学与阜平县的校地合作起步早、措施实、力度大、效果好,不仅推动了阜平县的精准扶贫工作,而且为河北农业大学的发展注入了活力。在样板工程打造过程中,各高校要充分利用自身特色专业和优势资源,借助政府构建的高水平合作平台,实现与地方的精准对接、全面合作。同时,政府要加强在高校服务地方过程中的领导作用,及时研判校地合作进展情况,聚焦问题、精准施策,不断提高高校服务地方的水平。通过高校服务地方的成功案例总结出推动校地合作的工作经验和工作模式,逐步把河北省高校服务地方的工作推向新的台阶。

七、紧贴地方需求建立校企协同育人模式

产教融合、校地深度合作的一个重要内容就是共同培养符合地方发展需要的人才,避免出现供求脱节的问题。一是引导各高校在专业设置和调整中把服务全省经济发展、产业升级作为重要原则。2018年,河北省共撤销194个专业,新增113个专业。建议省政府成立引导高校专业设置和调整服务经济社会发展指导委员会,紧紧围绕省经济社会发展需求,出台进一步优化调整高校学科专业结构的政策措施,统筹全省高校差异化发展。二是支持企业参与人才培养过程,引导

企业深度参与高校教育教学改革，多种方式参与学校规划、专业设计、课程改革。三是鼓励以引企驻校、引校进企、校企一体等方式，吸引优势企业与高校共建共享生产性实训基地。支持依托高校建设行业或区域性实训基地，带动中小企业参与校企合作。通过政府购买服务、落实税收政策等方式，鼓励企业直接接收高校学生实习实训。四是构建校企合作、工学结合的办学机制，推进职业学校和企业联盟、与行业联合、同园区联结。探索"企业办班""教学工厂""生产实训一体化车间"等多种合作办学模式。

八、实施全省高校毕业生留冀就业创业工程

当前高校毕业生就业面临不少困难，如企业用人需求不旺、毕业生专业对口难度较大、人才流失严重等。同时，各地人才争夺大战愈演愈烈，南京推出了引进大学毕业生的"宁聚计划"，武汉出台了大学毕业生最低年薪指导标准，对大学生就业创业给予了超常规的政策支持。建议河北省建立高校企业政府沟通联系机制，定期通报大学生留冀工作情况，制定更大力度的优惠政策，鼓励用人单位积极争抢人才，在优秀人才晋职晋升、薪酬分配、购房补贴等方面有突破性的改革，提高高校毕业生来冀留冀就业创业的数量和质量。

九、提升高等院校在冀科研成果转化率

据河北省高校科研成果数据统计显示，全省高校科研成果转化率较低，众多科研成果缺乏转化条件被长久搁置或在外省市转化应用。因此建议进一步完善河北省科研成果转化机制，为地方高质量发展提供有效的服务。一是在确定课题研究方向时，向省经济社会发展研究方向适当倾斜；在确定具体研究领域时，优先向与各地主导产业相关联的研究领域倾斜。二是对重大的科研成果提供资金政策扶持，将科研成果的"质"和"量"相结合，加大成果应用试验、评价力度，加大对科技成果在省内转化的奖励力度。三是培育完善技术市场，建立校企合作模式下的科技成果转化"专利共用、成果共享"的激励机制。

十、深入开展校地深度合作理论和实践研究

为探寻校地合作工作规律，探索合作模式，把河北省打造成全国高校和地方合作的样板，推动河北省经济转型、创新发展，建议成立高层次校地合作研究课题组，开展校地深度合作的理论和实践研究。特别是对校地合作基础、合作意义、合作前景、合作原则、合作路径、合作机制、合作模式等进行深入系统研究；探索如何提高校地双方合作的积极性、主动性，解决合作动力不足、合作保障乏力等问题。通过课题研究，进一步理清推动校地合作工作思路，制定并出台校地合作系列政策，形成可借鉴、能推广的研究成果。

(2018年12月12日，本文刊登于河北省委省政府决策咨询委员会、中共河北省委政策研究室《送阅件》，获得时任省委副书记赵一德，省委常委、常务副省长袁桐利，省委常委、省委秘书长高志立肯定批示）

京津冀高等教育协同融合发展对策研究

京津冀协同发展战略实施以来，各方面、各领域、各地区都取得了一定成绩和明显进展，这是一个毋庸置疑的事实。在发展大势的引领下，京津冀高等教育协同发展顺势而为、乘势而上，取得了长足发展和重大成就。但是，和京津冀协同发展战略对高等教育要求相比，和高等教育在协同发展中应发挥的作用相比，和高等教育高质量发展抢抓协同发展重大机遇相比，仍有一定差距，在某些领域、方面，地区差距是非常明显和突出的。采取创新举措务实解决高等教育在京津冀协同发展中存在的问题，是十分必要、非常重要和特别紧要的。

一、科学研究一体化

京津冀高校人才济济，具有很强的科研能力。但是，长期以来形成了各自为本省市搞科研的局面。这不仅影响了高校科研作用的有效发挥，而且高等教育在京津冀协同发展中应承担的责任也凸显不了。因此，应采取有效措施解决这一问题。三省市负责发改、科技、工信等政府职能部门牵头，成立工作专班，协同推进科学研究一体化工作。每年摸清三省市企事业单位科技攻关技术需求，以需求为导向，面向三省市高校公开招标。由三省市中对于技术攻关项目科研实力最强的高校牵头，三省市同一专业或相近专业专家学者组成科研团队，进行联合攻关。发改、科技、工信等职能部门在课题立项上给予支持，同时对课题研究要给予指导、督导和评价。哪个省市的项目由哪个省市政府牵头，必须面向三省市高校。三省市高校结合自身科研优势进行投标争取牵头立项，评价三省市哪所高校是课题研究最有实力的高校，由课题需求政府组成专家评审组公平、公正、公开确定。牵头高校负责组建联合课题组，必须保证三省市都有高校参加。为了培养青年人才，还要要求课题组必须有青年人才参加。

二、社会服务同城化

习近平总书记强调指出要立足中国大地办大学。各高校要从实际出发，创造性落实总书记的重要指示。就京津冀高校而言，应把提高服务所在城市能力和水平作为创新点和突破点。每一所高校都要贴近所在城市的发展战略、发展重点、发展方向出台合作行动计划，实施"三全、三化、六提高、六促进"服务模式，实现高校和所在地互利共赢、共同发展。"三全"即全员、全面、全年。全员是所有教职员工和全体学生都踊跃参加；全面是所有部门、所有系部、所有专业都积极参加；全年是不分学期、不分假期、不分忙闲都持续推进。"三化"即项目化、具体化、实效化。项目化是每项合作工作都按项目要求明确目标、重点、任务和举措；具体化是把合作的工作任务进一步细化，明确时限、责任人、标准；实效化是各项合作任务都建立评价体系，明确考核人、结果运用、奖惩措施。"六提高"即提高教师业务能力、提高学生职业能力、提高师生服务能力、提高学校发展能力、提高企业创新能力、提高校地融合能力。"六促进"即促进学校综合发展水平、促进服务社会能力提高、促进学校社会影响明显提升、促进学校改革创新勇创佳绩、促进师生幸福感自豪感增强、促进校地共同繁荣创新发展。必须强调，为了推动京津冀高校协同发展，任何高校服务所在城市必须联合其他城市相近高校共同实施。这样就打破了京津冀高校各自为战的局面，走出一条融合发展之路。

三、人才培养统一化

高校的根本任务是人才培养。京津冀高校协同融合发展的核心必然是人才培养统一化。人才培养统一化体现在三个方面：一是招生统一化，三省市在招生计划分配上要统筹考虑，不能仅仅考虑本省市情况，把其他省市排斥在外。这不符合京津冀协同发展战略要求。要根据各省市报考人数，合理确定招生计划，确保三省市高校对其他省市招生计划数明显提升。二是就业统一化，做到招聘工作、就业政策、优惠条件、就业方式四统一。三省市推动高校毕业生就业部门要协调联动，定期搜集整理公布人才需求信息，定期组织召开人才交流招聘会，定期组织高校和相关城市、产业面对面对接交流，定期研究解决高校毕业生就业相关问题。三是专业调整统一化，三省市高校在专业调整时，不能单纯考虑本省市产业对人才的需求情况，而应考虑三省市的总体需求。三省市发改部门要及时把本省市产业发展战略、发展重点、发展方向、重点企业以及具体需求向各高校反馈，要做到动态调整、统一规划、分步实施、协调推进。

四、文化传承互补化

在五千年中华优秀传统文化引领下，我国各地方、各时期、各领域也形成了各自独特的地方文化。作为承担文化传承重要职责的高校既要传承中华优秀传统文化，也要传承所在城市的地方文化。京津冀协同发展一个重要内容就是文化融合发展。虽然京津冀地域相邻、文化相近，但也有一定的异。在哪个城市读大学那里就是大学生的第二故乡，他们对第二故乡是有深厚感情的，不论他们是留在读书的城市还是奔赴祖国各地，他们都有热爱、建设、宣传第二故乡的情怀。因此，三省市高校应统一行动共同传承弘扬三地地域文化。三省市政府可以统一编写反映三省市地域文化的教材，推动三省市地域文化进校园、进课堂、进头脑。同时，三省市政府要组织职能部门主要领导定期走进校园，宣传地域文化、发展成就、发展前景、发展战略、发展目标以及引进人才优惠政策等等，激发三省市大学生对第二故乡热爱、建设、宣传的积极性、主动性和自觉性。

五、国际合作协同化

推动国际合作是高校的重要职责，也是高校的突出优势。由于京津冀各高校彼此间国际影响力、知名度差距很大，综合发展实力也参差不齐，因此全面推进国际合作必须走协同化之路。采取"1+N"模式，即"1"为牵头高校，"N"为若干协作配合高校。牵头高校由京津冀高校中国际合作某一领域实力最强的高校担任，负责确定合作项目，制定合作方案、洽谈合作业务、推进合作进程、评价合作成效。配合高校由牵头高校选定，每个省市至少有一所高校参加。配合高校在牵头高校的统一协调指导下，完成各自工作任务。这样做的益处在于：一是有利于整合优势资源发挥整体效能；二是有利于京津冀各高校融合发展；三是有利于提升国际合作竞争力；四是有利于各高校间相互学习共同提高。

六、挂职交流常态化

高校高质量发展的关键是人才的竞争。京津冀各高校都在实施人才发展战略，采取各种措施争抢人才、培养人才、提升人才。在实施京津冀协同发展背景下，积极大胆推进京津冀各高校优秀人才相互挂职学习锻炼，既是培养提高人才能力水平的有效方式，又是推进协同发展的有效途径。三省市教育行政部门负责，制定京津冀高校优秀人才相互挂职中长期工作规划和年度工作计划，出台具体支持政策，提出有关工作要求，加大工作考核力度，确保挂职交流学习工作取得实效。各高校要积极配合支持，充分认识优秀人才挂职交流学习的重要性、紧迫性和科学性，选派最优秀最有培养前途的人才挂职交流学习，主动为挂职交流学习人员提供支持和方便，自觉为来学校挂职人员提供帮助。挂职交流学习工作要常态化，要经常总结挂职交流学习工作，分析存在问题，及时研究解决。要不断根据新形势、新任务、新要求改进工作。

七、理论研讨制度化

没有理论指导的实践是盲目的，没有经过实践的理论是没有价值的。因此，要推动京津冀高等教育协同发展必须加强理论研究，而且要制度化。要深入研究推动京津冀高等教育协同发展的重大意义、发展目标、重点任务、工作思路、工作举措等；要深入研究考评体系建设、各方合作主体积极性如何调动；要深入研究推动京津冀高等教育协同发展中出现的重大难题如何破解；要深入总结协同发展工作中出现的好大学、好经验、好做法；要深入研究如何建立协同发展的长效机制问题；等等。理论研讨要形成制度，由三省市教育行政部门负责，轮流牵头组织，每年举办一次，每次一个主题，三省市高校、相关政府部门以及企事业单位和专家学者参加。通过研讨形成理论成果和实践成果。特别要形成有价值的对策报告向省市政府以及相关部门建议，转化为具体支持或具体措施推动工作，还要总结出协同发展的先进模式广泛推广复制。

八、组织推动机制化

推动京津冀高等教育协同发展是一项复杂的系统工程，涉及面广、工作难度大，需要加强领导，统一谋划、统一部署、统一推进、统一督导、统一检查、统一评价、统一考核、统一奖惩。成立由三省市政府常务副职任组长、主管教育的副职为副组长的领导小组，教育、发改、科技、工信等部门主要领导参加。领导小组负责京津冀高等教育协同发展的总体谋划，工作任务布置，及时解决工作中出现的问题，推广先进经验，督导考核奖惩等。教育、发改、科技、工信等部门要从自身实际出发，充分发挥职能作用，深入推动京津冀高校协同发展。要压实高校责任，把京津冀高校协同发展中的工作成效作为考核的内容之一。各高校党委要承担起主体责任，精心谋划、周密组织、突出重点、强力推动、务求实效，不断开创京津冀高校协同发展新局面。

推动科技成果转化助力创新型河北建设研究

习近平总书记在党的十九大报告中指出："创新是引领发展的第一动力""加快建设创新型国家"。[1]习近平总书记高度重视科技创新，围绕科技创新作出一系列的重要论述，是指引我国实施创新驱动发展战略、建设创新型国家的根本遵循和行动指南。习近平总书记对河北的创新发展多次作出指示和批示，为河北带来了前所未有的战略机遇。河北省委、省政府坚决贯彻习近平总书记对河北工作的重要指示批示和党中央的决策部署，以前所未有的勇气和信心大力实施创新驱动发展战略和创新型河北建设，出台《关于加快科技创新建设创新型河北的决定》。在河北省科学技术奖励大会上，省委书记、省人大常委会主任王东峰指出，全省上下要坚持政治站位和把握发展大势，切实增强抓好科技创新的政治责任感和时代使命感，牢牢扭住科技创新"牛鼻子"，深入实施创新驱动发展战略，培育新动能，创造新供给，满足新需求，推动创新型河北建设迈出新步伐。省委副书记、省长许勤指出，深入实施科技创新三年行动计划，高质量制定"十四五"科技创新规划，提升经济发展的创新力和竞争力，为新时代建设创新型河北作出新贡献。在全省上下的不懈努力下，河北省加快走上创新驱动发展之路，推动经济实现内涵型增长和高质量发展，加快建设京津冀协同创新共同体，积极承接京津创新资源，加快推进"京津研发、河北转化"的综合创新生态体系。在科技创新引领下，河北持续深化科技体制机制改革，积极推进由科技管理向创新服务转变，科技成果转化的主动性、积极性明显提高，科技成果转化体制机制不断完善，转化方式

---

[1] 习近平：习近平代表第十八届中央委员会向大会作报告.新华网.[2017-10-19]

方法更加灵活，搭建各种交流平台不断丰富，鼓励科技创新政策力度不断加强，科技成果转化的数量越来越多、质量越来越优、结构越来越合理，对推动河北产业结构调整、经济社会高质量发展起到积极的促进作用。河北创新发展的实践，充分证明了只有认真贯彻落实习近平新时代中国特色社会主义思想，紧紧抓住科技创新这个"牛鼻子"，才能推动河北高质量发展。在推动创新河北建设中，应把推动科技成果转化作为重要抓手。

一、推动科技成果转化，助力创新型河北建设现状分析

为全面了解河北省科技成果转化现状，专门设计了科技成果转化的调查问卷，面向全省高校、科研院所、企业、政府及相关部门进行填写并作调研分析。其中高校、科研院所科技成果转化问卷共计填写 625 份，有效问卷 600 份；企业科技成果转化调查问卷共计填写 350 份，有效问卷 327 份。在问卷调查的过程中，我们与政府及相关部门负责人、高校、科研院所领导、科研工作者、一线教师、企业负责人、科技人员等召开了多次座谈会、研讨会，广泛听取政府、高校、科研院所、企业等相关专家、学者的意见，在充分吸收并总结各方意见、建议的基础上，认真分析全省科技成果转化的现状及制约科技成果转化的主要问题：

一是政府方面。推动科技成果转化政策解读宣传落实不到位，相关政策需要进一步落实；科技成果转化平台作用发挥不够；科技成果与市场需求脱节，供需双方对接渠道需畅通；科技成果转化资金支持不充分。

二是高校、科研院所方面。高校、科研院所科技成果转化发展不平衡，科技成果转化去向不平衡，主要体现在产业间、地域间、行业间；科技成果转化考核机制、激励机制不健全；高校、科研院所科技成果总数量有限，科技成果转化的数量少、质量不高；高校、科研院所科技成果在河北省转化数量较少。

三是企业方面。承接科技成果的企业能力不足，企业转化能力相对较弱，科研资金相对短缺，导致科技成果转化在中试、熟化阶段的效果相对较差；科技成果转化经济效益和社会效益不高，对同一相关产业拉动力偏低，带动就业低；企业科技人员对科技成果转化工作满意度低；等等。

（一）对河北省高校、科研院所人员填写科技成果转化情况问卷的分析

为了解全省高校、科研院所科技成果转化的现状，进一步提高河北省高校、科研院所科技成果在本省的转化率，我们组织开展河北省高校、科研院所科技成果转化情况专项调查问卷。本次问卷发放数量 650 份，有效回收 600 份，回收率 92.31%。下面对本次调查问卷进行详细分析。

1. 高校、科研院所人员对目前河北省高校科研院所的科研情况总体看法为满意。满意 172 人，占比 28.67%；较满意 277 人，占比 46.17%；不满意 60 人，占比 10%；不了解 91 人，占比 15.17%。（见图 1）

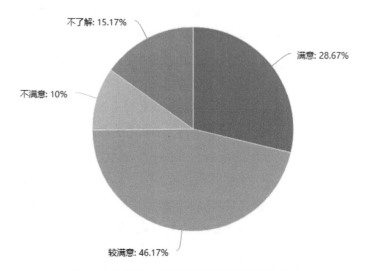

图1 全省高校、科研院所的科研情况满意度

2. 高校、科研院所人员对目前河北省科技成果转化政策的总体看法，满意 148 人，占比 24.67%；较满意 242 人，占比 40.33%；不满意 60 人，占比 10%；不了解 150 人，占比 25%。总体满意度达到 65%。（见图 2）

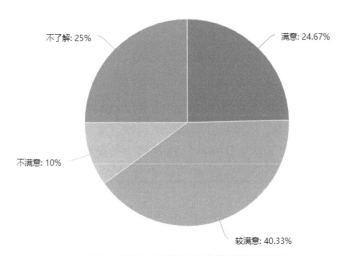

图2　科技成果转化的政策满意度情况

3. 高校、科研院所人员认为河北省高校、科研院所科技成果转化存在问题主要责任主体是政府和高校。认为责任主体应该是政府的 366 人，占比 61%；认为是高校的 352 人，占比 58.67%；认为是企事业单位的 289 人，占比 48.17%；认为是科研院所的 253 人，占比 42.17%；认为是其他的 135 人，占比 22.5%。[1]（见图 3）

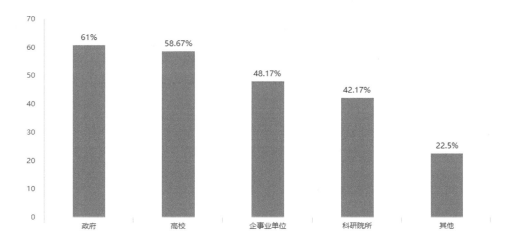

图3　科技成果转化存在的问题

---

[1] 占比总和超过 100%的问题为多选题，下同。

4. 高校、科研院所人员认为影响高校、科研院所等科技工作者为企业服务的主要原因是缺少为企业服务的平台和缺少相关政策支持。选择缺少为企业服务平台的 415 人，占比 69.17%；选择缺少相关政策支持的 397 人，占比 66.17%；选择缺少为企业服务的激励机制的 363 人，占比 60.5%；选择缺少高水平的科研成果的 323 人，占比 53.83%；选择缺乏参加经济活动的意识的 270 人，占比 45%；选择影响本职工作的 120 人，占比 20%；选择其他原因的 66 人，占比 11%。（见图 4）

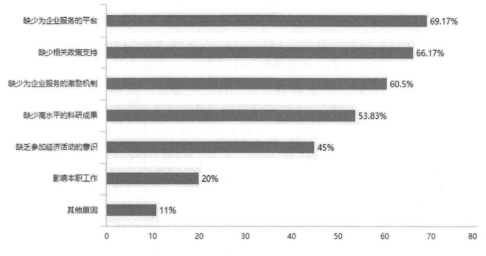

图4　影响科技工作者服务企业的原因

5. 高校、科研院所人员认为影响政府科技成果转化政策落实的主要原因是对政策了解不够和资金扶持力度有限。对政策不够了解 434 人，占比 72.33%；资金扶持力度有限 406 人，占比 67.67%；部门间政策不协调 285 人，占比 47.5%；环节过多 251 人，占比 41.83%；政策要求过高 216 人，占比 36%。（见图 5）

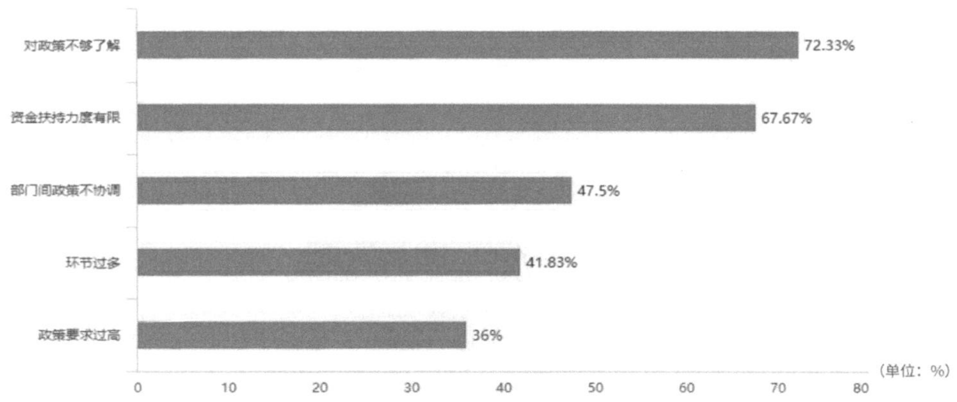

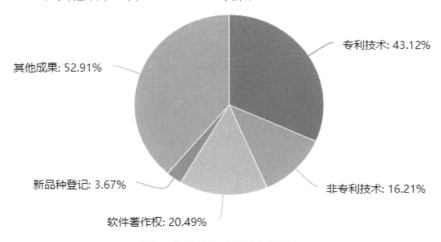

图5 科技成果转化政策落实情况

（二）对河北省企业人员填写科技成果转化情况问卷的分析

为了解河北省企业吸引高校、科研院所的科技成果转化的现状和需求，进一步提高企业与高校、科研院所科技成果转化率。组织开展河北省企业科技成果转化情况专项调查问卷，本次问卷发放数量350份，有效回收327份，回收率93.43%。本次调查问卷分析详细情况如下：

1. 企业科技成果主要类型以专利技术和其他成果较多。专利技术，占比43.12%；非专利技术，占比16.21%；软件著作权，占比20.49%；新品种登记，占比3.67%；其他成果，占比52.91%。（见图6）

图6 企业科技成果转化类型

2. 自主研发形式较多。企业科技成果主要形式有自主研发,占比 56.57%;联合研发,占比 31.8%;委托其他机构研发,占比 8.26%;其他形式,占比 31.19%。(见图 7)

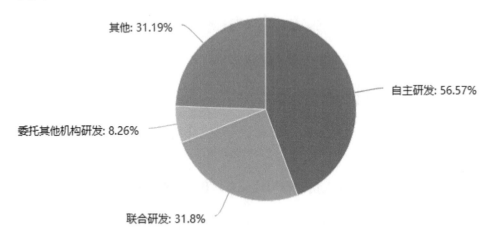

图7　企业科技成果形式

3. 企业科技成果转化主要形式以技术服务为主。企业科技成果转化主要形式为自主生产,占比 36.39%;技术入股,占比 12.54%;技术转让,占比 12.23%;技术服务,占比 42.2%;其他形式,占比 30.89%。(见图 8)

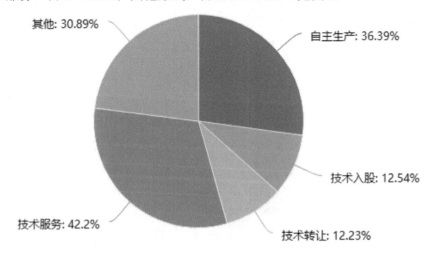

图8　企业科技成果转化形式

4. 企业人员对河北省科技成果转化政策的总体满意度较高,达到 79.81%。其中满意，占比 48.62%；较满意，占比 31.19%；不满意，占比 4.28%；不了解，占比 15.9%。（见图 9）

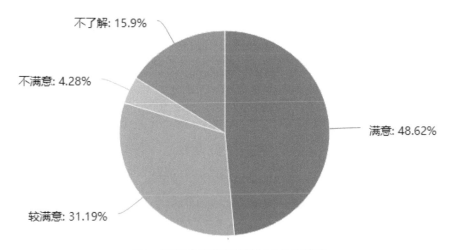

图9 科技成果转化政策的总体满意度

5. 企业人员参与政府部门组织的科技成果转化对接活动参与度不高。选择参与较多者仅占34.56%；选择参与较少者，占比35.78%；未参与者占比6.12%；不了解者占比23.55%。因此，应提升企业的参与度，加强宣传力度、搭建更多平台。（见图 10）

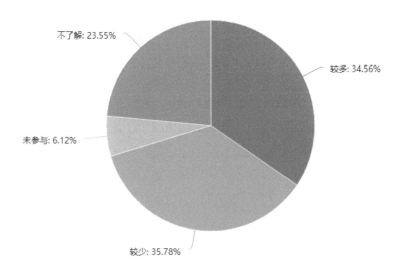

图10 科技成果转化对接活动情况

6. 企业人员对科技成果转化享受政策优惠不够了解，享受优惠政策不多，应加强对科技成果转化的优惠政策的宣传、解读、落实力度。填写人员对所在企业科技成果转化享受政策优惠的情况：享受较多，占比 23.55%；享受较少，占比 32.72%；未享受，占比 6.73%；不了解，占比 37%。享受过科技成果转化政策优惠的企业共占 56.27%，不了解和未享受科技成果转化政策优惠的企业共占 43.73%。（见图 11）

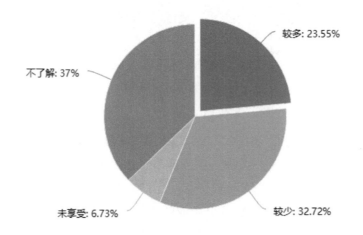

图11　企业享受科技成果转化优惠政策情况

7. 分析结果显示企业科技成果转化的资金主要来源于自有资金投入、合作方资金投入和政府资金支持。企业科技成果转化的资金主要来源问卷统计结果如下：自有资金投入 158 人，占比 48.32%；合作方资金投入 118 人，占比 36.09%；政府资金支持 115 人，占比 35.17%；其他 74 人，占比 22.63%；风险投资公司投入 55 人，占比 16.82%；银行借贷 55 人，占比 16.82%；融资 53 人，占比 16.21%。（见图 12）

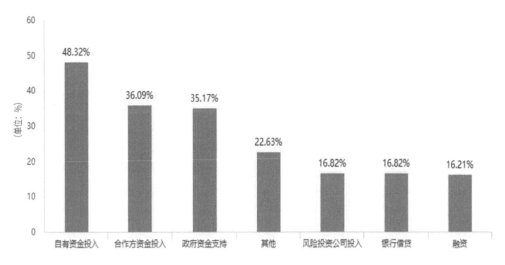

图12　企业科技成果转化的资金主要来源

二、借鉴科技成果转化先进经验，助力创新型河北建设

推动科技成果转化是各级政府十分关注的课题，是各高等院校、科研院所不断探索的难题，也是企事业单位期盼解决的问题。对科技成果转化问题都有许多有效创新和成功实践。现对各地近年来科技成果转化成功案例进行综合分析，选择以下典型案例参考借鉴。

（一）实施专利许可提高科技成果转化率

通过实施专利许可，深化校企合作，共推知识产权产业化，提高科技成果转化效率。燕山大学与内蒙古包钢稀土集团基于稀土镁镍基储氢合金电极材料制备技术研究，建立了合作关系，并签订技术开发合同 10 项，累计合作经费到款 800 余万元。通过专利许可，双方合作开发，该项技术成熟度和市场化前景得到进一步提高，燕山大学和内蒙古包钢稀土集团联合中科院包头稀土研发中心利用该技术孵化了一家新能源科技型企业。这是我国具有自主知识产权的第一条新型稀土储氢合金生产线。据 2020 年 4 月 10 日《科技日报》对该项技术报道："该企业新型稀土镁镍基储氢合金电极生产线已经开始正常运转，生产线产能为 200 吨，目前生产的 280 千克电极成品已经进入市场。"

（二）促进专利转让推动产业升级

推动专利转让，实现知识产权转化。燕山大学白振华教授团队在板形控制及自动化领域进行了大量创新性工作。经过多年全方位的技术攻关，有力地推动了行业进步。白振华教授主持该领域的企业科技攻关项目50余项，合同额超1700万元，取得了多项主要创新性成果：一是提出了虚拟板形控制理论，开发出了虚拟板形仪及其闭环控制系统，在国内外首次实现了冷轧板带在冷连轧、连续退火、二次冷轧及平整等工艺段全流程板形预报、在线动态显示与多层闭环协调精确控制。二是首次提出了高速稳定轧制与表面质量综合控制指标、辊端压靠软测量方法以及卷取过程螺旋形开口弹性组合筒各向异性分析理论，开发了气雾混合与油水管道混合的轧制润滑技术，形成了一整套高品质带钢轧制技术。三是首次提出了跑偏因子、瓢曲指数新概念，开发了连退机组炉内板带跑偏与瓢曲综合控制技术。上述研究成果形成了多项自主知识产权，其中授权发明专利共计72项，软件著作权100余项，燕山大学知识产权运营部门对上述专利进行筛选，找出潜在的可转化专利，形成专利族与专利群，向相关企业介绍该项技术的核心技术和知识产权布局情况。邀请企业管理人员和技术人员进行洽谈，安排课题组研发人员和企业人员就相关技术问题进行重点洽谈，最大程度上促成专利转化。通过大力推动专利转让，成功地实现了其中54项专利的落地转化，专利转化交易额近300万元，并将此项关键技术成功推广应用到梅山钢铁股份有限公司、山东冠洲股份有限公司、唐山市德龙钢铁有限公司、唐山格诺金属科技有限公司等企业的15条冷连轧生产线、20条平整生产线、10条卷取机组、12条退火生产线、2条二次冷轧生产线，提高了产品质量与生产效率，并出口到美国、欧洲以及东南亚等国家和地区，近三年共生产超薄宽幅高品质板带1311.3万吨、实现出口767.8万吨，创直接经济效益143.06亿元。

（三）鼓励创造发明专利助力创新发展

通过了解产业技术需求为专利布局、专利转化运用提供切实有效的信息。将专利等知识产权成果作为重要的孵化对象，积极挖掘高价值的专利成果助力转化。燕山大学机械学院王洪波教授团队长期致力于医疗康复机器人的研发，在该领域拥有30多项发明专利。其中，多自由度下肢康复机器人能够完成对下肢运动功能障碍患者进行矢状面内髋关节、膝关节和踝关节的康复训练。目前已经制作出第四代多自由度下肢康复机器人实验样机，具有国内领先和国际先进水平，该方面研究成果共授权发明专利 13 项。鉴于其良好的转化前景，学校将该成果作为重点转化培育对象。首先由学校知识产权信息服务中心对该成果相关领域的专利申请趋势、技术构成、专利强度、技术研究热点以及主要申请人等方面进行多维度分析，并对医疗康复机器人研究领域关键技术攻关，创新技术检索、专利研究等方面给予支持和帮助。同时，依托学校人工智能与机器人特色产业研究院，为该项成果转化提供技术发展趋势、政策支持信息等方面的咨询服务。另外，积极组织团队参加具有创新创业类比赛和行业影响力的成果展会，团队作品"智能下肢康复训练机器人"多次荣获机器人领域创新创业大赛奖项，组织该项目组携带产品样机多次参加"中国国际工业博览会""高校科技成果交易会"等科技成果展会，对产品起到了很好的宣传推介作用。2019 年，康复机器人项目被学校设立为科技成果产业化重点项目，在创业空间和补助资金方面给予一定的支持，学校还积极联系相关投资机构，为项目融资提供相关服务，目前该项目产品已经达到小规模量产水平。为不断加快该项成果的产业化进程，学校的知识产权运营部门协助团队进行了深入的市场调研和专业的市场分析，将康复机器人定位于全国的三甲医院康复科与康复社区医院，以北京地区的三甲医院康复科为主，逐步扩大市场范围。初期的主要目标市场是北京医院的康复科和康复社区医院，主要的客户群体为脑卒中、脑损伤、脊髓损伤和骨折损伤的运动功能障碍患者。学校知识产权运营部门和团队成员多次赴北京多所医院对接交流，进行产品推介，目前已经与北京某医院达成合作意向，初期的产品推广主要是扩大产品的市场影响力，推销的重点放在产品的功能和该产品能满足的需要等方面。鉴于该项目拥有技术水平领先的自主知识产权，该产品将具备较强的核心竞争力和很好的盈利能力，项目整体投资小收益大。

三、推动科技成果转化助力创新河北建设对策建议

通过对河北省高校、科研院所、企业和政府部门在科技成果转化工作方面进行

调研学习，分析河北科技成果转化现状及问题，对科技成果转化提出以下对策建议。

（一）搭建校企合作平台

一是建立校企合作信息交流网络平台。通过科技成果推介会，组织高校、科研院所科研人员到企业进行技术指导等形式搭建校企合作平台，促进科技成果转化。二是学校、科研院所与大型企事业单位建立技术合作对接交流的平台。进一步提升与地方政府、行业的合作层次与水平，积极推动科研成果与地方产业发展紧密对接。三是建设一批专业化、特色化的创新成果转化平台。引进和培育一批具有国内影响力的优秀科技服务机构，支持技术转移机构专业化、市场化发展。

（二）建立中试基地和校办科技产业

政府推动高校、科研院所创办中试基地和校办科技产业，优化转移转化环境，为高校、科研院所配套，解决高校、科研院所中试物理空间受限的难题，使高校、科研院所科技成果从实验室里走出来，服务科技成果转化。由于部分高校、科研院所自身条件的限制，无法进行中试，企业投资意愿较低，最终无法实现真正转化。建议政府采用财政引导，促使企业积极投入科技成果中试环节，最终将这些有转化潜能的成果实现商业转化。

（三）出台科技成果转化的利好政策

一是设立补助项目支持。摸清各高校、科研院所优势专业领域，设立补助项目，遴选转化率高、市场前景好的科技成果进行培育，有针对性地引导、扶持高校、科研院所科研团队，加快推动科技成果转移转化。二是政府以企业为中心，发挥政策主导作用，进一步提升企业对科技创新工作的参与度和积极性。目前，受传统产业结构和市场环境影响，企业技术消化和创新能力明显不足，并没有真正成为技术转移体系的主体。三是对科技成果转化团队、创新创业团队等进行有针对性的辅导和培训，提高政策实施的针对性和有效性。梳理政策条文，细化操作指南，让政策看得到、拿得到，优化科技成果转化环境。四是政府加大专项资金投资力度。目前河北省科技计划项目中虽然设置了此类项目，但最终获批的数量和经费较少，建议政府加大资金投入力度。

（四）定期组织高校科研院所专家企业行活动

一是组织相关高校、科研院所科研人员深入企业一线，围绕企业产品发展方向和生产实际，挖掘企业真正的技术需求和成果需求，开展有目的的科技成果研发、创造和新技术开发，结合产业需求把握科研立项方向，使科技成果和技术能真正为企业解决技术问题，给企业带来实际效益，进而促进科技成果转化。二是政府应通过培训或科技特派员等多种形式，提高企业管理者创新意识和创新能力，提升企业科技工作人员的技术水平和能力，提供政策咨询服务，帮助更多企业了解熟知科技成果转化的流程，提高企业科技创新的意识和能力，保障成果得以有效运用，使企业真正享受到高校、科研院所的科研成果带来的实际效益。

（五）高校科研院所建立完善的科技成果转化综合体系

高校、科研院所成立专门推动科技成果转化工作领导小组，由高校、科研院所领导担任组长，分管领导、办公室、科研部门、人事部门、财务部门、资产部门等单位负责人组成，全面统筹高校、科研院所科技成果转化工作。明确高校、科研院所科技成果转化过程中申报和审批程序、奖励政策、收益分配原则、承担的权利、义务以及相应的法律责任等。

（六）完善科技成果转化的中介服务环节

完善科技成果转化的中介服务环节是提升科技成果转化率的核心环节。应进一步规范管理科技中介机构的服务，通过多种方式提高中介机构的专业化水平，精准定位市场需求，以市场需求为导向，从市场实际需求出发开展科技成果转化中介服务，逐步建立健全科技成果转化中介机构的服务体系，为科技成果转化过程中的各方提供优化、便利的环境，成为科技成果转化的助推器。

（七）高校科研院所加大科技成果转化工作的支持力度

一是思维观念的改变。高校、科研院所应注重对科研人员正确看待科研成果的观念的引导，当前高校、科研院所大部分科研人员对研究成果的社会价值和经济效益考虑不多，对研究成果在市场中的实用性和可行性并不了解。所以高校、科研院所应加大对科技成果转化的科研人员奖励力度，特别要重奖在河北转化的科技成果。二是对科研工作加大资金投入，逐步提高科研人员能力和水平，进一步使高校、科研院所科技成果数量增多、质量更优，促进自身内涵建设，提升学校的社会影响力。三是与企业、科技部门建立信息沟通机制。高校科研院所或者负责科技成果转化部门主动与企业对接，了解企业技术需求，产业结构调整，有针对性地开展科研工作；高校、科研院所定期组织科研人员参与科技工作部门组织的各类会议和各项活动；科技部门征集科研课题项目，要积极认真组织科研人员参与、研究并提出研究方向；科技部门组织开展科技特派员工作，高校、科研院所应高度重视，充分发挥本单位专业优势、人才优势、信息优势，组织一批专业性强、责任心强、科研能力强的队伍参与。

（2021 年 11 月，本文收录在《第十六届河北省社会科学学术年会论文集》，作者作大会主题发言）

产教融合政策文件导读

本部分在对全国推动产教融合工作出台的系列政策文件进行深入、系统、全面的学习研究基础上，以《国务院办公厅关于深化产教融合的若干意见》《国家产教融合建设试点实施方案》等政策文件为例，运用思维导图将政策文件内容以图文并茂的层级形式呈现，以突出文件内容的关键点、条理性、逻辑性、系统性。为高校、行业企业及政府相关部门更深入理解掌握、贯彻落实深化产教融合政策文件精神提供创新研读方法，对进一步深化产教融合工作具有十分重要的意义。

图解《国务院办公厅关于
深化产教融合的若干意见》

导图1　《国务院办公厅关于深化产教融合的若干意见》

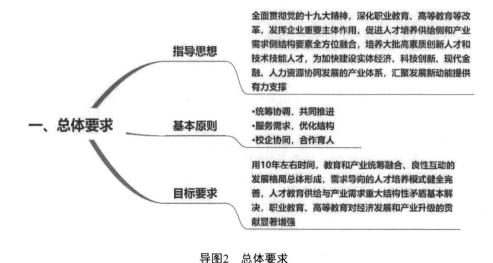

导图2　总体要求

一、总体要求

指导思想
全面贯彻党的十九大精神，深化职业教育、高等教育等改革，发挥企业重要主体作用，促进人才培养供给侧和产业需求侧结构要素全方位融合，培养大批高素质创新人才和技术技能人才，为加快建设实体经济、科技创新、现代金融、人力资源协同发展的产业体系，汇聚发展新动能提供有力支撑

基本原则
·统筹协调，共同推进
·服务需求，优化结构
·校企协同，合作育人

目标要求
用10年左右时间，教育和产业统筹融合、良性互动的发展格局总体形成，需求导向的人才培养模式健全完善，人才教育供给与产业需求重大结构性矛盾基本解决，职业教育、高等教育对经济发展和产业升级的贡献显著增强

二、构建教育和产业统筹融合发展格局

同步规划产教融合与经济社会发展
·在经济社会发展纲要中同步明确产教融合的发展要求
·将教育优先、人才先行融入各项政策

统筹职业教育与区域发展布局
·统筹职业教育与区域发展布局
·探索差别化职业教育发展路径

促进高等教育融入国家创新体系和新型城镇化建设
·发挥"双一流"对国家区域创新中心发展的支撑引领作用
·构建梯次有序、功能互补、资源共享、合作紧密的产教融合网络

推动学科专业建设与产业转型升级相适应
·建立紧密对接产业链、创新链的学科专业体系
·推进标准化、规范化、品牌化建设
·促进学科专业交叉融合，加快推进新工科建设

健全需求导向的人才培养结构调整机制
·加快推进教育"放管服"改革
·将市场供求比例、就业质量作为学校设置调整学科专业，确定培养规模的重要依据

导图3　构建教育和产业统筹融合发展格局

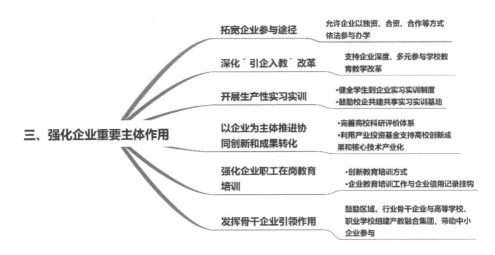

导图4 强化企业重要主体作用

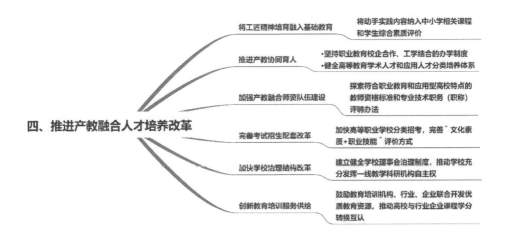

导图5 推进产教融合人才培养改革

导图6　促进产教供需双向对接

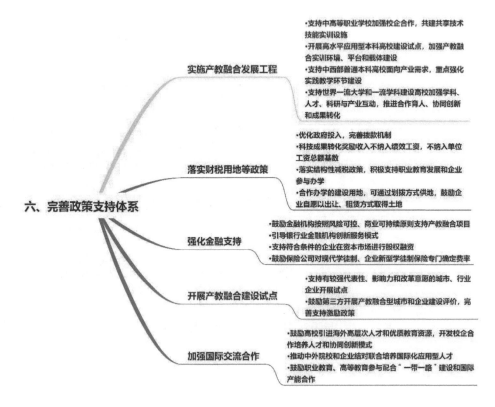

导图7　完善政策支持体系

七、组织实施	强化工作协调	·加强组织领导、协同联动，推进工作落实
		·各省级人民政府要结合本地实际制定具体实施办法
	营造良好环境	做好宣传动员和舆论引导，积极营造产教融合的良好氛围

导图8　组织实施

国务院办公厅关于深化产教融合的若干意见

　　进入新世纪以来，我国教育事业蓬勃发展，为社会主义现代化建设培养输送了大批高素质人才，为加快发展壮大现代产业体系作出了重大贡献。但同时，受体制机制等多种因素影响，人才培养供给侧和产业需求侧在结构、质量、水平上还不能完全适应，"两张皮"问题仍然存在。深化产教融合，促进教育链、人才链与产业链、创新链有机衔接，是当前推进人力资源供给侧结构性改革的迫切要求，对新形势下全面提高教育质量、扩大就业创业、推进经济转型升级、培育经济发展新动能具有重要意义。为贯彻落实党的十九大精神，深化产教融合，全面提升人力资源质量，经国务院同意，现提出以下意见。

一、总体要求

　　（一）指导思想。

　　全面贯彻党的十九大精神，坚持以习近平新时代中国特色社会主义思想为指导，紧紧围绕统筹推进"五位一体"总体布局和协调推进"四个全面"战略布局，坚持以人民为中心，坚持新发展理念，认真落实党中央、国务院关于教育综合改革的决策部署，深化职业教育、高等教育等改革，发挥企业重要主体作用，促进人才培养供给侧和产业需求侧结构要素全方位融合，培养大批高素质创新人才和技术技能人才，为加快建设实体经济、科技创新、现代金融、人力资源协同发展的产业体系，增强产业核心竞争力，汇聚发展新动能提供有力支撑。

（二）原则和目标。

统筹协调，共同推进。将产教融合作为促进经济社会协调发展的重要举措，融入经济转型升级各环节，贯穿人才开发全过程，形成政府企业学校行业社会协同推进的工作格局。

服务需求，优化结构。面向产业和区域发展需求，完善教育资源布局，加快人才培养结构调整，创新教育组织形态，促进教育和产业联动发展。

校企协同，合作育人。充分调动企业参与产教融合的积极性和主动性，强化政策引导，鼓励先行先试，促进供需对接和流程再造，构建校企合作长效机制。

深化产教融合的主要目标是，逐步提高行业企业参与办学程度，健全多元化办学体制，全面推行校企协同育人，用 10 年左右时间，教育和产业统筹融合、良性互动的发展格局总体形成，需求导向的人才培养模式健全完善，人才教育供给与产业需求重大结构性矛盾基本解决，职业教育、高等教育对经济发展和产业升级的贡献显著增强。

二、构建教育和产业统筹融合发展格局

（三）同步规划产教融合与经济社会发展。制定实施经济社会发展规划，以及区域发展、产业发展、城市建设和重大生产力布局规划，要明确产教融合发展要求，将教育优先、人才先行融入各项政策。结合实施创新驱动发展、新型城镇化、制造强国战略，统筹优化教育和产业结构，同步规划产教融合发展政策措施、支持方式、实现途径和重大项目。

（四）统筹职业教育与区域发展布局。按照国家区域发展总体战略和主体功能区规划，优化职业教育布局，引导职业教育资源逐步向产业和人口集聚区集中。面向脱贫攻坚主战场，积极推进贫困地区学生到城市优质职业学校就学。加强东部对口西部、城市支援农村职业教育扶贫。支持中部打造全国重要的先进制造业职业教育基地。支持东北等老工业基地振兴发展急需的职业教育。加强京津冀、长江经济带城市间协同合作，引导各地结合区域功能、产业特点探索差别化职业教育发展路径。

（五）促进高等教育融入国家创新体系和新型城镇化建设。完善世界一流大学和一流学科建设推进机制，注重发挥对国家和区域创新中心发展的支撑引领作用。健全高等学校与行业骨干企业、中小微创业型企业紧密协同的创新生态系统，增强创新中心集聚人才资源、牵引产业升级能力。适应以城市群为主体的新型城镇化发展，合理布局高等教育资源，增强中小城市产业承载和创新能力，构建梯次有序、功能互补、资源共享、合作紧密的产教融合网络。

（六）推动学科专业建设与产业转型升级相适应。建立紧密对接产业链、创新链的学科专业体系。大力发展现代农业、智能制造、高端装备、新一代信息技术、生物医药、节能环保、新能源、新材料以及研发设计、数字创意、现代交通运输、高效物流、融资租赁、电子商务、服务外包等产业急需紧缺学科专业。积极支持家政、健康、养老、文化、旅游等社会领域专业发展，推进标准化、规范化、品牌化建设。加强智慧城市、智能建筑等城市可持续发展能力相关专业建设。大力支持集成电路、航空发动机及燃气轮机、网络安全、人工智能等事关国家战略、国家安全等学科专业建设。适应新一轮科技革命和产业变革及新经济发展，促进学科专业交叉融合，加快推进新工科建设。

（七）健全需求导向的人才培养结构调整机制。加快推进教育"放管服"改革，注重发挥市场机制配置非基本公共教育资源作用，强化就业市场对人才供给的有效调节。进一步完善高校毕业生就业质量年度报告发布制度，注重发挥行业组织人才需求预测、用人单位职业能力评价作用，把市场供求比例、就业质量作为学校设置调整学科专业、确定培养规模的重要依据。新增研究生招生计划向承担国家重大战略任务、积极推行校企协同育人的高校和学科倾斜。严格实行专业预警和退出机制，引导学校对设置雷同、就业连续不达标专业，及时调减或停止招生。

三、强化企业重要主体作用

（八）拓宽企业参与途径。鼓励企业以独资、合资、合作等方式依法参与举办职业教育、高等教育。坚持准入条件透明化、审批范围最小化，细化标准、简化流程、优化服务，改进办学准入条件和审批环节。通过购买服务、委托管理等，支持企业参与公办职业学校办学。鼓励有条件的地区探索推进职业学校股份制、混合所有制改革，允许企业以资本、技术、管理等要素依法参与办学并享有相应权利。

（九）深化"引企入教"改革。支持引导企业深度参与职业学校、高等学校教育教学改革，多种方式参与学校专业规划、教材开发、教学设计、课程设置、实习实训，促进企业需求融入人才培养环节。推行面向企业真实生产环境的任务式培养模式。职业学校新设专业原则上应有相关行业企业参与。鼓励企业依托或联合职业学校、高等学校设立产业学院和企业工作室、实验室、创新基地、实践基地。

（十）开展生产性实习实训。健全学生到企业实习实训制度。鼓励以引企驻校、引校进企、校企一体等方式，吸引优势企业与学校共建共享生产性实训基地。支持各地依托学校建设行业或区域性实训基地，带动中小微企业参与校企合作。通过探索购买服务、落实税收政策等方式，鼓励企业直接接收学生实习实训。推进实习实训规范化，保障学生享有获得合理报酬等合法权益。

（十一）以企业为主体推进协同创新和成果转化。支持企业、学校、科研院所围绕产业关键技术、核心工艺和共性问题开展协同创新，加快基础研究成果向产业技术转化。引导高校将企业生产一线实际需求作为工程技术研究选题的重要来源。完善财政科技计划管理，高校、科研机构牵头申请的应用型、工程技术研究项目原则上应有行业企业参与并制订成果转化方案。完善高校科研后评价体系，将成果转化作为项目和人才评价重要内容。继续加强企业技术中心和高校技术创新平台建设，鼓励企业和高校共建产业技术实验室、中试和工程化基地。利用产业投资基金支持高校创新成果和核心技术产业化。

（十二）强化企业职工在岗教育培训。落实企业职工培训制度，足额提取教育培训经费，确保教育培训经费60%以上用于一线职工。创新教育培训方式，鼓励企业向职业学校、高等学校和培训机构购买培训服务。鼓励有条件的企业开展职工技能竞赛，对参加培训提升技能等级的职工予以奖励或补贴。支持企业一线骨干技术人员技能提升，加强产能严重过剩行业转岗就业人员再就业培训。将不按规定提取使用教育培训经费并拒不改正的行为记入企业信用记录。

（十三）发挥骨干企业引领作用。鼓励区域、行业骨干企业联合职业学校、高等学校共同组建产教融合集团（联盟），带动中小企业参与，推进实体化运作。注重发挥国有企业特别是中央企业示范带头作用，支持各类企业依法参与校企合作。结合推进国有企业改革，支持有条件的国有企业继续办好做强职业学校。

四、推进产教融合人才培养改革

（十四）将工匠精神培育融入基础教育。将动手实践内容纳入中小学相关课程和学生综合素质评价。加强学校劳动教育，开展生产实践体验，支持学校聘请劳动模范和高技能人才兼职授课。组织开展"大国工匠进校园"活动。鼓励有条件的普通中学开设职业类选修课程，鼓励职业学校实训基地向普通中学开放。鼓励有条件的地方在大型企业、产业园区周边试点建设普职融通的综合高中。

（十五）推进产教协同育人。坚持职业教育校企合作、工学结合的办学制度，推进职业学校和企业联盟、与行业联合、同园区联结。大力发展校企双制、工学一体的技工教育。深化全日制职业学校办学体制改革，在技术性、实践性较强的专业，全面推行现代学徒制和企业新型学徒制，推动学校招生与企业招工相衔接，校企育人"双重主体"，学生学徒"双重身份"，学校、企业和学生三方权利义务关系明晰。实践性教学课时不少于总课时的50%。

健全高等教育学术人才和应用人才分类培养体系，提高应用型人才培养比重。推动高水平大学加强创新创业人才培养，为学生提供多样化成长路径。大力支持应用型本科和行业特色类高校建设，紧密围绕产业需求，强化实践教学，完善以应用型人才为主的培养体系。推进专业学位研究生产学结合培养模式改革，增强复合型人才培养能力。

（十六）加强产教融合师资队伍建设。支持企业技术和管理人才到学校任教，鼓励有条件的地方探索产业教师（导师）特设岗位计划。探索符合职业教育和应用型高校特点的教师资格标准和专业技术职务（职称）评聘办法。允许职业学校和高等学校依法依规自主聘请兼职教师和确定兼职报酬。推动职业学校、应用型本科高校与大中型企业合作建设"双师型"教师培养培训基地。完善职业学校和高等学校教师实践假期制度，支持在职教师定期到企业实践锻炼。

（十七）完善考试招生配套改革。加快高等职业学校分类招考，完善"文化素质+职业技能"评价方式。适度提高高等学校招收职业教育毕业生比例,建立复合型、创新型技术技能人才系统培养制度。逐步提高高等学校招收有工作实践经历人员的比例。

(十八)加快学校治理结构改革。建立健全职业学校和高等学校理事会制度,鼓励引入行业企业、科研院所、社会组织等多方参与。推动学校优化内部治理,充分体现一线教学科研机构自主权,积极发展跨学科、跨专业教学和科研组织。

(十九)创新教育培训服务供给。鼓励教育培训机构、行业企业联合开发优质教育资源,大力支持"互联网+教育培训"发展。支持有条件的社会组织整合校企资源,开发立体化、可选择的产业技术课程和职业培训包。推动探索高校和行业企业课程学分转换互认,允许和鼓励高校向行业企业和社会培训机构购买创新创业、前沿技术课程和教学服务。

五、促进产教供需双向对接

(二十)强化行业协调指导。行业主管部门要加强引导,通过职能转移、授权委托等方式,积极支持行业组织制定深化产教融合工作计划,开展人才需求预测、校企合作对接、教育教学指导、职业技能鉴定等服务。

(二十一)规范发展市场服务组织。鼓励地方政府、行业企业、学校通过购买服务、合作设立等方式,积极培育市场导向、对接供需、精准服务、规范运作的产教融合服务组织(企业)。支持利用市场合作和产业分工,提供专业化服务,构建校企利益共同体,形成稳定互惠的合作机制,促进校企紧密联结。

(二十二)打造信息服务平台。鼓励运用云计算、大数据等信息技术,建设市场化、专业化、开放共享的产教融合信息服务平台。依托平台汇聚区域和行业人才供需、校企合作、项目研发、技术服务等各类供求信息,向各类主体提供精准化产教融合信息发布、检索、推荐和相关增值服务。

(二十三)健全社会第三方评价。积极支持社会第三方机构开展产教融合效能评价,健全统计评价体系。强化监测评价结果运用,作为绩效考核、投入引导、试点开展、表彰激励的重要依据。

六、完善政策支持体系

（二十四）实施产教融合发展工程。"十三五"期间，支持一批中高等职业学校加强校企合作，共建共享技术技能实训设施。开展高水平应用型本科高校建设试点，加强产教融合实训环境、平台和载体建设。支持中西部普通本科高校面向产业需求，重点强化实践教学环节建设。支持世界一流大学和一流学科建设高校加强学科、人才、科研与产业互动，推进合作育人、协同创新和成果转化。

（二十五）落实财税用地等政策。优化政府投入，完善体现职业学校、应用型高校和行业特色类专业办学特点和成本的职业教育、高等教育拨款机制。职业学校、高等学校科研人员依法取得的科技成果转化奖励收入不纳入绩效工资，不纳入单位工资总额基数。各级财政、税务部门要把深化产教融合作为落实结构性减税政策，推进降成本、补短板的重要举措，落实社会力量举办教育有关财税政策，积极支持职业教育发展和企业参与办学。企业投资或与政府合作建设职业学校、高等学校的建设用地，按科教用地管理，符合《划拨用地目录》的，可通过划拨方式供地，鼓励企业自愿以出让、租赁方式取得土地。

（二十六）强化金融支持。鼓励金融机构按照风险可控、商业可持续原则支持产教融合项目。利用中国政企合作投资基金和国际金融组织、外国政府贷款，积极支持符合条件的产教融合项目建设。遵循相关程序、规则和章程，推动亚洲基础设施投资银行、丝路基金在业务领域内将"一带一路"职业教育项目纳入支持范围。引导银行业金融机构创新服务模式，开发适合产教融合项目特点的多元化融资品种，做好政府和社会资本合作模式的配套金融服务。积极支持符合条件的企业在资本市场进行股权融资，发行标准化债权产品，加大产教融合实训基地项目投资。加快发展学生实习责任保险和人身意外伤害保险，鼓励保险公司对现代学徒制、企业新型学徒制保险专门确定费率。

（二十七）开展产教融合建设试点。根据国家区域发展战略和产业布局，支持若干有较强代表性、影响力和改革意愿的城市、行业、企业开展试点。在认真总结试点经验基础上，鼓励第三方开展产教融合型城市和企业建设评价，完善支持激励政策。

（二十八）加强国际交流合作。鼓励职业学校、高等学校引进海外高层次人才和优质教育资源,开发符合国情、国际开放的校企合作培养人才和协同创新模式。探索构建应用技术教育创新国际合作网络,推动一批中外院校和企业结对联合培养国际化应用型人才。鼓励职业教育、高等教育参与配合"一带一路"建设和国际产能合作。

七、组织实施

(二十九)强化工作协调。加强组织领导,建立发展改革、教育、人力资源社会保障、财政、工业和信息化等部门密切配合,有关行业主管部门、国有资产监督管理部门积极参与的工作协调机制,加强协同联动,推进工作落实。各省级人民政府要结合本地实际制定具体实施办法。

(三十)营造良好环境。做好宣传动员和舆论引导,加快收入分配、企业用人制度以及学校编制、教学科研管理等配套改革,引导形成学校主动服务经济社会发展、企业重视"投资于人"的普遍共识,积极营造全社会充分理解、积极支持、主动参与产教融合的良好氛围。

图解《国家产教融合建设试点实施方案》

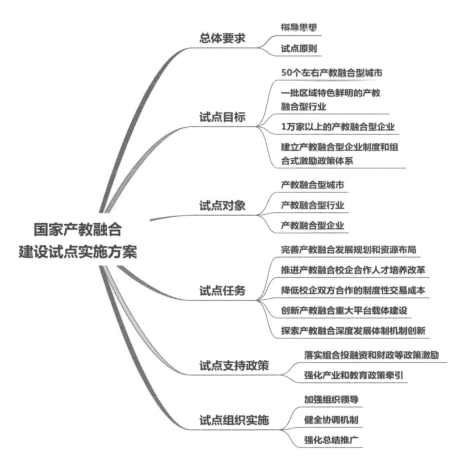

导图1　《国家产教融合建设试点实施方案》

指导思想　习近平新时代中国特色社会主义思想

总体要求

试点原则
- 统筹部署、协调推进
- 优化布局、区域协作
- 问题导向、改革先行
- 有序推进、力求实效

导图2　总体要求

试点目标
- 50个左右产教融合型城市
- 一批区域特色鲜明的产教融合型行业
- 1万家以上的产教融合型企业
- 建立产教融合型企业制度和组合式激励政策体系

导图3　试点目标

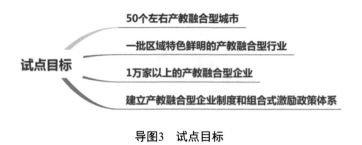

试点对象
- 产教融合型城市　　统筹资源政策，发挥改革综合承载作用
- 产教融合型行业　　面向重点产业，发挥行业聚合协调作用
- 产教融合型企业　　激活市场机制，发挥企业重要主体作用

导图4　试点对象

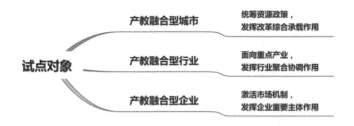

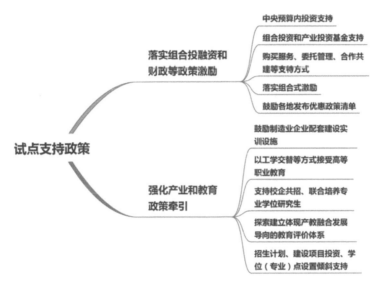

完善产教融合发展规划和资源布局

推进产教融合校企合作人才培养改革

降低校企双方合作的制度性交易成本

创新产教融合重大平台载体建设

探索产教融合深度发展体制机制创新

试点任务

导图5　试点任务

试点支持政策

落实组合投融资和财政等政策激励

中央预算内投资支持

组合投资和产业投资基金支持

购买服务、委托管理、合作共建等支持方式

落实组合式激励

鼓励各地发布优惠政策清单

强化产业和教育政策牵引

鼓励制造业企业配套建设实训设施

以工学交替等方式接受高等职业教育

支持校企共招、联合培养专业学位研究生

探索建立体现产教融合发展导向的教育评价体系

招生计划、建设项目投资、学位（专业）点设置倾斜支持

导图6　试点支持政策

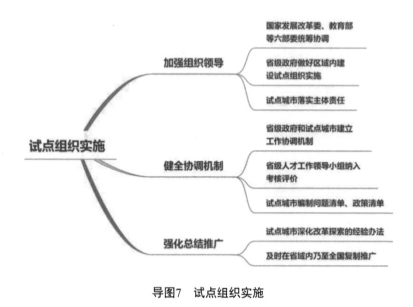

导图7 试点组织实施

国家产教融合建设试点实施方案

深化产教融合，促进教育链、人才链与产业链、创新链有机衔接，是推动教育优先发展、人才引领发展、产业创新发展、经济高质量发展相互贯通、相互协同、相互促进的战略性举措。为贯彻落实党中央、国务院关于深化产教融合改革部署，在全国统筹开展产教融合型城市、行业、企业建设试点，制定本实施方案。

一、总体要求

（一）指导思想。以习近平新时代中国特色社会主义思想为指导，全面贯彻党的十九大和十九届二中、三中全会精神，深入贯彻全国教育大会精神，坚持新发展理念，坚持发展是第一要务、人才是第一资源、创新是第一动力，把深化产教融合改革作为推进人力人才资源供给侧结构性改革的战略性任务，以制度创新为目标，平台建设为抓手，推动建立城市为节点、行业为支点、企业为重点的改革推进机制，促进教育和产业体系人才、智力、技术、资本、管理等资源要素集聚融合、优势互补，打造支撑高质量发展的新引擎。

（二）试点原则。

统筹部署、协调推进。坚持政府主导，发挥市场作用，形成各方协同共进的工作格局。充分发挥城市综合承载改革功能，以城市试点为基础，突出城企校联动，统筹开展行业、企业试点。

优化布局、区域协作。根据国家区域发展战略和产业布局，综合考虑区域发展水平，重点支持有建设基础、改革意愿、带动效应的城市开展试点。承担试点任务的东部地区城市，要围绕打赢脱贫攻坚战，开展结对帮扶和对口支援，带动中西部地区发展。

问题导向、改革先行。集中力量破除体制障碍、领域界限、政策壁垒，下力气打通改革落地的"最后一公里"。下好改革"先手棋"，健全制度供给和体制机制，重点降低制度性交易成本，推动实现全要素深度融合。

有序推进、力求实效。坚持实事求是、扶优扶强，根据条件成熟程度，分期开展建设试点，不搞平衡照顾，防止形成政策洼地。坚持因地因业制宜，促进建设试点与经济结构调整、产业转型升级紧密结合，推动经济发展质量变革、效率变革、动力变革。

二、试点目标

通过 5 年左右的努力，试点布局建设 50 个左右产教融合型城市，在试点城市及其所在省域内打造形成一批区域特色鲜明的产教融合型行业，在全国建设培育 1 万家以上的产教融合型企业，建立产教融合型企业制度和组合式激励政策体系。

通过试点，在产教融合制度和模式创新上为全国提供可复制借鉴的经验，建立健全行业企业深度参与职业教育和高等教育校企合作育人、协同创新的体制机制，推动产业需求更好融入人才培养过程，构建服务支撑产业重大需求的技术技能人才和创新创业人才培养体系，形成教育和产业统筹融合、良性互动的发展格局，基本解决人才供需重大结构性矛盾，教育对经济发展和产业升级的服务贡献显著增强。

三、试点对象

国家产教融合建设试点对象包括：

（一）产教融合型城市。从 2019 年起，在部分省、自治区、直辖市以及计划单列市，试点建设首批 20 个左右产教融合型城市。适时启动第二批试点，将改革向全国推开。试点城市应具有较强的经济产业基础支撑和相对集聚的教育人才资源，具有推进改革的强烈意愿，推出扎实有效的改革举措，发挥先行示范引领作用，确保如期实现试点目标。除计划单列市外，试点城市由省级政府推荐，直辖市推荐市辖区或国家级新区作为试点核心区。面向区域协调发展战略，统筹试点城市布局，中西部地区确定试点城市要适当考虑欠发达地区实际需求。

（二）产教融合型行业。省级政府在推动试点城市全面深化产教融合改革基础上，依托区域优势主导产业或特色产业集群，推进重点行业、重点领域深化产教融合，强化行业主管部门和行业组织在产教融合改革中的协调推动和公共服务职能，打造一批引领产教融合改革的标杆行业。

（三）产教融合型企业。积极建设培育一批深度参与产教融合、校企合作，在职业院校（含技工院校）、高等学校办学和深化改革中发挥重要主体作用，在提升技术技能人才和创新创业人才培养质量上发挥示范引领作用的产教融合型企业。

四、试点任务

在深化产教融合改革中，充分发挥试点城市承载、试点行业聚合、试点企业主体作用，结合深化国家职业教育改革，重点聚焦以下方面先行先试。

（一）完善产教融合发展规划和资源布局。健全产教融合与经济社会发展同步联动规划机制。在城市规划建设、产业园区开发、重大项目布局中，充分考虑教育和人力资源开发需求，将产教融合发展作为基础性要求融入相关政策，同步提出可操作的支持方式、配套措施和项目安排。有条件的地方要以新发展理念规划建设产教融合园区。大力调整优化职业教育布局，推进资源向产业和人口集聚区集中。开展东部对口西部、城市支援农村的职业教育扶贫，推动农村贫困地区学生到城市优质职业院校就学。

（二）推进产教融合校企合作人才培养改革。将培育工匠精神作为中小学劳动教育的重要内容。以生产性实训为关键环节，探索职业教育人才培养新模式。发挥企业重要主体作用，深度开展校企协同育人改革，推进职业院校人才培养与企业联盟、与行业联合、同园区联结，在技术类专业全面推行现代学徒制和企业新型学徒制。重点推动企业通过校企合作等方式构建规范化的技术课程、实习实训和技能评价标准体系，提升承担专业技能教学和实习实训能力，提高企业职工教育培训覆盖水平和质量，推动技术技能人才企业实训制度化。推动大企业参与职业教育和专业学位研究生教育办学，明显提高规模以上工业企业参与校企合作比例。健全需求导向的人才培养结构动态调整机制，建立紧密对接产业链、服务创新链的学科专业体系。推动高等学校和企业面向产业技术重大需求开展人才培养和协同创新，提高应用型人才培养比重。

（三）降低校企双方合作的制度性交易成本。重点解决校企合作信息不对称、对接合作不顺畅、评价导向不一致等突出问题。探索建设区域性产教融合信息服务平台，促进校企各类需求精准对接。常态化、制度化组织各类产教对接活动，推动院校向企业购买技术课程和实训教学服务，建立产业导师特设岗位，推动院校专任教师到企业定期实践锻炼制度化，促进校企人才双向交流。推进行业龙头企业牵头，联合职业院校、高等学校组建实体化运作的产教融合集团（联盟），搭建行业科研创新、成果转化、信息对接、教育服务平台，聚合带动各类中小企业参与。探索校企共建产教融合科技园区、众创空间、中试基地，面向小微企业开放服务。建设校企合作示范项目库。

（四）创新产教融合重大平台载体建设。创新实训基地建设和运行模式，试点城市要按照统筹布局规划、校企共建共享原则建设一批具有辐射引领作用的高水平、专业化产教融合实训基地。产教融合实训基地要更多依托企业建设，优先满足现代农业、先进制造业、战略性新兴产业以及家政、养老、健康、旅游、托育等社会服务产业人才需求。面向高质量发展的若干重点领域，推动"双一流"建设等高校、地方政府、行业企业共建产教融合创新平台，协同开展关键核心技术人才培养、科技创新和学科专业建设，打通基础研究、应用开发、成果转移和产业化链条。

（五）探索产教融合深度发展体制机制创新。健全以企业为重要主导、高校为重要支撑、产业关键核心技术攻关为中心任务的高等教育产教融合创新机制。完善现代学校和企业治理制度,积极推动双方资源、人员、技术、管理、文化全方位融合。围绕生产性实训、技术研发、检验检测关键环节,推动校企依法合资、合作设立实体化机构,实现市场化、专业化运作。

各地可在指导开展城市试点基础上,结合实际对省域内推开产教融合型行业、企业试点的具体任务做出规定,制定建设培育产教融合型企业的具体措施。省级政府要统筹资源配置,将承担试点任务、推进改革成效作为项目布局和投资安排的重要因素,积极加大投入,形成激励试点的政策导向和改革推力。开展国家产教融合型企业建设试点的中央企业、全国性特大型民营企业,组织实施工作由国家发展改革委、教育部会同有关7部门负责。

五、试点支持政策

(一)落实组合投融资和财政等政策激励。中央预算内投资支持试点城市自主规划建设产教融合实训基地,优先布局建设产教融合创新平台,对建设成效明显的省份和试点城市予以动态奖励。完善政府投资、企业投资、债券融资、开发性金融等组合投融资和产业投资基金支持,对重大项目跟进协调服务,吸引企业等社会力量参与建设。以购买服务、委托管理、合作共建等方式,支持企业参与职业院校办学或举办职业院校。试点企业兴办职业教育符合条件的投资,按规定投资额30%的比例抵免当年应缴教育费附加和地方教育附加。试点企业深化产教融合取得显著成效的,按规定纳入产教融合型企业认证目录,并给予"金融+财政+土地+信用"的组合式激励。全面落实社会力量举办教育可适用的各项财税、投资、金融、用地、价格优惠政策,形成清单向全社会发布。

(二)强化产业和教育政策牵引。鼓励制造业企业为新增先进产能和新上技术改造项目配套建设实训设施,加快培养产业技术技能人才。允许符合条件的试点企业在岗职工以工学交替等方式接受高等职业教育,支持有条件的企业校企共招、联合培养专业学位研究生。以完善"双一流"建设评价为先导,探索建立体现产教融合发展导向的教育评价体系,支持各类院校积极服务、深度融入区域和产业发展,推进产教融合创新。对成效明显的地方和高校在招生计划安排、建设项目投资、学位（专业）点设置等方面予以倾斜支持。

六、试点组织实施

（一）加强组织领导。国家发展改革委、教育部、人力资源社会保障部、财政部、工业和信息化部、国务院国资委等负责国家产教融合建设试点的政策统筹、协调推进。省级政府及相关部门做好区域内建设试点组织实施工作。试点城市要坚持党委领导、政府主导，落实主体责任，将试点任务分解到位、落实到事、责任到人。

（二）健全协调机制。省级政府和试点城市要建立工作协调机制，定期研究工作、及时解决问题。省级人才工作领导小组将深化产教融合改革纳入推进人才发展体制机制改革考核评价重要内容。试点城市要编制改革问题清单、政策清单，逐一落实。

（三）强化总结推广。试点城市通过深化改革探索出的经验办法，特别是建设产教融合型企业有效措施，应及时向省级政府有关部门报送，在省域内复制推广。具有重大示范效应的改革举措，由国家发展改革委、教育部等按程序报批，在全国复制推广。

图解《国家职业教育改革实施方案》

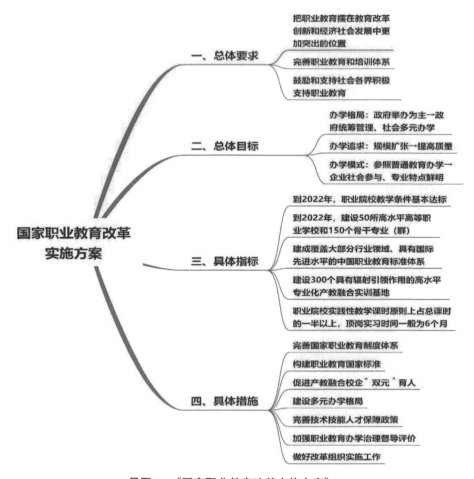

导图1　《国家职业教育改革实施方案》

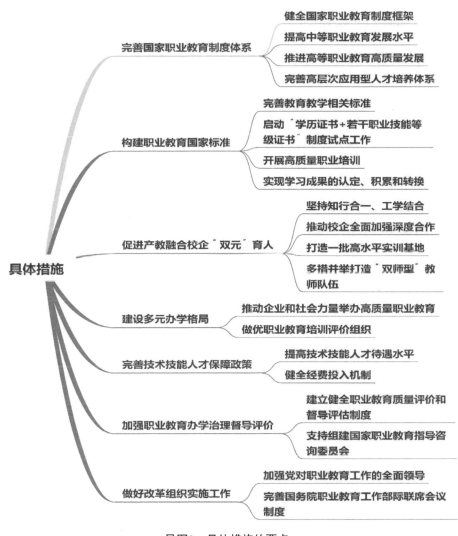

导图2　具体措施的要点

国家职业教育改革实施方案

职业教育与普通教育是两种不同教育类型，具有同等重要地位。改革开放以来，职业教育为我国经济社会发展提供了有力的人才和智力支撑，现代职业教育体系框架全面建成，服务经济社会发展能力和社会吸引力不断增强，具备了基本实现现代化的诸多有利条件和良好工作基础。随着我国进入新的发展阶段，产业升级和经济结构调整不断加快，各行各业对技术技能人才的需求越来越紧迫，职业教育重要地位和作用越来越凸显。但是，与发达国家相比，与建设现代化经济体系、建设教育强国的要求相比，我国职业教育还存在着体系建设不够完善、职业技能实训基地建设有待加强、制度标准不够健全、企业参与办学的动力不足、有利于技术技能人才成长的配套政策尚待完善、办学和人才培养质量水平参差不齐等问题，到了必须下大力气抓好的时候。没有职业教育现代化就没有教育现代化。为贯彻全国教育大会精神，进一步办好新时代职业教育，落实《中华人民共和国职业教育法》，制定本实施方案。

总体要求与目标：坚持以习近平新时代中国特色社会主义思想为指导，把职业教育摆在教育改革创新和经济社会发展中更加突出的位置。牢固树立新发展理念，服务建设现代化经济体系和实现更高质量更充分就业需要，对接科技发展趋势和市场需求，完善职业教育和培训体系，优化学校、专业布局，深化办学体制改革和育人机制改革，以促进就业和适应产业发展需求为导向，鼓励和支持社会各界特别是企业积极支持职业教育，着力培养高素质劳动者和技术技能人才。经过 5~10 年左右时间，职业教育基本完成由政府举办为主向政府统筹管理、社会多元办学的格局转变，由追求规模扩张向提高质量转变，由参照普通教育办学模式向企业社会参与、专业特色鲜明的类型教育转变，大幅提升新时代职业教育现代化水平，为促进经济社会发展和提高国家竞争力提供优质人才资源支撑。

具体指标：到 2022 年，职业院校教学条件基本达标，一大批普通本科高等学校向应用型转变，建设 50 所高水平高等职业学校和 150 个骨干专业（群）。建成覆盖大部分行业领域、具有国际先进水平的中国职业教育标准体系。企业参与职业教育的积极性有较大提升，培育数以万计的产教融合型企业，打造一批优秀职业教育培训评价组织，推动建设 300 个具有辐射引领作用的高水平专业化产教融合实训基地。职业院校实践性教学课时原则上占总课时一半以上，顶岗实习时间一般为 6 个月。"双师型"教师（同时具备理论教学和实践教学能力的教师）占专业课教师总数超过一半，分专业建设一批国家级职业教育教师教学创新团队。从2019 年开始，在职业院校、应用型本科高校启动"学历证书+若干职业技能等级证书"制度试点（以下称 1+X 证书制度试点）工作。

一、完善国家职业教育制度体系

（一）健全国家职业教育制度框架

把握好正确的改革方向，按照"管好两端、规范中间、书证融通、办学多元"的原则，严把教学标准和毕业学生质量标准两个关口。将标准化建设作为统领职业教育发展的突破口，完善职业教育体系，为服务现代制造业、现代服务业、现代农业发展和职业教育现代化提供制度保障与人才支持。建立健全学校设置、师资队伍、教学教材、信息化建设、安全设施等办学标准，引领职业教育服务发展、促进就业创业。落实好立德树人根本任务，健全德技并修、工学结合的育人机制，完善评价机制，规范人才培养全过程。深化产教融合、校企合作，育训结合，健全多元化办学格局，推动企业深度参与协同育人，扶持鼓励企业和社会力量参与举办各类职业教育。推进资历框架建设，探索实现学历证书和职业技能等级证书互通衔接。

（二）提高中等职业教育发展水平

优化教育结构，把发展中等职业教育作为普及高中阶段教育和建设中国特色职业教育体系的重要基础，保持高中阶段教育职普比大体相当，使绝大多数城乡新增劳动力接受高中阶段教育。改善中等职业学校基本办学条件。加强省级统筹，建好办好一批县域职教中心，重点支持集中连片特困地区每个地（市、州、盟）原则上至少建设一所符合当地经济社会发展和技术技能人才培养需要的中等职业学校。指导各地优化中等职业学校布局结构，科学配置并做大做强职业教育资源。加大对民族地区、贫困地区和残疾人职业教育的政策、金融支持力度，落实职业教育东西协作行动计划，办好内地少数民族中职班。完善招生机制，建立中等职业学校和普通高中统一招生平台，精准服务区域发展需求。积极招收初高中毕业未升学学生、退役军人、退役运动员、下岗职工、返乡农民工等接受中等职业教育；服务乡村振兴战略，为广大农村培养以新型职业农民为主体的农村实用人才。发挥中等职业学校作用，帮助部分学业困难学生按规定在职业学校完成义务教育，并接受部分职业技能学习。

鼓励中等职业学校联合中小学开展劳动和职业启蒙教育，将动手实践内容纳入中小学相关课程和学生综合素质评价。

（三）推进高等职业教育高质量发展

把发展高等职业教育作为优化高等教育结构和培养大国工匠、能工巧匠的重要方式，使城乡新增劳动力更多接受高等教育。高等职业学校要培养服务区域发展的高素质技术技能人才，重点服务企业特别是中小微企业的技术研发和产品升级，加强社区教育和终身学习服务。建立"职教高考"制度，完善"文化素质+职业技能"的考试招生办法，提高生源质量，为学生接受高等职业教育提供多种入学方式和学习方式。在学前教育、护理、养老服务、健康服务、现代服务业等领域，扩大对初中毕业生实行中高职贯通培养的招生规模。启动实施中国特色高水平高等职业学校和专业建设计划，建设一批引领改革、支撑发展、中国特色、世界水平的高等职业学校和骨干专业（群）。根据高等学校设置制度规定，将符合条件的技师学院纳入高等学校序列。

（四）完善高层次应用型人才培养体系

完善学历教育与培训并重的现代职业教育体系，畅通技术技能人才成长渠道。发展以职业需求为导向、以实践能力培养为重点、以产学研用结合为途径的专业学位研究生培养模式，加强专业学位硕士研究生培养。推动具备条件的普通本科高校向应用型转变，鼓励有条件的普通高校开办应用技术类型专业或课程。开展本科层次职业教育试点。制定中国技能大赛、全国职业院校技能大赛、世界技能大赛获奖选手等免试入学政策，探索长学制培养高端技术技能人才。服务军民融合发展，把军队相关的职业教育纳入国家职业教育大体系，共同做好面向现役军人的教育培训，支持其在服役期间取得多类职业技能等级证书，提升技术技能水平。落实好定向培养直招士官政策，推动地方院校与军队院校有效对接，推动优质职业教育资源向军事人才培养开放，建立军地网络教育资源共享机制。制订具体政策办法，支持适合的退役军人进入职业院校和普通本科高校接受教育和培训，鼓励支持设立退役军人教育培训集团（联盟），推动退役、培训、就业有机衔接，为促进退役军人特别是退役士兵就业创业作出贡献。

二、构建职业教育国家标准

（五）完善教育教学相关标准

发挥标准在职业教育质量提升中的基础性作用。按照专业设置与产业需求对接、课程内容与职业标准对接、教学过程与生产过程对接的要求，完善中等、高等职业学校设置标准，规范职业院校设置；实施教师和校长专业标准，提升职业院校教学管理和教学实践能力。持续更新并推进专业目录、专业教学标准、课程标准、顶岗实习标准、实训条件建设标准（仪器设备配备规范）建设和在职业院校落地实施。巩固和发展国务院教育行政部门联合行业制定国家教学标准、职业院校依据标准自主制订人才培养方案的工作格局。

（六）启动 1+X 证书制度试点工作

深化复合型技术技能人才培养培训模式改革，借鉴国际职业教育培训普遍做法，制订工作方案和具体管理办法，启动 1+X 证书制度试点工作。试点工作要进一步发挥好学历证书作用，夯实学生可持续发展基础，鼓励职业院校学生在获得学历证书的同时，积极取得多类职业技能等级证书，拓展就业创业本领，缓解结构性就业矛盾。国务院人力资源社会保障行政部门、教育行政部门在职责范围内，分别负责管理监督考核院校外、院校内职业技能等级证书的实施（技工院校内由人力资源社会保障行政部门负责），国务院人力资源社会保障行政部门组织制定职业标准，国务院教育行政部门依照职业标准牵头组织开发教学等相关标准。院校内培训可面向社会人群，院校外培训也可面向在校学生。各类职业技能等级证书具有同等效力，持有证书人员享受同等待遇。院校内实施的职业技能等级证书分为初级、中级、高级，是职业技能水平的凭证，反映职业活动和个人职业生涯发展所需要的综合能力。

（七）开展高质量职业培训

落实职业院校实施学历教育与培训并举的法定职责，按照育训结合、长短结合、内外结合的要求，面向在校学生和全体社会成员开展职业培训。自 2019 年开始，围绕现代农业、先进制造业、现代服务业、战略性新兴产业，推动职业院校在 10 个左右技术技能人才紧缺领域大力开展职业培训。引导行业企业深度参与技术技能人才培养培训，促进职业院校加强专业建设、深化课程改革、增强实训内容、提高师资水平，全面提升教育教学质量。各级政府要积极支持职业培训，行政部门要简政放权并履行好监管职责，相关下属机构要优化服务，对于违规收取费用的要严肃处理。畅通技术技能人才职业发展通道，鼓励其持续获得适应经济社会发展需要的职业培训证书，引导和支持企业等用人单位落实相关待遇。对取得职业技能等级证书的离校未就业高校毕业生，按规定落实职业培训补贴政策。

（八）实现学习成果的认定、积累和转换

加快推进职业教育国家"学分银行"建设，从 2019 年开始，探索建立职业教育个人学习账号，实现学习成果可追溯、可查询、可转换。有序开展学历证书和职业技能等级证书所体现的学习成果的认定、积累和转换，为技术技能人才持续成长拓宽通道。职业院校对取得若干职业技能等级证书的社会成员，支持其根据证书等级和类别免修部分课程，在完成规定内容学习后依法依规取得学历证书。对接受职业院校学历教育并取得毕业证书的学生，在参加相应的职业技能等级证书考试时，可免试部分内容。从 2019 年起，在有条件的地区和高校探索实施试点工作，制定符合国情的国家资历框架。

三、促进产教融合校企"双元"育人

（九）坚持知行合一、工学结合

借鉴"双元制"等模式，总结现代学徒制和企业新型学徒制试点经验，校企共同研究制定人才培养方案，及时将新技术、新工艺、新规范纳入教学标准和教学内容，强化学生实习实训。健全专业设置定期评估机制，强化地方引导本区域职业院校优化专业设置的职责，原则上每 5 年修订 1 次职业院校专业目录，学校依据目录灵活自主设置专业，每年调整 1 次专业。健全专业教学资源库，建立共建共享平台的资源认证标准和交易机制，进一步扩大优质资源覆盖面。遴选认定一大批职业教育在线精品课程，建设一大批校企"双元"合作开发的国家规划教材，倡导使用新型活页式、工作手册式教材并配套开发信息化资源。每3年修订1次教材，其中专业教材随信息技术发展和产业升级情况及时动态更新。适应"互联网+职业教育"发展需求，运用现代信息技术改进教学方式方法，推进虚拟工厂等网络学习空间建设和普遍应用。

（十）推动校企全面加强深度合作

职业院校应当根据自身特点和人才培养需要，主动与具备条件的企业在人才培养、技术创新、就业创业、社会服务、文化传承等方面开展合作。学校积极为企业提供所需的课程、师资等资源，企业应当依法履行实施职业教育的义务，利用资本、技术、知识、设施、设备和管理等要素参与校企合作，促进人力资源开发。校企合作中，学校可从中获得智力、专利、教育、劳务等报酬，具体分配由学校按规定自行处理。在开展国家产教融合建设试点基础上，建立产教融合型企业认证制度，对进入目录的产教融合型企业给予"金融+财政+土地+信用"的组合式激励，并按规定落实相关税收政策。试点企业兴办职业教育的投资符合条件的，可按投资额一定比例抵免该企业当年应缴教育费附加和地方教育附加。厚植企业承担职业教育责任的社会环境，推动职业院校和行业企业形成命运共同体。

（十一）打造一批高水平实训基地

加大政策引导力度，充分调动各方面深化职业教育改革创新的积极性，带动各级政府、企业和职业院校建设一批资源共享，集实践教学、社会培训、企业真实生产和社会技术服务于一体的高水平职业教育实训基地。面向先进制造业等技术技能人才紧缺领域，统筹多种资源，建设若干具有辐射引领作用的高水平专业化产教融合实训基地，推动开放共享，辐射区域内学校和企业；鼓励职业院校建设或校企共建一批校内实训基地，提升重点专业建设和校企合作育人水平。积极吸引企业和社会力量参与，指导各地各校借鉴德国、日本、瑞士等国家经验，探索创新实训基地运营模式。提高实训基地规划、管理水平，为社会公众、职业院校在校生取得职业技能等级证书和企业提升人力资源水平提供有力支撑。

（十二）多措并举打造"双师型"教师队伍

从 2019 年起，职业院校、应用型本科高校相关专业教师原则上从具有 3 年以上企业工作经历并具有高职以上学历的人员中公开招聘，特殊高技能人才（含具有高级工以上职业资格人员）可适当放宽学历要求，2020 年起基本不再从应届毕业生中招聘。加强职业技术师范院校建设，优化结构布局，引导一批高水平工科学校举办职业技术师范教育。实施职业院校教师素质提高计划，建立 100 个"双师型"教师培养培训基地，职业院校、应用型本科高校教师每年至少 1 个月在企业或实训基地实训，落实教师 5 年一周期的全员轮训制度。探索组建高水平、结构化教师教学创新团队，教师分工协作进行模块化教学。定期组织选派职业院校专业骨干教师赴国外研修访学。在职业院校实行高层次、高技能人才以直接考察的方式公开招聘。建立健全职业院校自主聘任兼职教师的办法，推动企业工程技术人员、高技能人才和职业院校教师双向流动。职业院校通过校企合作、技术服务、社会培训、自办企业等所得收入，可按一定比例作为绩效工资来源。

四、建设多元办学格局

（十三）推动企业和社会力量举办高质量职业教育

各级政府部门要深化"放管服"改革，加快推进职能转变，由注重"办"职业教育向"管理与服务"过渡。政府主要负责规划战略、制定政策、依法依规监管。发挥企业重要办学主体作用，鼓励有条件的企业特别是大企业举办高质量职业教育，各级人民政府可按规定给予适当支持。完善企业经营管理和技术人员与学校领导、骨干教师相互兼职兼薪制度。2020 年初步建成 300 个示范性职业教育集团（联盟），带动中小企业参与。支持和规范社会力量兴办职业教育培训，鼓励发展股份制、混合所有制等职业院校和各类职业培训机构。建立公开透明规范的民办职业教育准入、审批制度，探索民办职业教育负面清单制度，建立健全退出机制。

（十四）做优职业教育培训评价组织

职业教育包括职业学校教育和职业培训，职业院校和应用型本科高校按照国家教学标准和规定职责完成教学任务和职业技能人才培养。同时，也必须调动社会力量，补充校园不足，助力校园办学。能够依据国家有关法规和职业标准、教学标准完成的职业技能培训，要更多通过职业教育培训评价组织（以下简称培训评价组织）等参与实施。政府通过放宽准入，严格末端监督执法，严格控制数量，扶优、扶大、扶强，保证培训质量和学生能力水平。要按照在已成熟的品牌中遴选一批、在成长中的品牌中培育一批、在有需要但还没有建立项目的领域中规划一批的原则，以社会化机制公开招募并择优遴选培训评价组织，优先从制订过国家职业标准并完成标准教材编写，具有专家、师资团队、资金实力和 5 年以上优秀培训业绩的机构中选择。培训评价组织应对接职业标准，与国际先进标准接轨，按有关规定开发职业技能等级标准，负责实施职业技能考核、评价和证书发放。政府部门要加强监管，防止出现乱培训、滥发证现象。行业协会要积极配合政府，为培训评价组织提供好服务环境支持，不得以任何方式收取费用或干预企业办学行为。

五、完善技术技能人才保障政策

（十五）提高技术技能人才待遇水平

支持技术技能人才凭技能提升待遇，鼓励企业职务职级晋升和工资分配向关键岗位、生产一线岗位和紧缺急需的高层次、高技能人才倾斜。建立国家技术技能大师库，鼓励技术技能大师建立大师工作室，并按规定给予政策和资金支持，支持技术技能大师到职业院校担任兼职教师，参与国家重大工程项目联合攻关。积极推动职业院校毕业生在落户、就业、参加机关事业单位招聘、职称评审、职级晋升等方面与普通高校毕业生享受同等待遇。逐步提高技术技能人才特别是技术工人收入水平和地位。机关和企事业单位招用人员不得歧视职业院校毕业生。国务院人力资源社会保障行政部门会同有关部门，适时组织清理调整对技术技能人才的歧视政策，推动形成人人皆可成才、人人尽展其才的良好环境。按照国家有关规定加大对职业院校参加有关技能大赛成绩突出毕业生的表彰奖励力度。办好职业教育活动周和世界青年技能日宣传活动，深入开展"大国工匠进校园""劳模进校园""优秀职校生校园分享"等活动，宣传展示大国工匠、能工巧匠和高素质劳动者的事迹和形象，培育和传承好工匠精神。

（十六）健全经费投入机制

各级政府要建立与办学规模、培养成本、办学质量等相适应的财政投入制度，地方政府要按规定制定并落实职业院校生均经费标准或公用经费标准。在保障教育合理投入的同时，优化教育支出结构，新增教育经费要向职业教育倾斜。鼓励社会力量捐资、出资兴办职业教育，拓宽办学筹资渠道。进一步完善中等职业学校生均拨款制度，各地中等职业学校生均财政拨款水平可适当高于当地普通高中。各地在继续巩固落实好高等职业教育生均财政拨款水平达到 12000 元的基础上，根据发展需要和财力可能逐步提高拨款水平。组织实施好现代职业教育质量提升计划、产教融合工程等。经费投入要进一步突出改革导向，支持校企合作，注重向中西部、贫困地区和民族地区倾斜。进一步扩大职业院校助学金覆盖面，完善补助标准动态调整机制，落实对建档立卡等家庭经济困难学生的倾斜政策，健全职业教育奖学金制度。

六、加强职业教育办学质量督导评价

（十七）建立健全职业教育质量评价和督导评估制度

以学习者的职业道德、技术技能水平和就业质量，以及产教融合、校企合作水平为核心，建立职业教育质量评价体系。定期对职业技能等级证书有关工作进行"双随机、一公开"的抽查和监督，从 2019 年起，对培训评价组织行为和职业院校培训质量进行监测和评估。实施职业教育质量年度报告制度，报告向社会公开。完善政府、行业、企业、职业院校等共同参与的质量评价机制，积极支持第三方机构开展评估，将考核结果作为政策支持、绩效考核、表彰奖励的重要依据。完善职业教育督导评估办法，建立职业教育定期督导评估和专项督导评估制度，落实督导报告、公报、约谈、限期整改、奖惩等制度。国务院教育督导委员会定期听取职业教育督导评估情况汇报。

（十八）支持组建国家职业教育指导咨询委员会

为把握正确的国家职业教育改革发展方向，创新我国职业教育改革发展模式，提出重大政策研究建议，参与起草、制订国家职业教育法律法规，开展重大改革调研，提供各种咨询意见，进一步提高政府决策科学化水平，规划并审议职业教育标准等，在政府指导下组建国家职业教育指导咨询委员会。成员包括政府人员、职业教育专家、行业企业专家、管理专家、职业教育研究人员、中华职业教育社等团体和社会各方面热心职业教育的人士。通过政府购买服务等方式，听取咨询机构提出的意见建议并鼓励社会和民间智库参与。政府可以委托国家职业教育指导咨询委员会作为第三方，对全国职业院校、普通高校、校企合作企业、培训评价组织的教育管理、教学质量、办学方式模式、师资培养、学生职业技能提升等情况，进行指导、考核、评估等。

七、做好改革组织实施工作

（十九）加强党对职业教育工作的全面领导

以习近平新时代中国特色社会主义思想特别是习近平总书记关于职业教育的重要论述武装头脑、指导实践、推动工作。加强党对教育事业的全面领导，全面贯彻党的教育方针，落实中央教育工作领导小组各项要求，保证职业教育改革发展正确方向。要充分发挥党组织在职业院校的领导核心和政治核心作用，牢牢把握学校意识形态工作领导权，将党建工作与学校事业发展同部署、同落实、同考评。指导职业院校上好思想政治理论课，实施好中等职业学校"文明风采"活动，推进职业教育领域"三全育人"综合改革试点工作，使各类课程与思想政治理论课同向同行，努力实现职业技能和职业精神培养高度融合。加强基层党组织建设，有效发挥基层党组织的战斗堡垒作用和共产党员的先锋模范作用，带动学校工会、共青团等群团组织和学生会组织建设，汇聚每一位师生员工的积极性和主动性。

（二十）完善国务院职业教育工作部际联席会议制度

国务院职业教育工作部际联席会议由教育、人力资源社会保障、发展改革、工业和信息化、财政、农业农村、国资、税务、扶贫等单位组成，国务院分管教育工作的副总理担任召集人。联席会议统筹协调全国职业教育工作，研究协调解决工作中重大问题，听取国家职业教育指导咨询委员会等方面的意见建议，部署实施职业教育改革创新重大事项，每年召开两次会议，各成员单位就有关工作情况向联席会议报告。国务院教育行政部门负责职业教育工作的统筹规划、综合协调、宏观管理，国务院教育行政部门、人力资源社会保障行政部门和其他有关部门在职责范围内，分别负责有关的职业教育工作。各成员单位要加强沟通协调，做好相关政策配套衔接，在国家和区域战略规划、重大项目安排、经费投入、企业办学、人力资源开发等方面形成政策合力。推动落实《中华人民共和国职业教育法》，为职业教育改革创新提供重要的制度保障。

图解《河北省人民政府办公厅
关于深化产教融合的实施意见》

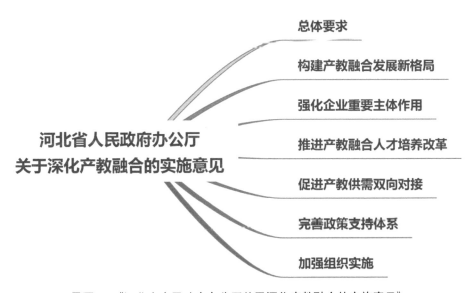

导图1　《河北省人民政府办公厅关于深化产教融合的实施意见》

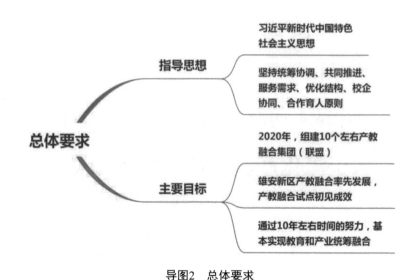

导图2　总体要求

同步规划产教融合与经济社会发展

统筹产教融合与区域发展布局

推动雄安新区产教融合发展

构建产教融合发展新格局　促进高等教育融入国家创新体系和新型城镇化建设

推动学科专业建设与产业转型升级相适应

健全需求导向的人才培养结构调整机制

导图3　构建产教融合发展新格局

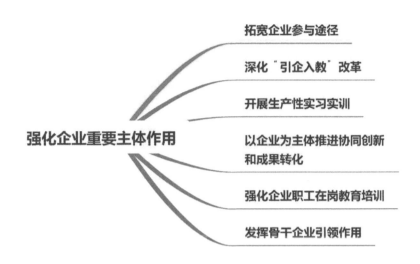

导图1 强化企业重要主休作用

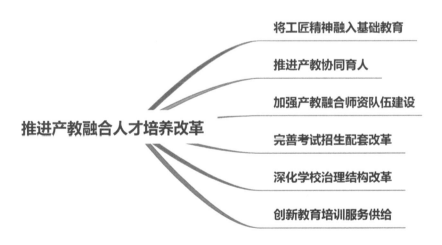

导图5 推进产教融合人才培养改革

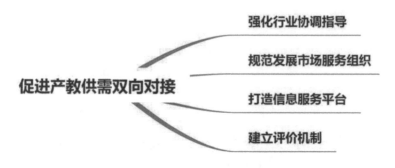

导图6　促进产教供需双向对接

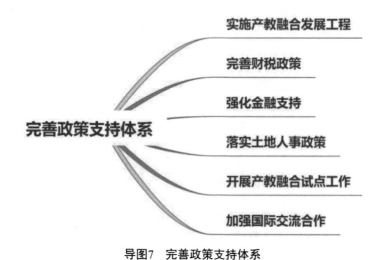

导图7　完善政策支持体系

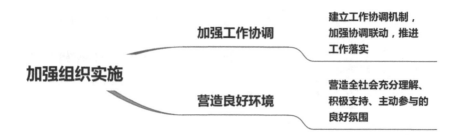

导图8　加强组织实施

河北省人民政府办公厅关于深化产教融合的实施意见

为贯彻落实《国务院办公厅关于深化产教融合的若干意见》（国办发〔2017〕95 号），深化产教融合体制机制改革，发挥企业重要主体作用，促进人才培养供给侧和产业需求侧结构要素全方位融合，结合河北实际，提出以下实施意见。

一、总体要求

（一）指导思想

全面贯彻落实党的十九大精神，以习近平新时代中国特色社会主义思想为指导，坚持统筹协调、共同推进、服务需求、优化结构、校企协同、合作育人原则，围绕推进京津冀协同发展、规划建设雄安新区、筹办北京冬奥会，为我省培养大批高素质创新人才和技术技能人才，为加快建设现代化产业体系，促进我省经济转型升级，全面推动高质量发展，推进新时代经济强省、美丽河北建设提供有力支撑。

（二）主要目标

逐步提高行业企业参与办学程度，健全多元化办学体制，构建校企合作长效机制，到 2020 年，组建 10 个左右产教融合集团（联盟），雄安新区产教融合率先发展，产教融合试点初见成效。通过 10 年左右时间的努力，基本实现教育和产业统筹融合，校企协同育人机制全面推行，需求导向人才培养模式健全完善，高等教育、职业教育对经济发展和产业升级的贡献显著增强。

二、构建产教融合发展新格局

（一）同步规划产教融合与经济社会发展

在制定和实施经济社会发展、区域发展、产业发展、城镇建设、生产力布局等规划时，明确产教融合发展要求，突出产教融合发展内容。将教育优先、人才先行融入各项政策，在实施科教兴冀、人才强省、创新驱动发展、乡村振兴、区域协调发展、可持续发展、军民融合发展、开放带动战略时，统筹优化教育与产业结构，同步规划产教融合发展政策措施、支持方式、实现途径和重大项目。（省发展改革委会同有关部门，各市（含定州、辛集市，下同）政府分工负责）

（二）统筹产教融合与区域发展布局

落实京津冀协同发展战略和主体功能区规划，优化职业教育布局，引导职业教育资源逐步向产业和人口集聚区集中，鼓励有条件的市加快现代职教园区建设，努力将曹妃甸区、渤海新区打造成全国重要的先进制造业职业教育基地。鼓励有条件的市引进京津高水平大学，共建具备人才培养集聚、科研成果转化等综合服务功能的创新服务基地，积极推进张家口市与华北电力大学广泛开展产学研合作，深入开展与天津中德应用技术大学交流合作，积极推进承德中德职业技术学院建设。依托重点园区，与京津共建一批产学研创一体化的重点实验室、工程技术中心和科研成果转化创新服务基地。推进开展燕山—太行山集中连片特困地区 22 个县、黑龙港流域及其他地区贫困县的技术技能人才对口支持培养计划；鼓励贫困地区初中毕业生到省内外经济较发达地区优质公办学校接受免费职业教育。（省教育厅、省发展改革委、省人力资源社会保障厅、省农业厅，各市政府分工负责）

（三）推动雄安新区产教融合发展

立足京津冀协同发展，适应雄安新区总体规划、功能布局和产业发展，积极推动京津高水平大学落户雄安，创建高水平大学，建设国家级实训基地。优化雄安新区职业教育布局，统一调节引导雄安新区职业教育资源共享，规划建设特色职教园区和社区学校。支持国内外行业龙头企业直接举办符合雄安新区发展要求的职业学校，或者与知名职业学校共建工程师学院及技术技能大师工作室等校企合作育人平台。探索创新德技并修、工学结合的育人新机制，支持行业企业参与人才培养全过程，开展校企联合招生、联合培养的现代学徒制订单班试点，探索校企合作长效机制。（雄安新区管委会负责）

（四）促进高等教育融入国家创新体系和新型城镇化建设

培养和引进一批活跃在国际或国内学术前沿、满足我省及国家重大战略需求的一流科学家、学科领军人物和创新团队，加强一流高等学校和一流学科建设，健全高等学校与行业骨干企业、中小微创业型企业紧密协同的创新生态系统，发挥对石保廊国家全面创新改革试验区和区域创新中心发展的支撑作用。把高等学校创新创业教育和学生创新创业活动与专业教育、教师科研及其成果转化有机结合起来，继续大力实施大学生创新创业训练计划项目，办好"互联网+"大学生创新创业大赛和各类学科创新竞赛活动，加快高等学校众创空间建设，每所高等学校至少创办一个众创空间。适应我省以京津冀城市群为主体的新型城镇化发展，鼓励高等学校在中小城市建设一批校企深度合作的研发机构和成果转化平台，增强中小城市产业承载和创新能力。（省教育厅、省科技厅、省发展改革委、省人力资源社会保障厅、各市政府分工负责）

（五）推动学科专业建设与产业转型升级相适应

大力发展大数据与物联网、信息技术制造业、生物医药健康、人工智能与智能装备、高端装备制造、新能源与智能电网装备、新能源汽车与智能网联汽车、新材料、先进环保和未来产业等10个领域战略性新兴产业急需紧缺学科专业。积极发展研发设计、数字创意、现代交通运输、高效物流、融资租赁、电子商务、服务外包等生产性服务业及家政、健康、养老、文化、旅游等生活性服务业所需学科专业，推进标准化、规范化、品牌化建设。加强智慧城市、智能建筑等城市可持续发展能力相关专业建设。大力支持集成电路、网络安全、人工智能等事关国家战略、国家安全等学科专业建设。适应新一轮科技革命和产业变革及新经济发展，促进学科专业交叉融合，加快推进新工科建设。（省教育厅、省人力资源社会保障厅、省发展改革委分工负责）

（六）健全需求导向的人才培养结构调整机制

加快推进教育领域"放管服"改革，完善高等学校学科专业设置机制，发挥市场机制配置非基本公共教育资源作用，强化就业市场对人才供给的有效调节。

编制并动态调整《河北省急需紧缺职业（工种）目录》，明确各职业工种紧缺程度并定期发布。进一步完善高等学校毕业生就业质量年度报告发布制度，注重发挥行业组织人才需求预测、用人单位职业能力评价作用，定期公布学科专业发展就业状况，把市场供求比例、就业质量作为学校设置调整学科专业、确定培养规模的重要依据。新增研究生招收计划向符合我省产业转型升级方向、承担重大战略任务、积极推行校企协同育人的高等学校和学科倾斜。除国家控制布点的专业外，高等学校自主设置《普通高等学校本科专业目录》内的专业，报教育部备案；自主设置高等职业教育(专科)专业，报省教育厅备案。（省教育厅、省人力资源社会保障厅分工负责）

三、强化企业重要主体作用

（一）拓宽企业参与途径

鼓励企业以独资、合资、合作等方式依法举办职业教育、高等教育。深化审批制度改革，制定准入条件负面清单，坚持准入条件透明化、审批范围最小化，改进办学审批环节，细化标准、简化流程、优化服务。通过购买服务、委托管理等，支持企业参与公办职业学校办学。（省教育厅、省人力资源社会保障厅，各市政府分工负责）

（二）深化"引企入教"改革

支持企业深度参与职业学校、高等学校教育教学改革，探索建立职业学校、高等学校和企业联合培养机制，共同制订培养目标、共同建设课程体系和确定教学内容、共同实施培养过程、共同评价培养质量。强化职业学校的骨干和特色专业与相关企业直接对接，促进企业需求融入人才培养的主要环节。推行面向企业真实生产环境的任务式培养模式。支持企业依托或联合职业学校、高等学校设立产业学院和企业工作室、实验室、创新基地、实践基地。（省教育厅、省人力资源社会保障厅、省工业和信息化厅、省国资委分工负责）

（三）开展生产性实习实训

健全学生到企业实习实训制度。鼓励有条件的企业和职业学校、高等学校，以引校进企、引企驻校、校企一体等多种合作方式，共建共享一批生产性实训示范基地。支持各地依托职业学校建设行业或区域性实训基地，带动中小微企业参与校企合作。允许职业学校通过场地、设备租赁等方式与企业共建生产性实训基地。采取政府购买服务方式，落实税收政策，鼓励企业直接接收学生实习实训。推进实习实训规范化，制定实习实训合同范本，明确细化企业、学校、学生三方责任权利，确保学生享有获得合理报酬等合法权益。（省教育厅、省发展改革委、省人力资源社会保障厅、省总工会分工负责）

（四）以企业为主体推进协同创新和成果转化

支持企业牵头，联合高等学校、科研院所组建产业（技术）研究院、产业（技术）创新联盟等协同创新组织，重点加强 38 个面向行业产业和区域发展的省级协同创新中心、46 家校企共建的省级工程技术研究中心、28 家省级产业技术研究院建设。继续加强企业技术中心和高等学校技术创新平台建设，支持企业和高等学校共建产业技术实验室、中试和工程化基地，引导企业、高等学校、科研院所与京津相关单位共建一批新运行机制、新组织方式的研发机构，加强 12 家省级以上高等学校技术转移机构建设。在省科研项目和资金安排上，鼓励高等学校将企业生产一线实际需求作为工程技术研究选题的重要来源，有的放矢解决生产一线存在的问题。完善省、市财政科技计划管理，高等学校、科研机构牵头申请的应用型工程技术研究项目原则上应有行业企业参与并制订成果转化方案。鼓励省、市产业投资基金、风险投资基金支持高等学校创新成果和核心技术产业化。积极完善高等学校科研后评价体制机制，把应用型研究项目的成果转化作为项目和人才评价的一项重要内容。（省发展改革委、省教育厅、省科技厅、省财政厅分工负责）

（五）强化企业职工在岗教育培训

监督企业切实落实职工培训和继续教育制度，制定本单位职工培训计划，足额提取教育培训经费，确保教育培训经费 60%以上用于一线职工。将不按规定提取使用教育培训经费并拒不改正的行为记入企业信用记录。探索实施培训券制度，创新教育培训方式，支持企业向职业学校、高等学校和培训机构购买培训服务。深入实施"河北省职工现代职业素质提升工程"，大力提升职工的技术技能、学历层次、创新研发能力、创业就业能力、安全健康能力和综合职业素质。开展农民工学历与能力提升行动计划——"求学圆梦行动"。建立和完善职工技能大赛制度，有条件的企业可建立职工技能等级提升奖励制度。积极做好化解过剩产能转岗人员再就业培训工作。（省总工会、省人力资源社会保障厅分工负责）

（六）发挥骨干企业引领作用

围绕我省"三区一基地"建设和新兴产业发展，努力引进京津职业教育资源，重点在现代农业、支柱产业、战略性新兴产业、现代服务业等重点领域，推动行业骨干企业联合职业学校、高等学校组建 10 个左右产教融合集团（联盟），带动中小企业参与，推动实体化运作。注重发挥国有企业示范带动作用，支持各类企业依法参与校企合作。结合推进国有企业改革，支持有条件的国有企业继续办好做强职业学校。（省发展改革委、省工业和信息化厅、省农业厅、省商务厅、省卫生计生委、省文化厅、省旅游发展委、省国资委、省教育厅、省人力资源社会保障厅，相关行业协会分工负责）

四、推进产教融合人才培养改革

（一）将工匠精神融入基础教育

将动手实践内容纳入中小学相关课程和学生综合素质评价。加强学生劳动教育，开展生产实践体验，支持学校聘请劳动模范和高技能人才兼职授课。青少年社会综合实践教育机构，可聘请突出贡献技师、专业技术人员担任兼职教师，面向本地中小学生开展学习、体验、探究的职业启蒙和体验活动。依托"河北大工匠"推选宣传，组织实施工匠进校园、进课堂等活动。鼓励有条件的普通中学开设职业类选修课程，鼓励职业学校实训基地向普通中学开放。鼓励各地在国家级、省级重点开发区周边试点建设普职融通的综合高中。（省教育厅、省人力资源社会

保障厅、省总工会分工负责）

（二）推进产教协同育人

坚持职业教育校企合作、工学结合的办学制度，推进职业学校和企业联盟、与行业联合、同园区联结。探索"企业办班""教学工厂""生产实训一体化车间"等多种形式的合作办学。持续抓好国家现代学徒制试点工作，扩大"招生即招工，入企即入校、校企双师联合培养"为主要内容的企业新型学徒制试点范围，大力发展"校企双制、工学一体"的技工教育。建立校企技能人才培养联合机制。引导鼓励规模以上企业安排专门的机构和人员对接职业学校，为职业学校学生实习实训提供不少于企业技术工种岗位或服务、业务、管理等岗位总数 10% 的岗位。扎实稳妥地开展学生顶岗实习、工学交替和订单培养，加大实习实训在教学中的比重，实践性教学课时不少于总课时的 50%。（省教育厅、省人力资源社会保障厅分工负责）

健全高等教育学术人才和应用人才分类培养体系。积极引导本科院校向应用型高等学校转型发展，鼓励独立学院转设为应用型高等学校，逐步提高应用型人才培养比重。打造"高职冀军"品牌，每个市办好 1～2 所高等职业学校和技师学院。推进专业学位研究生产学结合培养模式改革，增强复合型人才培养能力。（省教育厅、省人力资源社会保障厅、省发展改革委分工负责）

（三）加强产教融合师资队伍建设

强化职业学校、应用型本科高等学校"双师型"队伍建设。鼓励和支持企业优秀专业技术人才、管理人才、高技术技能人才到职业学校、高等学校担任专业教师或兼职教师。支持高等学校选聘科研院所、企业优秀人才担任兼职教授或开展科研合作等，探索实施产业教师（导师）特设岗位计划。研究制定符合职业教育和应用型高等学校特点的教师资格标准和专业技术职务（职称）评聘办法。开展高等学校和职业学校人员总量管理试点，试点学校纳入总量管理的人员享有相应待遇和保障，实行同工同酬。落实职业学校、高等学校在编制内自主录用教师制度，将 15% 的编制员额按有关规定用于聘请兼职教师，财政按编制内人员拨款标准拨付经费。依托承接国培、省培计划的师资培训基地，与行业骨干企业合作建设一批"双师型"教师培养培训基地。全面落实职业学校、高等学校专业教师到企业实践制度,专业教师到企业生产或服务岗实践每五年累计不少于 6 个月,完善职业学校、高等学校教师实践假期制度。(省教育厅、省人力资源社会保障厅,各市政府分工负责)

(四)完善考试招生配套改革

全面推进高等教育分类考试改革,开展院校联合考试招生,实行"文化素质+职业技能"的评价方式,注重对考生职业技能的考核。鼓励有工作实践经历的人员参加高职院校单独考试招生,实施技能拔尖人才免试录取,具备相应条件的考生可由高职单招院校在相同或相近专业免试录取。适度提高高等学校招收职业教育毕业生比例,建立复合型、创新型技术技能人才系统培养制度。(省教育厅负责)

(五)深化学校治理结构改革

建立健全职业学校、高等学校理事会制度,积极引入行业企业、科研院所、社会组织等多方参与。推动学校优化内部治理,充分体现一线教学科研机构自主权,积极发展跨学科、跨专业教学和科研组织。鼓励支持院校建立企业经营管理人员与学校领导相互兼职制度。(省教育厅、省人力资源社会保障厅分工负责)

(六)创新教育培训服务供给

推广"互联网+职业培训"模式,建设特色化、专业化职业培训平台和移动客户端,探索开设空间课程、微课程和网络学习、在线学习等开放学习方式。开展普通高等学校、高职高专院校、成人高等学校之间和行业企业课程学分转换互认试点工作,允许和鼓励高等学校向行业企业和社会培训机构购买创新创业、前沿技术课程和教学服务。鼓励教育培训机构、行业企业联合开发优质教育资源,将立体化、可选择的产业技术课程和职业培训纳入政府购买服务范围。积极向国家争取职业技能公共实训基地建设项目,每年支持 5 个国家级、10 个省级高技能人才培训基地建设。(省教育厅、省财政厅、省人力资源社会保障厅分工负责)

五、促进产教供需双向对接

（一）强化行业协调指导

行业主管部门通过职能转移、授权委托等方式，引导行业协会制定深化产教融合工作计划，促进校企合作对接，指导"双师型"教师培养，参与学校专业建设规划制定，预测行业技术技能人才需求，发布行业就业状况，开展职业技能鉴定，发布行业岗位职业能力标准和绘制职业生涯发展规划。（省发展改革委、省教育厅、省人力资源社会保障厅，各市政府，行业协会分工负责）

（二）规范发展市场服务组织

各级政府、行业组织、企业、院校通过购买服务、合作设立等方式，培育产教融合服务组织（企业），提供社会化、专业化、规范化中介服务，推动形成稳定互惠的校企合作机制，构建校企利益共同体，促进校企紧密联结。（各市政府，行业协会分工负责）

（三）打造信息服务平台

以京津冀大数据综合试验区建设为契机，探索建设河北省产教融合信息服务平台，汇聚区域和行业人才供需、校企合作、项目研发、技术服务等各类供求信息，向各类主体提供精准化产教融合信息发布、检索、推荐和相关增值服务。（省发展改革委、省教育厅、省人力资源社会保障厅分工负责）

（四）建立评价机制

探索建立产教融合效能统计评价体系，委托社会第三方机构开展产教融合效能评价，将结果作为绩效考核、投入引导、试点开展、表扬激励的重要依据。（省发展改革委、省教育厅、省人力资源社会保障厅分工负责）

六、完善政策支持体系

（一）实施产教融合发展工程

组织实施好纳入国家产教融合发展工程的项目，支持 56 所中高等职业学校加强校企合作，共建共享技术技能实训设施。支持 4 所应用型本科高等学校加强产教融合实训环境、平台和载体建设。支持 6 所本科高等学校面向产业需求，强化实践教学环节建设。支持省级"双一流"高等学校加强学科、人才、科研与产业互动，推进合作育人、协同创新和成果转化。（省发展改革委、省教育厅、省人力资源社会保障厅分工负责）

（二）完善财税政策

优化政府投入，完善体现职业学校、应用型高等学校和行业特色类专业办学特点和成本的职业教育、高等教育拨款机制。切实落实足额征收教育费附加，并且用于职业教育的比例不低于 30% 的政策。职业学校、高等学校科研人员依法取得的科技成果转化奖励收入不纳入绩效工资，不纳入单位工资总额基数。各级财政、税务部门要把深化产教融合作为落实结构性减税政策，推进降成本、补短板的重要举措，落实社会力量举办教育有关财税政策，积极支持职业教育发展和企业参与办学。对于职业学校、高等学校符合条件的技术转让所得，在一个纳税年度内不超过 500 万元的免征企业所得税，超过 500 万元的部分减半征收。对于企业举办的技工院校，各有关部门可通过政府购买成果的方式，落实向企业办技工院校的投入，支持企业办技工院校发展。企业因接收学生实习所实际发生的与取得收入有关的合理性支出，以及企业发生的职工教育经费支出，依法在计算应纳税所得额时扣除。（省财政厅、省国税局、省地税局、省发展改革委，各市政府分工负责）

（三）强化金融支持

认真落实国家金融政策，鼓励金融机构按照风险可控、商业可持续原则支持产教融合项目。争取我省产教融合项目列入中国政企合作投资基金和国际金融组织、外国政府贷款计划。引导银行业金融机构创新服务模式，开发适合产教融合项目特点的多元化融资品种，做好政府与社会资本合作模式的配套金融服务。积极支持符合条件的企业在资本市场进行股权融资，发行标准化债权产品，加大产教融合实训基地项目投资。加快发展学生实习责任保险和人身意外伤害保险，鼓励保险公司对现代学徒制、企业新型学徒制保险专门确定费率。（省金融办、省发展改革委、省财政厅、人行石家庄中心支行、河北银监局、河北证监局、河北保监局分工负责）

（四）落实土地人事政策

落实职业学校、高等学校基本建设项目城市基础设施配套费、房屋拆迁管理费和河道管理费等相关规费减免政策。依法落实职业学校、高等学校免征耕地占用税政策。企业投资或与政府合作建设职业学校、高等学校的建设用地，按科教用地管理，符合《划拨用地目录》的，可通过划拨方式供地，鼓励企业自愿以出让、租赁方式取得土地。全日制技工院校中级工班、高级工班、预备技师(技师)班毕业生分别参照中专、大专、本科毕业学历，在升学、初次薪资确定、征兵入伍、职称评聘、公务员招录、事业单位工作人员招聘等方面享受同等待遇。（省国土资源厅、省人力资源社会保障厅分工负责）

（五）开展产教融合试点工作

支持若干有较强代表性、影响力和改革意愿的城市、行业、企业争取纳入国家产教融合建设试点。开展职业学校股份制、混合所有制改革试点，允许企业以资本、技术、管理等要素依法参与办学并享有相应权利。在认真总结试点经验的基础上，鼓励第三方开展产教融合型城市、企业建设和职业学校股份制、混合所有制改革评价，完善支持激励政策。（省发展改革委、省教育厅、省人力资源社会保障厅，各市政府分工负责）

（六）加强国际交流合作

鼓励职业学校、高等学校引进海外高层次人才和优质教育资源，开发符合国情、国际开放的校企合作培养人才和协同创新模式，合作开发具有国际水准的专业教学标准和优质课程，重点建设若干高水平中外合作办学专业，积极推进河北大学、石家庄铁路职业技术学院等院校开展国际合作办学。实施"十百千"国际合作技能人才培养工程，打造 10 所国际交流合作示范院校，培育 100 名国际视野的师资队伍，培养 1000 名高素质"燕赵工匠"。鼓励职业学校、高等学校参与配合"一带一路"建设，服务河北国际产能合作和企业"走出去"，拓展中外合作办学项目，承接我省企业海外员工培训，与企业共建培养培训基地，面向当地员工开展技术技能培训和学历职业教育。（省教育厅、省人力资源社会保障厅分工负责）

七、加强组织实施

（一）加强工作协调

建立发展改革、教育、人力资源社会保障、财政、工业和信息化等部门密切配合，有关行业主管部门、国有资产监管部门积极参与的工作协调机制，加强协调联动，推进工作落实。各市（含定州、辛集市）政府、雄安新区管委会结合本地实际具体贯彻实施。

（二）营造良好环境

做好宣传动员和舆论引导，加快收入分配、企业用人制度以及学校编制、教学科研管理等配套改革，加强政策激励，凝聚学校主动服务经济社会发展、企业重视"投资于人"的普遍共识，努力营造全社会充分理解、积极支持、主动参与的良好氛围。

图解《天津市人民政府关于
深化产教融合的实施方案》

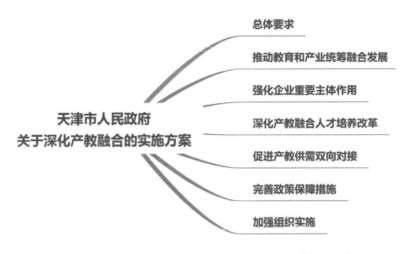

导图1 《天津市人民政府关于深化产教融合的实施方案》

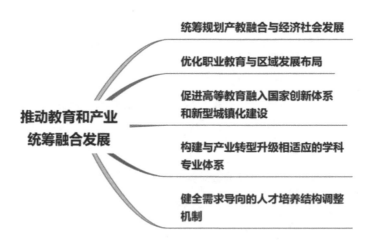

总体要求

指导思想

习近平新时代中国特色社会主义思想，以习近平总书记对天津工作提出的"三个着力"重要要求为元为纲，扎实推进"五位一体"总体布局、"四个全面"战略布局

坚持以人民为中心，坚持新发展理念，深化职业教育、高等教育等改革

主要目标

用10年左右时间，形成教育和产业统筹融合、良性互动的总体发展格局

人才教育供给与产业需求重大结构性矛盾得到有效解决

职业教育、高等教育对经济发展和产业升级的贡献显著增强

培养大批高素质创新人才和技术技能人才

导图2　总体要求

推动教育和产业统筹融合发展

统筹规划产教融合与经济社会发展

优化职业教育与区域发展布局

促进高等教育融入国家创新体系和新型城镇化建设

构建与产业转型升级相适应的学科专业体系

健全需求导向的人才培养结构调整机制

导图3　推动教育和产业统筹融合发展

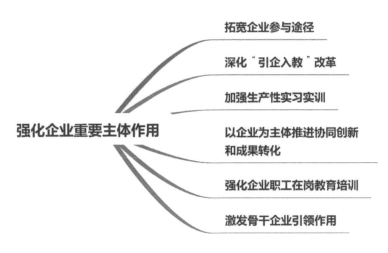

导图4 强化企业重要主体作用

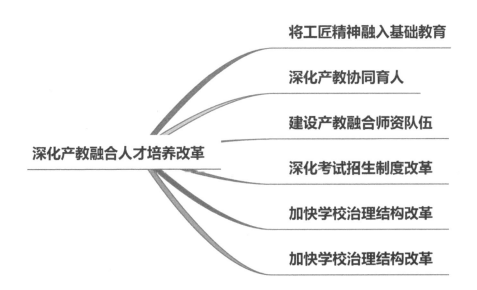

导图5 深化产教融合人才培养改革

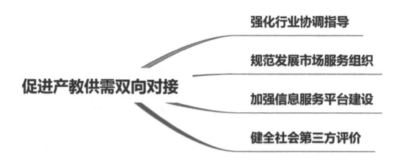

导图6　促进产教供需双向对接

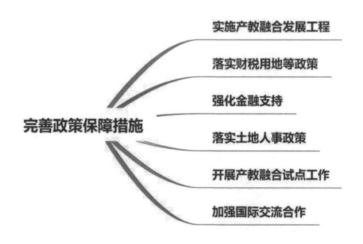

导图7　完善政策保障措施

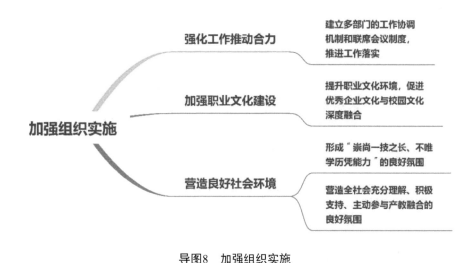

导图8　加强组织实施

天津市人民政府关于深化产教融合的实施方案

为深化产教融合，促进教育链、人才链与产业链、创新链有机衔接，全面提升本市人力资源质量，根据《国务院办公厅关于深化产教融合的若干意见》（国办发〔2017〕95号），结合本市实际，制定本实施方案。

一、总体要求

全面贯彻党的十九大和十九届二中、三中全会精神，以习近平新时代中国特色社会主义思想为指导，以习近平总书记对天津工作提出的"三个着力"重要要求为元为纲，围绕扎实推进"五位一体"总体布局、"四个全面"战略布局在天津的实施，坚持以人民为中心，坚持新发展理念，深化职业教育、高等教育等改革，充分发挥企业重要主体作用，逐步提高行业企业参与办学程度，健全多元化办学体制，统筹协调、共同推进，服务需求、优化结构，全面推行校企协同育人，用10年左右时间，形成教育和产业统筹融合、良性互动的总体发展格局，健全完善需求导向的人才培养模式，人才教育供给与产业需求重大结构性矛盾得到有效解决，职业教育、高等教育对经济发展和产业升级的贡献显著增强，培养大批高素质创新人才和技术技能人才，为全面建成高质量小康社会、实现"五个现代化天津"奋斗目标提供有力支撑。

二、推动教育和产业统筹融合发展

（一）统筹规划产教融合与经济社会发展

制定实施本市经济社会发展规划，以及区域发展、产业发展、城市建设和重大生产力布局规划，要明确产教融合发展要求，将教育优先、人才先行融入各项政策。结合实施创新驱动发展、新型城镇化、制造强国战略，统筹优化教育和产业结构，对接本市优势主导产业、战略性新兴产业、现代服务业及重大工程项目，对接职业标准、行业标准和岗位规范。以市场为导向，校企合作共建一批应用技术研发团队、工艺与产品开发中心和高水平实训基地，培养产业转型发展急需的高素质创新人才和技术技能人才。（责任单位：市发展改革委、市教委，各区人民政府）

（二）优化职业教育与区域发展布局

全面建设国家现代职业教育改革创新示范区，加强职业教育基础能力建设，优化中等职业学校布局，提升高职院校资源配置水平，建设具有天津特点、中国特色、世界水平的一流现代职业教育体系。完善海河教育园区资源共享机制，形成"一园（海河教育园区）两区（中心城区职业教育聚集区、滨海新区职业教育聚集区）多中心（依托辅城和功能组团的多个职业教育服务中心）"的职业教育总体空间布局。加快国家中西部地区职业教育师资培训中心、国家职业教育教学资源开发与制作中心、国家职业教育质量发展研究中心等"国字号"项目建设。面向脱贫攻坚主战场，积极推进贫困地区学生到本市优质职业学校就学。加强本市对口中西部、城市支援农村职业教育扶贫。落实京津冀教育协同发展"十三五"专项工作计划。推动组建京津冀先进制造业职业教育集团，深化产教融合，联合培养高端技术技能人才。探索中职、高职、应用型本科及专业学位研究生培养的

衔接机制。（责任单位：市教委、市发展改革委、市人力社保局，各区人民政府）

（三）促进高等教育融入国家创新体系和新型城镇化建设

完善世界一流大学和一流学科建设推进机制，注重发挥对国家和区域创新中心发展的支撑引领作用。适应以城市群为主体的新型城镇化发展，合理布局高等教育资源，发挥海河教育园区、天津健康产业园及高校聚集区的资源优势，增强滨海新区、武清区、静海区、宁河区、宝坻区、蓟州区产业承载和创新能力，构建梯次有序、功能互补、资源共享、合作紧密的产教融合网络。（责任单位：市教委、市发展改革委、市科委，各区人民政府）

（四）构建与产业转型升级相适应的学科专业体系

建立紧密对接产业链、创新链的学科专业体系。大力发展智能制造、生物医药、新能源、新材料、高端装备、新一代信息技术、现代农业、节能环保以及研发设计、数字创意、现代交通运输、高效物流、融资租赁、电子商务、服务外包等产业急需紧缺学科专业。积极支持家政、健康、养老、文化、旅游等社会领域专业发展，推进标准化、规范化、品牌化建设。加强智慧城市、智能建筑等城市可持续发展能力相关专业建设。大力支持人工智能、集成电路、航空发动机及燃气轮机、网络安全等事关国家战略、国家安全等学科专业建设。面向当前产业急需和未来发展，全面推进新时期工程教育改革，构建新兴工科和传统工科相结合的学科专业新结构，探索新工科人才培养模式。（责任单位：市教委、市发展改革委）

（五）健全需求导向的人才培养结构调整机制

加快推进教育"放管服"改革，注重发挥市场机制配置非基本公共教育资源作用，强化就业市场对人才供给的有效调节。进一步完善本市高校毕业生就业质量年度报告发布制度，注重发挥行业组织人才需求预测、用人单位职业能力评价作用，把市场供求比例、就业质量作为学校设置调整学科专业、确定培养规模的重要依据。新增专业学位研究生招生计划向承担国家重大战略任务、积极推行校企协同育人的高校和学科倾斜。引导学校对设置雷同、就业连续不达标专业，及

时调减或停止招生。（责任单位：市教委）

三、强化企业重要主体作用

（一）拓宽企业参与途径

鼓励企业以独资、合资、合作等方式依法参与举办职业教育、高等教育。充分发挥本市职业教育行业办学优势，完善产业、行业、企业、职业、专业"五业联动"的运行机制，带动职业学校强化产教融合、深化校企合作，全面提升办学质量和服务能力。坚持准入条件透明化、审批范围最小化，细化标准、简化流程、优化服务，依法依规改进办学准入条件和审批环节。通过购买服务、委托管理等，支持企业参与公办职业学校办学。鼓励有条件的职业学校探索推进股份制、混合所有制改革，允许企业以资本、技术、管理等要素依法参与办学并享有相应权利。（责任单位：市教委，各区人民政府）

（二）深化"引企入教"改革

支持引导企业深度参与职业学校、高等学校教育教学改革，多种方式参与学校专业规划、教材开发、教学设计、课程设置、实习实训，促进企业需求融入人才培养环节。支持和鼓励高校聘请创业成功者、企业家、风险投资人等各行各业优秀人才担任创新创业课授课或指导教师，建立天津市创新创业导师库。推行面向企业真实生产环境的任务式培养模式。鼓励企业依托或联合职业学校、高等学校设立产业学院和企业工作室、实验室、创新基地、实践基地。鼓励认定为市级企业技术中心的企业与高校建立联合研发机构。重点支持南开大学、天津大学建设人工智能等产业学院，积极培育创新基地，以科技成果支持产业进步。支持本市高校与战略性新兴产业、高端装备制造业的行业龙头及重点企业，在订单培养、员工培训、共建实验实训基地、共建新专业等方面开展深度合作。（责任单位：市教委、市人力社保局、市工业和信息化委）

（三）加强生产性实习实训

健全学生到企业实习实训制度。鼓励以引企驻校、引校进企、校企一体等方式，吸引优势企业与学校共建共享生产性实训基地。完善校企合作、工学结合机制，强化顶岗实习，加强实习实训，提高技术技能人才培养质量。"十三五"期间建设 150 个示范性校外实习实训基地。通过探索购买服务、落实税收政策等方式，鼓励企事业单位接收学生社会实践和实习实训。推进实习实训规范化，保障学生享有获得合理报酬等合法权益。（责任单位：市教委、市发展改革委、市人力社保局）

（四）以企业为主体推进协同创新和成果转化

支持企业、学校、科研院所围绕产业关键技术、核心工艺和共性问题开展协同创新，加快基础研究成果向产业技术转化。加强产学研用协同创新机制建设，鼓励由行业领军企业主导，围绕本市战略性新兴产业、区域特色产业和科技型企业的技术创新需求，探索构建具有行业影响力的产学研用创新联盟。大力鼓励高校、科研院所与行业企业合作联合申报科技计划项目，引导高校将企业生产一线实际需求作为工程技术研究选题的重要来源。完善财政科技计划管理，高校、科研机构牵头申请的应用型、工程技术研究项目原则上应有行业企业参与并制订成果转化方案。完善高校科研后评价体系，将成果转化作为项目和人才评价重要内容。继续加强企业技术中心和高校技术创新平台建设，鼓励企业和高校共建企业重点实验室、中试和工程化基地。高校、科研院所选派科技特派员服务科技型企业创新发展，为企业解决技术难题，搭建创新平台，引进培养人才，制定发展战略。推动高校、科研院所科技要素向企业转移。（责任单位：市教委、市科委、市发展改革委、市财政局、市金融局）

（五）强化企业职工在岗教育培训

落实企业职工培训制度，足额提取教育培训经费，确保教育培训经费 60% 以上用于一线职工。创新教育培训方式，鼓励企业向职业学校、高等学校和培训机构购买培训服务。支持有条件的企业开展职工技能竞赛，对列入全市计划的职业技能竞赛项目，给予优胜选手晋升职业资格、技能等级的奖励。完善政府购买培训成果机制，充分发挥补贴的激励引导作用，鼓励各类企业职工积极参加职业技能培训。对参加职业市场需求程度目录内职业培训，取得相应证书的，按照规定享受职业培训补贴。积极推动化解过剩产能企业职工参加培训，对失业人员重点开展旅游休闲、健康养老、家庭服务等生活服务就业技能培训，对转移到新岗位的人员普遍开展岗位技能提升培训。将不按规定提取使用教育培训经费并拒不改正的行为记入企业信用记录。（责任单位：市人力社保局、市总工会会同有关单位）

（六）激发骨干企业引领作用

探索组建产教融合集团（联盟），优化职业教育、高等教育资源配置，创新教育组织形态，促进教育和产业联动发展。注重发挥国有企业示范带头作用，支持各类企业依法参与校企合作，定期举办校企人才智力对接活动，建立产教融合、校企合作机制，促进产学研深度合作及科研成果转化。采取统一组团方式举办校园专场招聘会，大力引进急需紧缺专业高校毕业生，不断提升天津企业的人才吸引集聚力。鼓励混合所有制改革后企业通过多种方式依法参与举办职业教育、高等教育，对于混合所有制改革后仍为国有控股企业的，支持其继续办好做强职业学校。（责任单位：市国资委、市发展改革委、市财政局、市工商联、有关行业协会，各区人民政府）

四、深化产教融合人才培养改革

（一）将工匠精神培育融入基础教育

将动手实践内容纳入中小学相关课程和学生综合素质评价。加强学校劳动教育，开展生产实践体验，支持学校聘请劳动模范和高技能人才兼职授课。组织开展"大国工匠进校园"活动。鼓励有条件的普通中学开设职业类选修课程，鼓励职业学校实训基地向普通中学开放。鼓励有条件的区在大型企业、产业园区周边试点建设普职融通的综合高中。（责任单位：市教委、市人力社保局、市发展改革委，各区人民政府）

（二）深化产教协同育人

以国家和本市创新创业教育示范校为带动，以服务本市创新发展和毕业生就业创业为导向，以培养高素质应用型人才为目标，大力推进高等教育人才培养与经济社会转型升级创新发展相对接。坚持职业教育校企合作、工学结合的办学制度，推进职业学校和企业联盟、与行业联合、同园区联结。大力推广"校企双制、工学一体"办学模式，促进技能就业、技能成才。深化全日制职业学校办学体制改革，在技术性、实践性较强的专业，全面推行现代学徒制和企业新型学徒制，推动学校招生与企业招工相衔接，校企育人"双重主体"，学生学徒"双重身份"，学校、企业和学生三方权利义务关系明晰。实践性教学课时不少于总课时的 50%。依托国家级和市级实验教学示范中心等校内外实践基地，加强实践教学。以众创空间为基础，强化创新创业实训实践。支持鼓励高校开展虚拟仿真实验教学项目建设，推进现代信息技术与实验教学项目深度融合。继续实施大学生创新创业训练计划，办好中国"互联网+"大学生创新创业大赛。（责任单位：市教委、市人力社保局）

健全高等教育学术人才和应用人才分类培养体系，提高应用型人才培养比重。推动高水平大学加强创新创业人才培养，为学生提供多样化成长路径。大力支持天津中德应用技术大学建设世界一流应用技术大学，引进企业科研、生产基地，建立校企一体、产学研一体的综合性实验实习实训中心，提升学校培养拔尖创新人才、高素质技术技能人才的基础能力。紧密围绕产业需求，强化实践教学，完善以应用型人才为主的培养体系。加强普通高校应用型专业建设，推进专业学位研究生"产学结合"培养模式改革，增强复合型人才培养能力。（责任单位：市教委、市发展改革委）

（三）建设产教融合师资队伍

培养职业学校名师名校长，加强教师队伍 5 年一轮次的全员培训，全面提升教师入岗、适岗、胜岗的专业能力和教学能力。鼓励企业技术和管理人才到学校任教，探索"双栖型"（企业一线工程师能在学校任教，学校教师能在企业从事技术开发和相关管理）师资培养。完善职业学校教师职务（职称）评聘办法，探索符合应用型高校特点的教师资格标准和专业技术职务（职称）评聘办法，鼓励职业学校和应用型高校教师经单位批准参与企业协同创新，其取得的创新成果可作为晋升教师职称的业绩条件；对专业实践性较强的专业教师，可根据其工作业绩，申报工程技术系列相应专业职称。允许职业学校和高等学校依法依规自主聘请兼职教师和确定兼职报酬。推动职业学校、应用型本科高校与大中型企业合作建设"双师型"教师培养培训基地。完善职业学校和高等学校教师实践假期制度，支持在职教师定期到企业实践锻炼。（责任单位：市人力社保局、市教委，各区人民政府）

（四）深化考试招生制度改革

加快推进高等职业学校分类招考，探索和完善自主招生、综合评价招生、技能大赛获奖选手免试、中高本硕贯通系统培养等考试招生办法，完善"文化素质+职业技能"评价方式。提高高等职业学校招收中等职业学校毕业生和本科高等学校招收职业学校毕业生的比例，构建学生多样化选择、多路径成才的"立交桥"。逐步提高高等学校招收有工作实践经历人员的比例。（责任单位：市教委、市教育招生考试院）

（五）加快学校治理结构改革

建立健全职业学校和高等学校理事会制度，鼓励引入行业企业、科研院所、社会组织等多方参与。推进"管、办、评"分离改革，规范学校相关的责权利，建立和完善科学有效的治理模式，推动学校优化内部治理，充分体现一线教学科研机构自主权，积极发展跨学科、跨专业教学和科研组织。（责任单位：市教委）

（六）创新教育培训服务供给

把创新创业教育作为深化教学改革、提升人才培养质量的重要抓手，坚定不移地推进创新驱动发展。坚持职业培训与学历教育并重，鼓励教育培训机构、行业企业联合开发优质教育资源，大力支持"互联网+教育培训"发展。支持有条件的社会组织整合校企资源，开发立体化、可选择的产业技术课程和职业培训包。推动探索高校和行业企业课程学分转换互认，允许和鼓励高校向行业企业和社会

培训机构购买创新创业、前沿技术课程和教学服务。（责任单位：市教委）

五、促进产教供需双向对接

（一）强化行业协调指导

行业主管部门要加强引导，通过职能转移、授权委托等方式，积极支持行业组织制定深化产教融合工作计划。成立普通高校教学指导委员会，加强行业职业教育教学指导委员会建设，增强行业指导能力，开展人才需求预测、校企合作对接、教育教学指导、职业技能鉴定等服务。（责任单位：市教委、市发展改革委、有关行业协会，各区人民政府）

（二）规范发展市场服务组织

鼓励行业企业、学校通过购买服务、合作设立等方式，积极培育市场导向、对接供需、精准服务、规范运作的产教融合服务组织（企业）。支持利用市场合作和产业分工，提供专业化服务，构建校企利益共同体，形成稳定互惠的合作机制，促进校企紧密联结。（责任单位：市教委、市发展改革委、有关行业协会，各区人民政府）

（三）加强信息服务平台建设

鼓励运用云计算、大数据等信息技术，建设市场化、专业化、开放共享的产教融合信息服务平台。依托平台汇聚区域和行业人才供需、校企合作、项目研发、技术服务等各类供求信息，向各类主体提供精准化产教融合信息发布、检索、推荐和相关增值服务。加强职业教育集团信息化建设。（责任单位：市教委、市发展改革委、有关行业协会，各区人民政府）

（四）健全社会第三方评价

积极支持社会第三方机构开展产教融合效能评价，健全统计评价体系。强化监测评价结果运用，作为绩效考核、投入引导、试点开展、表彰激励的重要依据。（责任单位：市教委、市发展改革委、有关行业协会，各区人民政府）

六、完善政策保障措施

（一）实施产教融合发展工程

"十三五"期间，规划建设一批产教融合项目。以强化基础性、通用性技术技能实训为重点，支持一批中高等职业学校加强校企合作，共建共享技术技能实训设施。开展高水平应用型本科高校建设试点，支持普通本科高校向应用型转变，加强产教融合实训环境、平台和载体建设，鼓励吸引行业企业参与，建设产教融合、校企合作、产学研一体的实验实习实训设施，推动技术技能人才培养和应用技术创新。支持南开大学、天津大学等高校建设世界一流大学和一流学科，加强学科、人才、科研与产业互动，推进合作育人、协同创新和成果转化。（责任单位：市发展改革委、市教委、市人力社保局）

（二）落实财税用地等政策

优化政府投入，合理划分教育领域财政事权和支出责任，健全投入机制，强化分类支持，完善体现职业学校、应用型高校和行业特色类专业办学特点和成本的职业教育、高等教育拨款机制。职业学校、高等学校科研人员依法取得的科技成果转化奖励收入不纳入绩效工资，不纳入单位工资总额基数。各级财政、税务部门要把深化产教融合作为落实结构性减税政策，推进降成本、补短板的重要举措，落实社会力量举办教育有关财税政策，积极支持职业教育发展和企业参与办学。继续加强对产教融合建设项目的资金支持，积极争取中央预算内资金支持本市产教融合项目建设。企业投资或与政府合作建设职业学校、高等学校的建设用地，按科教用地管理，符合《划拨用地目录》的，可通过划拨方式供地，鼓励企业自愿以出让、租赁方式取得土地。（责任单位：市财政局、市税务局、市国土房管局、市发展改革委，各区人民政府）

（三）强化金融支持

落实国家关于鼓励金融机构按照风险可控、商业可持续原则支持产教融合项目的各项政策。利用中国政企合作投资基金和国际金融组织、外国政府贷款，积极支持符合条件的产教融合项目建设。遵循相关程序、规则和章程，争取亚洲基础设施投资银行、丝路基金在业务领域内将本市"一带一路"职业教育项目纳入支持范围，加快旁遮普天津技术大学项目实施。引导银行业金融机构创新服务模式，开发适合产教融合项目特点的多元化融资品种，做好政府和社会资本合作模式的配套金融服务。支持符合条件的企业在多层次资本市场上市挂牌融资，鼓励企业利用多种债务融资工具拓宽融资渠道。落实国家关于加快发展学生实习责任保险和人身意外伤害保险，鼓励保险公司对现代学徒制、企业新型学徒制保险专门确定费率的有关要求。（责任单位：人民银行天津分行、天津银监局、天津证监局、天津保监局、市发展改革委、市财政局、市金融局、市外办、天津城建大学、天津职业技术师范大学、天津工业大学）

（四）开展产教融合建设试点

根据国家区域发展战略和产业布局，以国家现代职业教育改革创新示范区、海河教育园区建设为载体，积极向国家争取产教融合建设试点。在认真总结试点经验基础上，鼓励第三方开展产教融合型城市和企业建设评价，完善支持激励政策。（责任单位：市发展改革委、市教委，各区人民政府）

（五）加强国际交流合作

鼓励职业学校、高等学校引进海外高层次人才和优质教育资源，开发符合国情、国际开放的校企合作培养人才和协同创新模式。通过国际化提升工程，建设20所左右具有世界先进水平的职业学校，建设并实施100个国际化专业教学标准，培养一批具有国际竞争力的技术技能人才。探索构建应用技术教育创新国际合作网络，推动一批中外院校和企业结对联合培养国际化应用型人才。鼓励职业教育、高等教育参与配合"一带一路"建设和国际产能合作，服务"走出去"的企业。继续支持有条件的职业学校在海外设立"鲁班工坊"，建立鲁班工坊研究与推广中心。（责任单位：市教委、市外办、市财政局）

七、加强组织实施

（一）强化工作推动合力

加强组织领导，建立发展改革、教育、人力社保、财政、工业和信息化等部门密切配合，有关行业主管部门、国有资产监督管理部门积极参与的工作协调机制和联席会议制度，加强协同联动，推进工作落实。

（二）加强职业文化建设

提升职业文化环境，丰富校园文化品位和内涵，继续实施"一线一物一馆一中心"建设，打造职业学校校园职业文化风景线，汇集反映产业发展历史、代表职业教育文化的标志性展示物，建设体现学校历史和专业发展的博物馆、展示室，建设展示现代职业教育技术的文化体验中心、技术应用中心、协同创新中心等，促进优秀企业文化与校园文化深度融合。

（三）营造良好社会环境

办好职业教育活动周和全国职业院校技能大赛，提高职业教育的社会吸引力和影响力，弘扬劳动光荣、技能宝贵、创造伟大的时代风尚，形成"崇尚一技之长、不唯学历凭能力"的良好氛围。做好宣传动员和舆论引导，加快收入分配、企业用人制度以及学校编制、教学科研管理等配套改革，引导形成学校主动服务经济社会发展、企业重视"投资于人"的普遍共识，积极营造全社会充分理解、积极支持、主动参与产教融合的良好氛围。

参 考 文 献

[1] 习近平. 习近平代表第十八届中央委员会向党的十九大作报告 [EB/OL]. （2017-10-18）. http：//www. xinhuanet. com/politics/19cpcnc/2017-10/18/c_ 1121819563. htm.

[2] 王东峰，许勤. 坚定不移走科技创新之路 努力建设创新型河北[N]. 河北日报， 2020-05-16（1）.

[3] 李华. 高校科技成果转化对策研究[M]. 秦皇岛：燕山大学出版社，2021.

[4] 曾华锋. 坚持创新引领 加快建设创新型国家[N]. 光明日报，2017-12-13（5）.

[5] 薛华. 一批批创新成果闪耀燕赵大地[N]. 河北日报，2021-06-17（1）.

[6] 李宏. 家庭经济困难大学生励志教育研究 [D]. 哈尔滨：哈尔滨师范大学， 2011.

[7] 张翠翠. 新时代提高高职院校思政课教学吸引力研究[D]. 济南：山东中医药 大学，2021.

[8] 龚丽. 海南省中等职业学校专业设置研究[D]. 海口：海南师范大学，2016.

[9] 周应中. 新中国 70 年职业教育产教融合政策变迁逻辑——历史制度主义的视 角[J]. 职业技术教育，2019，40（33）：12-17.

[10] 高鲁光. 初析影响产教融合的企业自身因素[J]. 三门峡职业技术学院学报， 2020，19（1）：125-134.

[11] 李翠丽. Z 公司专职讲师培训体系优化研究[D]. 郑州：郑州大学，2018.

[12] 陶岩平，王文，周泽民. 深化产教融合提高应用型人才培养质量——以常州 工学院为例[C]//全国新建本科院校联席会议暨第十八次工作研讨会论文

集，2018：3-8.

[13] 眭律铭. 高职教育毕业教学环节课程改革的实践与思考[J]. 科技风，2009
（22）：3-4.

[14] 黎衍芳. 专业出版社面向职业教育知识服务平台建设探索——以中国海关出
版社有限公司"海关学库"为例[J]. 中国传媒科技，2019（5）：97-99，112.

[15] 曹晔. 新中国成立 70 年来职业教育产教融合制度的变迁与展望[J]. 教育与
职业，2019（19）：19-25.

[16] 任聪敏. 职业教育产教融合的发展演进、形成原因与未来展望[J]. 教育与职
业，2021（4）：25-31.

[17] 蔡安成. 基于中小企业参与的示范性职教集团创建路径研究[J]. 武汉工程职
业技术学院学报，2021，33（3）：86-89.

[18] 吴春芳. 上饶市中职学校校企合作实训基地建设研究[D]. 南昌：江西农业大
学，2016.

[19] 王丽凯，孙翠香. 本科层次职业学校发展现状、问题与应对策略[J]. 职业教
育研究，2021（12）：30-36.

[20] 李洲荣. 创新创业与职业教育融合的人才培养研究——以新能源汽车技术专
业为例[J]. 汽车博览，2020（11）：180.

[21] 曾素梅，张艺. 新理念背景下粤港澳大湾区产教融合路径探讨[C]//2018 中
国南方教育高峰年会论文集，2018：387-395.

[22] 王保宇. 新建本科高校产教融合发展的问题与对策研究[D]. 武汉：华中师范
大学，2019.

[23] 万卫，张帆. 改革开放 40 年职业教育校企合作的制度变迁[J]. 职业教育研
究，2019（9）：5-10.

[24] 班娟娟，钟源. 职业教育频迎政策暖风 强劲增长空间可期[J]. 决策探索
（上），2021（11）：40-41.

[25] 钟贞山，赵晓芳. 面向 2035 中国职业教育体系现代化的逻辑起点与内涵实现
[J]. 中国职业技术教育，2021（30）：19-26.

[26] 王素霞. 优化类型定位推进职业教育教材建设高质量发展[J]. 中国职业技术
教育，2021（26）：91-96.

[27] 孔晓明.示范性职教集团建设的评价问题与应对[J].滁州职业技术学院学报，2021，20（2）：1-5.

[28] 邱非.从"层次"到"类型"　职业教育进入高质量发展新阶段[J].汽车维护与修理，2020（24）：1-3.

[29] 崔秋立，王倩，李兴军.改造与兴建：新中国初期技工教育发展研究[J].中国职业技术教育，2020（30）：63-72.

[30] 第三届全国电子商务职业教育产教对接大会在成都召开[J].职业技术教育，2016，37（18）：7.

[31] 汤霓，周明星.改革开放以来我国职业教育发展取得的十大成就[J].教育与职业，2010（5）：5-8.

[32] 彭莉洁.职业教育产教融合的历史演进、逻辑起点与战略要点[J].教育与职业，2019（6）：19-25.

[33] 杨院，许晓芹，连晓庆.新中国成立 70 年来职业教育产教融合政策的演变历程及展望[J].教育与职业，2019（19）：26-31.

[34] 王坤，付甜甜.我国产教融合史的三维研究[J].当代职业教育，2020（5）：11-20.

[35] 罗建勤.从"教育与生产劳动相结合"到"教育与社会实践相结合"[J].毛泽东思想研究，2001（3）：103-105.

[36] 郭华，刘晓娟.党的产教结合思想变迁与成人教育社会实践化发展探析[J].湖北大学成人教育学院学报，2011（4）：19-20，24.

[37] 张旭东，邓永生，郑殿君.适应现代经济体系发展要求探索创新高职教育育人模式[J].教育现代化，2018，5（47）：21-23.

附　　录

附录一　2021 年产教融合校企合作典型案例列表

序号	报送单位	案例名称
1	重庆财经学院　科大讯飞股份有限公司	基于"一院三制五融"的校企融合共生长效机制探索
2	西南科技大学　四川铁骑力士实业有限公司	模式助力多方共赢　平台赋能乡村振兴——西南科技大学与铁骑力士集团携手推进现代农业产业发展
3	清华大学继续教育学院　中冶赛迪集团有限公司	高校继续教育助力企业绩效提升——运用组织学习技术增强企业关键人才赋能成效
4	上海机电学院	打造上海临港新片区一流产教融合平台　精准培育先进装备制造业一流应用型人才
5	电子科大科园教育中心	电子科大科园教育与"娃哈哈"合作应用型商科人才培养新模式——以"商务实验班"为例
6	温州医科大学	校企研协同，中本硕立交，全链条培养 ——产教融合推进康养类专业人才培养的创新实践
7	上海电力大学	打造"双碳"时代产教融合新范式 ——上海电力大学与特斯拉合作培育新能源紧缺人才
8	上海海洋大学	上海海洋大学产教融合校企合作案例 ——以远洋渔业专业人才校企联合培养模式为例
9	安徽信息工程学院	校企深度融合共建人工智能专业
10	上海海事大学　上海振华重工（集团）股份有限公司	以"精细教育"理念为核心，坚持机制创新，建设培养新时代港口与海洋装备专业人才的产教融合基地

序号	报送单位	案例名称
11	四川电影电视学院	探索服务地方、紧贴行业发展新思路落实三全育人、五育并举改革新要求推进影视教育、创新人才培养新模式
12	东北财经大学	"四位一体"发展格局破解产教深度融合瓶颈 ——高校继续教育深化产教融合的探索与实践
13	上海第二工业大学	聚焦智能制造，赋能武义企业转型升级 ——武义智能制造产业技术研究院案例
14	广州开放大学	以行业痛点为抓手的特色学院建设案例 ——"工匠精神"驱动、职业需求导向的"双创"教育人才培养模式
15	山东大学深圳研究院	探索校企合作创新和可持续化发展之路 ——山东大学深圳研究院与比亚迪集团校企合作案例
16	西安邮电大学	邮政物流特色的现代产业学院建设路径探索与实践
17	青岛开放大学	成立"企业学院""行业学院" 青岛开放大学以市场化思维探索校企合作"订单式"人才培养新路径
18	石家庄邮电职业技术学院	打造"1151"职业培训开发新模式 服务邮政企业高质量发展
19	广西工业职业技术学院	双元育人 四岗递进 圆梦金光 ——广工院与金光集团现代学徒制育人案例
20	北京电子科技职业学院	产城教融合人才培养模式创新实践 ——以北京电子科技职业学院药品生物技术专业为例
21	北京电子科技职业学院	多元协同、五位一体打造汽车制造与装配技术专业群
22	浙江金融职业学院	分类分岗分阶培养 校企双主体育人 ——浙江金融职业学院会计专业群校企合作特色培养
23	河北公安警察职业学院	校局合作实战化教学体系构建与实践
24	浙江经济职业技术学院 物产中大国际学院（物产中大集团）	基于类型教育的中国特色产业学院创新实践
25	黎明职业大学	"实体+"职教集团育人共同体的创新与实践 ——以泉州市建筑职业教育集团为例
26	北京社会管理职业学院	工程师学院视域下现代殡葬技术与管理专业建设模式创新研究与实践 ——以北京社会管理职业学院为例

（续表）

序号	报送单位	案例名称
27	云南理工职业学院 湖北美和易思教育科技有限公司	"三新齐建，四双共管"，校企合作，成就理工人才培养新举措
28	石家庄职业技术学院	科研创新引领产教融合　校企协同共攀育人高峰
29	北京经济管理职业学院	AI 技术引领、校企共融，助力师生双成长 ——以科大讯飞人工智能工程师学院为例
30	上海电影艺术职业学院 中华职业学校	产业引领、校企耦合、双向赋能——中高职贯通教育影视动画专业产教融合校企合作的实践与探索
31	哈尔滨铁道职业技术学院	建强盾构产业学院，打造校企命运共同体
32	襄阳职业技术学院	政校企协同的产业学院建设与实践 ——襄阳职业技术学院先进制造产业学院案例
33	漳州职业技术学院	探索融合新模式　打造办学共同体 ——漳州职业技术学院携手沈澄建设集团试点"双主体"办学典型案例
34	福建信息职业技术学院	基于产业学院的物联网专业群校企双主体育人典型案例
35	北京社会管理职业学院（民政部培训中心）	"引融—产学—研创—赛用"四位一体的校企合作发展模式的探索与实践 ——以格林彩虹矫形工程师学院为例
36	福建信息职业技术学院	依托产业学院打造产教融合基地，打通三链衔接通道
37	江苏经贸职业技术学院	打造"三高一标"现代服务业产教融合试验区，助力校企双主体高质量发展
38	广东职业技术学院 华为技术有限公司 深圳市讯方技术股份有限公司	三方协同共建 ICT 产业学院，播种鲲鹏计算产业未来
39	北京农业职业学院	校企"双主体"工学交替培养高素质管理人才
40	山东外事职业大学	多链衔接，多元协同，校企共建全程育人模式 ——电子商务专业人才创新培养
41	山东信息职业技术学院 360 政企安全集团	践行"校企协同、四届提升"育人模式，赋能区域网络空间安全生态建设
42	深圳信息职业技术学院	"产教科"融合互促、"岗课赛"融通提质，培养创新型集成电路技术技能人才案例
43	深圳信息职业技术学院	与新一代信息技术产业同频共振，岗课赛证融合培养 ICT 人才

序号	报送单位	案例名称
44	石家庄邮电职业技术学院	构建邮政特色现代学徒制 培养高素质基层骨干人才
45	温州职业技术学院	政校行企多方合作 四链融合数字赋能 ——温州市企业综合服务平台建设与运营
46	长沙航空职业技术学院	军政行企校五方协同 深化产教融合办学机制
47	山西冶金技师学院 北京东方国信科技股份有限公司	工业互联网数字孪生项目实践案例
48	浙江交通职业技术学院	校企合作、产教融合——基于"岗位·技能"能力矩阵的城市轨道交通运营管理人才培养模式研究与实践
49	淮南职业技术学院	"四共模式"的混合所有制形成校企命运共同体
50	山东铝业职业学院	构建"5333"校企双主体育人模式，破解学生就业留存率难题——山东铝业职业学院"校企直通车"成功案例
51	甘肃钢铁职业技术学院 中船舰客教育科技（北京）有限公司	校企合作、产教融合工作典型案例 ——甘肃钢铁职业技术学院1+X证书制度试点工作
52	福建农业职业技术学院	创新"1+N 三共"模式解决乡村人才振兴痛点
53	北京工业职业技术学院	服务首都智慧城市建设运行，助推"双碳"目标实现打造国际产教融合典范 ——中法能效管理应用人才培养和研究中心案例
54	安徽省濉溪职业技术学校	"政校行企协同、课岗证赛融通"人才培养模式创新与实践——以濉溪职业技术学校汽车检测与维修专业为例
55	北京经济管理职业学院	校企融合传承玉雕技艺，大师引领争创业内标杆 ——北京经济管理职业学院玉器设计与工艺专业教育部现代学徒制试点建设探索与实践
56	河北软件职业技术学院	柔性分层教学 助力高职学生人人出彩
57	石家庄职业技术学院	依托"政行校企"育人平台，构建螺旋上升的"六双三进"人才培养模式 ——石家庄职业技术学院广告设计与制作专业现代学徒制试点
58	安徽商贸职业技术学院	体制创新生成命运共同体，产教融合促进高质量发展 ——基于混合所有制办学的产教融合创新与实践
59	江西应用技术职业学院	产教融合建平台，校企合作育工匠 ——现代国土工匠培育案例
60	顺德职业技术学院	育训结合、双向融合、组群培养，"顺德职院+乐善公司"产教融合案例

（续表）

序号	报送单位	案例名称
61	金华职业技术学院	产教综合体：探索实体化、一体化的产教融合发展新路
62	陕西工业职业技术学院	对接行业发展，聚焦精密制造，校企协同培养复合型技术技能人才
63	襄阳职业技术学院	有限混合、柔性互进、全程融通——襄阳职业技术学院校企一体化育人模式改革
64	四川幼儿师范高等专科学校	"联盟筑基，园校融合"幼儿教师培养模式的创新和实践
65	浙江金融职业学院 阿里巴巴（中国）网络技术有限公司	双元双优 四合四同 打造数字国际贸易人才培养高地——校企共建国际经济与贸易高水平专业群实践
66	唐山工业职业技术学院	创新四阶段人才培养，校企共育高铁工匠
67	黑龙江职业学院	人才培养助力数字龙江建设 产教融合服务传统产业升级——龙职·华为 ICT 产业学院
68	浙江交通职业技术学院	"两化引领、双环驱动"——服务交通产业数字化转型升级的信息通信类专业建设与实践
69	石家庄职业技术学院河北省软件与服务外包职业教育集团	产教双向赋能 贡献高端成果——校企共建国家示范性职教集团实践与经验
70	大庆医学高等专科学校	创新"四共四双"机制，助推现代学徒制人才培养——大庆医学高等专科学校药学专业现代学徒制人才培养模式的探索与实践
71	温州科技职业学院 新瑞鹏宠物医疗集团有限公司	"群院共建"模式下宠物行业人才培养的创新与实践——温科院与新瑞鹏共建共享产教融合型动物医院
72	泉州轻工职业学院	构建校企命运共同体 推进校企一体育人 打造"二元制"人才培养品牌
73	河北化工医药职业技术学院	"校企行研"共建检测分析产业学院，谱写校企合作新篇章
74	威海职业学院	创新市场化运行机制 激发转型发展新活力——威海职业学院混合所有制产业学院建设的探索与实践
75	石家庄铁路职业技术学院	实施"六联合 六结合"举措，助力学生高质量就业——石家庄铁路职业技术学院与国铁集团校企联合开展"2+1"定向培养
76	四川水利职业技术学院 四川省送变电建设有限责任公司 四川省电力企业协会	技能人才紧缺怎么办？双元育训助产业发展！——混合所有制产业学院的构建与实践

（续表）

序号	报送单位	案例名称
77	深圳职业技术学院	深职院—招商局港口共育"一带一路"国际化人才
78	湖州市现代农业技术学校	农业季节性生产制约下"候鸟式"学徒培养深化产教融合的构建与实施
79	淮南职业技术学院	校企"双主体"视域下共建共享煤炭产学研用实训基地
80	聊城职业技术学院	四方共建 园校联动 打造工业互联网产教融合创新中心
81	河北科技工程职业技术大学	校企"六协同"育人 高端定制助推产业转型发展——高水平专业群产教融合典型案例
82	上海商业会计学校	"政行企校"四链"靶向"衔接，聚力应对"数智型"会计人才结构失衡
83	武汉电力职业技术学院	打造产教融合生态圈，构建终身学习新阵地——武汉电院基于产教融合、校企合作的"一体三共三通"职业教育终身化路径建设实践案例
84	湖北工程职业学院	探索产业学院建设新模式 打造产教融合发展新高地
85	武汉职业技术学院	公办院校混合所有制办学模式探索与实践——以都市丽人服装产业学院为例
86	黑龙江农业职业技术学院	现代农业职业教育"校企交替、农学结合、三轮循环"人才培养的创新与实践
87	沧州医学高等专科学校	谋共赢 显特色 双主体共育护理专科人才——沧州医专护理专业现代学徒制典型案例
88	辽宁城市建设职业技术学院	"多元、交互、协同"校企合作命运共同体的构建与实施——辽宁建设职业教育集团办学案例
89	江西应用技术职业学院	校企联动 服务赣南苏区振兴——电商人才产教融合创新培养模式与实践
90	北京经济管理职业学院	多元·开放·融合 培养新时代工程技术技能人才——以西门子智能制造工程师学院为例
91	北京财贸职业学院	深化产教融合校企合作 助力首都商业服务业发展——菜百商学院实践"1+N"人才培养模式案例
92	苏州信息职业技术学院	政行企校共建产教融合创新平台协同育人助力区域智能制造
93	湖北三峡职业技术学院	四链贯通 四方联动 四位一体 打造养老服务人才培养培训新高地
94	南宁职业技术学院	校企共铸"一核两端三融"协同发展模式，培养全媒体人才助力广西乡村振兴

（续表）

序号	报送单位	案例名称
95	泉州幼儿师范高等专科学校	"三链"有机融合，校园共铸"幼师成长"摇篮
96	山东科技职业学院	"多方协同、双元共育、特色发展" ——山东科技职业学院校企共建智能制造专业群典型案例
97	湖北城市建设职业技术学院	政行企校四方联动，打造多功能建筑装配式实训基地
98	湖南现代物流职业技术学院	全面推广现代学徒制 构建校企命运共同体
99	柳州铁道职业技术学院	依托铁路背景 立足铁路办学 "2+1"模式凸显"铁"字特色
100	辽宁农业职业技术学院	创建现代宠物"混合所有制"产业学院，打造产教融合校企合作"3.0 版"
101	吉安职业技术学院	育训并举：高职院校与地方龙头企业构建命运共同体路径的探索与实践
102	深圳职业技术学院	打造"多维融合"的人才同育、技术共研生态圈，助力民族企业转型升级发展 ——深职院比亚迪应用技术学院纪实
103	山东科技职业学院 浪潮集团有限公司 歌尔股份有限公司 联想（北京）有限公司	高职软件技术专业群 ——"五育融合、跨界协同"育人模式创新与实践
104	山东城市建设职业学院	"事业部+工作室"：建筑设计员培养模式探索与实践
105	山东经贸职业学院	携手行业高端企业，对接产业需求，共育关务英才 ——山东经贸职业学院携手海程邦达国际物流有限公司共建混合所有制校内生产性实训基地
106	重庆电子工程职业学院 重庆长安汽车股份有限公司	"四贯通·三交互·两共学"职业技能培训模式创新与实践
107	浙江金融职业学院	银行现代学徒培养的浙金院样板
108	浙江交通职业技术学院	校企合作产教融合，共育智慧物流新人才 ——以浙江驿栈网络科技有限公司与浙江交通职业技术学院合作为例
109	吉安职业技术学院	校企共建木林森特色产业学院 创新混合所有制厂中校办学模式
110	山东特殊教育职业学院	校企"双主体"协同育人培养模式探索与实践
111	河北旅游职业学院	"河北旅院—京东集团"产教融合、协同育人的电子商务专业群建设 ——河北旅游职业学院电子商务专业群产教融合案例

序号	报送单位	案例名称
112	北京信息职业技术学院	"政行企校"共促"双元"育人 "岗课赛证"引领"三教"改革
113	河北轨道运输职业技术学院	构建基于真实运输环境的高速铁路调度实训教学体系——产教融合协同育人典型案例
114	黑龙江生物科技职业学院	产业学院构建校企命运共同体的实践探索——以黑龙江生物科技职业学院华为ICT学院为例
115	江苏城乡建设职业学院	产业学院：高职院校推进产教深度融合的探索与实践——以全过程工程咨询产业学院为例
116	临汾职业技术学院	"华翔模式"现代学徒制在职业教育中的创新与实践
117	山东药品食品职业学院 天津滨海迅腾科技集团有限公司	"党建引领、十共融合"产教深度融合模式持续打造"产业+专业"发展双引擎
118	广东机电职业技术学院	"价值驱动 利益共享 发展共赢"打造产教融合共同体——广东机电职教集团的探索与实践
119	广东轻工职业技术学院	"双向融合、三层递进、德技并修、育训一体"人才培养模式的实践
120	河北科技工程职业技术大学	互通式教学打破工学壁垒，递进式培养打造德技尖兵——"双规互通、三段递进"现代学徒培养模式
121	黑龙江交通职业技术学院	局校合作再提"素" 创新发展促共赢
122	大庆医学高等专科学校	实施校院融合双主体育人，全力打造提质培优新格局——临床医学专业产教融合校企合作案例
123	辽宁石化职业技术学院	政府主导 校企共建生产性实训基地
124	山东外贸职业学院	校行盟企共建"会计工厂"，打造产教深度融合命运共同体
125	威海海洋职业学院	海洋产业电子商务专业基于产教融合的"三元三化"人才培养体系构建与实践
126	广东碧桂园职业学院	产教由合到融三段共育建筑机器人高端技术技能人才——广东碧桂园职业学院与碧桂园集团合作育人案例
127	四川工程职业技术学院	校企共建共享产学研平台 产学研结合服务国防建设——四川工程职业技术学院校企合作案例
128	徐州工业职业技术学院	校企共建产业学院，"1+1+N"模式协同育人——吉利汽车产业学院建设案例
129	台州职业技术学院	德国IHK标准引领、双学习工厂赋能："永高产业学院"的人才培养创新实践典型案例
130	辽宁机电职业技术学院	校企合作搭平台 产教融合育匠人——辽宁机电职业技术学院"现代学徒制"人才培养模式

（续表）

序号	报送单位	案例名称
131	北京农业职业学院	共建耕读育人平台，开展农科双元育人 ——首农西郊农场园艺工程师学院育人实践
132	呼和浩特职业学院	深化"引企入校"改革 为乡村振兴充电赋能
133	沈阳北软信息职业技术学院	发挥产教融合型企业优势，构建北软模式产教融合
134	北京财贸职业学院	携手行业协会 联合众家企业 探索"1+1+N"校企合作新模式
135	山东畜牧兽医职业学院	校企股份制共建生产性实训基地 搭起师生实践技能锻炼大舞台
136	青岛黄海学院	"院园合一"机制下基于工作室的跨境电商人才培养典型案例
137	广东理工职业学院	产教融合背景下高职专业"双通道"人才培养模式探索与实践——以广东理工职业学院市场营销专业办学实践为例
138	宁波职业技术学院	协同创新同频共振，产教赋能共促发展
139	威海职业学院	服务为本 体制为基 多方合作 全员参与打造高质量社会培训服务体系
140	临沂职业学院	基于"技师工作站"的现代学徒制人才培养模式创新与实践
141	内蒙古商贸职业学院内蒙古扎萨丽文化有限公司	产教融合促发展，非遗传承助新力 ——民族服饰传承与创新示范点的探索与实践
142	浙江特殊教育职业学院	"四化四环"新媒体岗位听障生能力培养模式
143	天津市职业大学	对接产业链，补齐专业链，共育行业人才
144	辽宁机电职业技术学院	借东风——扬帆正当时 学生变学徒，双元植新土 ——与沈阳鼓风机集团股份有限公司校企合作"现代学徒制"人才培养典型案例
145	北京青年政治学院 北京诚和敬驿站养老服务有限公司 东华软件股份公司	培爱老之心 育助老之能 成养老之志——"一平台 双主体 三递进 四融合"为老服务人才培育模式
146	重庆工业职业技术学院	深化产教融合 推进内涵建设 培养创新技能人才
147	湄洲湾职业技术学院	基于"1+N"校企协同育人的智能制造类专业教学改革实践
148	哈尔滨职业技术学院	创新现代学徒培养模式，助力龙江区域经济发展
149	九江职业技术学院	搭平台 融产教 育人才 促发展 ——九职与京东数字经济产业学院建设成果展

序号	报送单位	案例名称
150	九江职业技术学院	协会牵头　企业主导 船舶工程技术专业现代学徒制人才培养创新与实践
151	广州番禺职业技术学院	"一体系、三融通、三保障"共享实训基地助推大湾区复合型创新型智能供应链人才培养
152	河北石油职业技术大学	产业发展导向的"三进三延伸"高等职业院校人才培养模式构建与实施
153	广西交通职业技术学院	打造产教深度融合"新范式"，全面服务广西现代综合交通运输体系建设
154	北京电子科技职业学院	行业标准引领校企双主体共育首都航空维修人才 ——北京电子科技职业学院与北京飞机维修工程有限公司校企合作
155	内江职业技术学院	聚焦企业人才需求　服务产业增值赋能 ——内江职业技术学院学徒制模式改革的创新实践
156	重庆工业职业技术学院	构建"需求导向培养"校企共赢新模式，推动校企合作走深走实　产教融合行稳致远
157	厦门海洋职业技术学院	基于产教融合、多元协同的"三创型"蓝色工匠培育模式改革与创新
158	山东科技职业学院	共建"山科——一汽—大众"产业学院　创新实践"校企双元、四阶递进"人才培养模式
159	武汉职业技术学院	推进"群园融合"，校企协同育人 ——在"中国光谷"建设光电专业群
160	仙桃职业学院	"五个对接"打造非织造布特色产业学院
161	广东交通职业技术学院	"产教融合、双创实践"助推智慧物流人才培养 ——京东智慧物流产业学院
162	贵州轻工职业技术学院	聚集团合力育人才　服务酿酒产业发展
163	天津城市职业学院	项目引领促成长、双向协同谋发展 ——社区管理与服务专业建设探索
164	重庆科创职业学院	智能制造技术专业群"双驱动，六协同"校企合作模式探索与实践
165	黑龙江农垦科技职业学院	技能大师工作室+企业项目体 ——"开放·创新·融合"的产教融合特色育人模式
166	石家庄理工职业学院	产教融合育工匠　教学改革促发展 ——基于"四维三同二融一体"的人才培养模式
167	长春职业技术学院	校企深融　培养奥迪售后服务人才 ——长春职业技术学院奥迪现代学徒制项目
168	闽江师范高等专科学校	建立校企工作室共同体，实现产教深度融合

（续表）

序号	报送单位	案例名称
169	湖南生物机电职业技术学院	跨界协同 一生一案： 乡村振兴本土化人才培养研究与实践
170	青岛职业技术学院	助力青岛国际时尚城市建设 创新现代学徒制双元育人机制——青岛职业技术学院基于"六联"的校企双元育人模式改革
171	湖北三峡职业技术学院	构建"双元八共"产业学院共建模式，打造绿色化工人才培养高地
172	烟台工程职业技术学院	产学研创深度合作 构建特种机器人技术创新平台
173	重庆能源职业学院	产教融合、工学互嵌、校企双元育英才——重庆能源职业学院与东风小康汽车有限公司校企合作案例
174	兰州石化职业技术大学	波纹法兰产品开发引领的装备制造类专业技术技能型人才培养
175	运城职业技术大学	校企命运共同体背景下教培研一体化大型教学矿井建设与应用
176	黑龙江幼儿师范高等专科学校	德技并修新理念 育训结合展成果——黑龙江幼专现代学徒制产教融合人才培养模式研究与实践
177	安徽商贸职业技术学院	校企互融协同培育的新零售人才培养模式创新与实践——电子商务专业教育部现代学徒制试点典型案例
178	青岛职业技术学院	产教深度融合，校企共育发展——校企共建混合所有制京东校园云仓生产性实训基地
179	山东工业职业学院	山东工业职业学院"四网四促、六融六助"推动产教融合增值赋能
180	烟台汽车工程职业学院	"一室三站、多元协同"高职汽车类"四师型"教师培养
181	天津市职业大学	创建产教融合范式，提升校企合作水平，增强办学适应性
182	河北软件职业技术学院	产教融合背景下"双主体育人"人才培养模式创新与实践——华为 ICT 学院共建共长
183	福建卫生职业技术学院	"四元并举"促融合，"五措合一"助共赢——药学院中药专业深化产教融合校企合作案例
184	黎明职业大学	五对接四合作深化产教融合校企合作——上汽通用汽车 ASEP 项目
185	重庆建筑科技职业学院	"双全三分两定、技艺行商产教互融"培养高质量数字商贸人才——以重庆建筑科技职业学院数字商贸专业群为例
186	咸宁职业技术学院	五位一体、学创融合，"一村多名大学生"人才培养的咸职经验
187	福建农业职业技术学院	"产教融合—创业导向—岗位轮动"畜牧兽医专业建设实践与探索

（续表）

序号	报送单位	案例名称
188	辽宁建筑职业学院	构建校企合作新模式 打造校企命运共同体 ——"两站+两基地"校企深度融合模式创新实践案例
189	上海工商职业技术学院	产教融合、校企构建命运共同体，共建移动互联网产业学院
190	武汉船舶职业技术学院	聚焦产教融合精准施策，构筑专业建设四梁八柱 ——以智能装备制造高端技能人才培养为例
191	济宁职业技术学院 山推工程机械股份有限公司	学岗直通，产教互融，打造"山推模式"
192	武汉交通职业学院	"双会双元八共"校会校企协同育人模式创新与实践 ——湖北物流职业教育集团打造物流人才培养高地
193	柳州铁道职业技术学院	育训双融、靶向培养 创新"铁路工匠"培养模式 ——柳州铁道职业技术学院产教融合典型案例
194	黑龙江建筑职业技术学院	基于"双身份、三阶段、多岗位"的"MEST"人才培养模式
195	苏州工业园区服务外包职业学院	校所融合 分段递进： 集成电路技术技能人才培养的创新与实践
196	浙江长征职业技术学院	专注县域跨境电商企业，聚焦实践教学模式改革，培养 "一精多会"人才
197	黄冈职业技术学院	"五措并举"促产教融合，校企合作育蕲艾特色护理人才
198	长江工程职业技术学院	创新"236"校企合作模式，培养德技双修工匠人才 ——长江工程职业技术学院校企合作推进现代学徒制试点典型案例
199	成都工业职业技术学院	基于中高职贯通人才培养的建筑类专业中国特色现代学徒制探索与实践 ——成都工业职业技术学院中高职衔接 OTIS 订单培养经验
200	广州城建职业学院 北京东方雨虹防水技术股份有限公司	"守红心 树匠心 重创新" ——大师工作室育人模式探索与实践
201	江苏建筑职业技术学院	校企融合 双主体协同 打造绿色建筑人才实践实训新高地
202	铜仁职业技术学院 民族中兽药分离纯化技术国家地方联合工程研究中心	以共建民族中兽药开放共享平台为抓手，促进"产教研做"一体化
203	临沂职业学院	商贸服务型现代物流专业群"三融四通"的产教融合实践

（续表）

序号	报送单位	案例名称
204	山东理工职业学院	创新实践促发展，产教融合出新招 ——知识产权链接创新资源赋能校企合作
205	天津轻工职业技术学院	产教一体 岗课融通 强化类型精准培养高端技术技能人才
206	深圳职业技术学院	课证共生共长，校企精准育人
207	浙江国际海运职业技术学院 浙江石油化工有限公司	对接区域产业，实现教育链、人才链和产业链深度耦合的实践 ——石油化工技术专业群"双元共育、育训结合、一源多向"人才培养模式的创新与实践
208	四川工商职业技术学院	5G+工业互联网赋能，培养机电创新人才 ——校企共建云天智能制造产业学院案例
209	浙江警官职业学院	"航司助动、培训驱动、双链互动"航空安保人才校企共育模式创新与实践
210	山东水利职业学院	校企合作搭平台，科教融合育英才
211	宁波城市职业技术学院	"产业—企业—专业"三位一体，探索产教融合"六共新模式"——基于商贸物流现代学徒制探索与实践
212	浙江工业职业技术学院	现代学徒制"蓝领岗位生态系统"的校企协同构建与实践
213	湖南石油化工职业技术学院	现代学徒制背景下职业院校"两课堂三融通四环节"实践教学模式的探索与实践 ——以电气自动化技术专业为例
214	武汉软件工程职业学院 武汉华中数控股份有限公司	武软—华数校企合作，服务智能制造产业发展 ——以武汉市智能制造公共实训平台建设为例
215	毕节医学高等专科学校	眼视光技术专业产教融合人才培养模式改革
216	宜宾职业技术学院	中高企协同递进，创新西部涉农人才培养路径
217	云南经济管理学院 北京络捷斯特科技发展有限公司	智慧供应链跨专业综合实验平台建设 ——云南经济管理学院与北京络捷斯特科技发展有限公司产教融合案例
218	云南农业职业技术学院	创新产教融合发展模式 建立同步规划联动机制 ——云南农林产教融合示范园区发展案例
219	江苏农林职业技术学院	现代农业类职教集团实体化运作的构建与实践 ——以中国现代农业职业教育集团为例
220	天津交通职业学院	打造神州高铁产业学院 赋能产教融合新生态
221	吉林电子信息职业技术学院	由校企合作到产业学院 会计专业双元主体办学的探索之路

（续表）

序号	报送单位	案例名称
222	福建生物工程职业技术学院	发挥区域职教资源优势，助力生物医药产业升级
223	福州职业技术学院	基于现代学徒制的社群型校企合作模式 ——会展策划与管理专业为例
224	烟台市工程职业技术学院 淼盾物联技术有限公司	政、行、企、校深度融合，打造退役军人终身赋能培训新模式
225	云南交通职业技术学院 云南实力控股集团有限公司	基于"三融合二结合"现代学徒制建筑类技术技能人才培养实践
226	内蒙古电子信息职业技术学院 金桥电子商务产业园	创新校企合作新模式 共建校企双赢新局面
227	苏州农业职业技术学院	创建混合所有制产业学院，探索"中国特色现代学徒制"——"苏农—京东"产业学院双主体、双驱动育人新模式
228	浙江旅游职业学院	"双交替、五对接"高职会展专业浸入式项目实践教学模式创新
229	厦门城市职业学院	三共双赢，校企深度融合建设轨道交通多元育训平台 ——厦门城市职业学院与厦门轨道交通集团共建案例
230	广东轻工职业技术学院 广州环亚化妆品科技有限公司	"文化助力，需求引领，元素融入，服务驱动"产教融合育人模式 ——以广东轻工职业技术学院精细化工技术专业群为例
231	福建船政交通职业学院	三方合作两地研发，打造国际校企合作新模式 ——"通用航空产业学院"
232	福建船政交通职业学院	基于1+X证书制度的人才培养模式改革对深化产教融合关键线路研究——以福建船政交通职业学院建筑工程技术专业为例
233	宜宾职业技术学院	根植区域，"双主体、四融合"打造校企命运共同体
234	浙江建设职业技术学院	共建e游产业学院，共构特色小镇人才生态链，打造校镇融合示范窗口
235	宁波幼儿师范高等专科学校	课、训、研、创：智慧幼教人才校企合作培养模式的实践与探索
236	盐城工业职业技术学院	携手跨国企业，"走出去"培养国际化纺织高端人才 ——盐城工业职业技术学院与天虹纺织集团（越南）合作办学
237	重庆水利电力职业技术学院	"双向发力 五维联动" ——普天大数据产业学院产教融合模式探索与实践

（续表）

序号	报送单位	案例名称
238	陕西财经职业技术学院	产教融合谋发展，双元育人结硕果 ——基于"4321 模式"校企共建实践教学基地探索
239	漳州卫生职业学院	产教融合背景下中药学专业实践教学模式的构建与实践
240	长春职业技术学院	服务三农 培养知农爱农新型人才 ——长春职业技术学院与中科院东北地理与农业生态研究所院所合作
241	长春职业技术学院	基于教师实践流动站打造"双师型"创新团队
242	广东农工商职业技术学院	校企深度融合共育热带农业产业链数字化人才 ——广东农工商职业技术学院、广东省农垦集团公司新华三技术有限公司数字农垦产教融合实训基地
243	江西应用科技学院	满足市场需求为导向 提升职业技能为核心 ——江西应用科技学院与工控帮共建智能制造产业学院案例解析
244	贵州轻工职业技术学院	特色引领新发展、产教融合育英才 ——校企协同培养大数据蓝领人才
245	毕节职业技术学院	东西部协作背景下多元价值导向校企合作模式研究与实践
246	山东水利职业学院	"岗位标准引领、课证递进融通"行企校协同共建高职新兴专业探索与实践 ——以无人机应用技术专业为例
247	宁波卫生职业技术学院	校企共赢 供需衔接——基于产教协同的"一二三"儿童言语治疗人才培养的探索
248	江西财经职业学院	打造校企命运共同体、增强职业教育适应性 ——来自江西财经职业学院与阿里巴巴共建基地案例
249	山东商务职业学院	"分段式工学交替、双导师实岗育人"现代学徒制人才培养模式探索与实践
250	浙江经贸职业技术学院	纵向贯通 横向联动 创新四方合作办学体制机制
251	湄洲湾职业技术学院	"多元协同、四能并重、五位一体"的大国工艺工匠培养的探索与实践
252	广东工程职业技术学院 北京东大正保科技有限公司	"大智移云"新信息技术背景下高职财务类专业产教融合人才培养模式的探讨
253	江西工业贸易职业技术学院	"研发+工程"双任务驱动的项目承接制现代学徒制实践教学模式改革
254	四川电力职业技术学院	基于"共定、共商、共抓、共建"电力人才培养模式的探索与实践
255	广东轻工职业技术学院	产教深度融合 协同"三教"改革 共育创新人才 ——"广轻—华为"信息通信技术创新人才培养基地的建设实践

（续表）

序号	报送单位	案例名称
256	江苏建筑职业技术学院	适应区域经济 服务中国智造 ——校企共建机电一体化技术专业
257	云南机电职业技术学院 云南港翊航空技术有限公司	"一标准、双主体、三段式、四转换、五对接"协同育人
258	陕西能源职业技术学院	康教融合四共同 校企协同三递进 ——残疾人康复人才培养双元育人模式的探索与实践
259	山东轻工职业学院	围绕产业转型升级创新培养国际化时尚人才 ——山东轻工职业学院国际时尚学院案例
260	新疆交通职业技术学院	深化产教融合 打造"校厂互嵌"的校企协同育人共同体
261	北京财贸职业学院	校企深耕学徒制 "五位一体"育人才——北京财贸职业学院物流管理专业现代学徒制产教融合案例
262	闽江师范高等专科学校	面向行业应用的岗位实训 打通人才输送的"最后一公里"
263	重庆电子工程职业学院	重电—华为 ICT 学院"三共三享"校企协同育人探索与实践
264	广州科技贸易职业学院	"入园建院、课岗融合"现代产业学院育人模式
265	徐州工业职业技术学院 北京东方雨虹防水技术股份有限公司	以大师工作室为主体的产业学院协同育人实践与创新
266	山东水利职业学院	山东水利职业学院与中兴协力（山东）教育有限公司校企合作案例
267	台州科技职业学院	长三角模具产教联盟打造"政校行企"产教融合生态圈
268	咸宁职业技术学院	打造"四位一体"产业学院， 构建政校行企"命运共同体"
269	北京交通运输职业学院	现代学徒制"校企一体化"育人模式
270	盐城工业职业技术学院	多方协同构建现代产业学院：零距离对接纺织产业发展需求，打造一体化协作命运共同体
271	广西职业技术学院	实施产教融合"五措并举"工程，培养跨界人才助推广西茶产业高质量发展
272	重庆城市职业学院 科大讯飞股份有限公司	面向区域产业以成果为导向 校企"六化"共育大数据人才
273	秦皇岛职业技术学院	"群院共建、双轮驱动"，提升人才培养适应性
274	浙江东方职业技术学院	区域协同共建金海产业学院，精准破解产业人才短缺难题

（续表）

序号	报送单位	案例名称
275	江苏商贸职业学院	推进产业学院建设 构建人才培养共同体——江苏商贸职业学院物联网产业学院实践探索
276	厦门南洋职业学院	校企共建"教、产、创"三位一体特种机器人职业教育基地
277	南京信息职业技术学院	基于混合所有制平台"技术跟进、要素同步"校企协同育人模式的实践
278	重庆工程职业技术学院	高职自动化类专业校企融合"一体五融四创"人才培养实践
279	合肥职业技术学院	"四链联动、三业一体"模式下合肥职业技术学院校企合作实践与探索
280	上海工商职业技术学院	对接"十四五"规划服务消费发展需求着力打造校企合作现代服务学院
281	福建水利电力职业技术学院	多措并举 深化校企双元协同育人机制
282	浙江警官职业学院	"三度并进，行校企耦合"——国家级产教融合实训基地的探索与实践
283	咸宁职业技术学院	优势互补 多维融通——正保智能会计产业学院产教融合办学模式的实践探索
284	义乌工商职业技术学院	面向市场 聚焦转化——建设多元混合所有制商城设计学院，打造产教融合"义乌新范式"
285	浙江东方职业技术学院	医康养护教：高职院校智慧健康养老专业 产教深度融合新模式
286	兰州石化职业技术大学	大工业领域现代学徒制实践路径与难点突破——以兰州石化职业技术大学石油化工技术专业现代学徒制试点为例
287	三亚航空旅游职业学院	企业办学模式及产教融合育人体系构建案例
288	运城职业技术大学	服务矿山智能化发展的现代学徒制人才培养模式创新与实践
289	温州科技职业学院	"双主体三层次"产教融合模式力促"四链"融合——产教融合型农创园建设的创新与实践
290	泉州工艺美术职业学院	校企合作共促进 瓷城产业开新章——泉州工艺美术职业学院 VR/AR 职业教育实训基地
291	温州职业技术学院	共建校企实践共同体，助力学徒合法性参与
292	昆明工业职业技术学院	发挥校企一体优势 实施六个共同推进 深化产教融合改革——昆明工业职业技术学院产教融合工作案例
293	浙江工商职业技术学院	基于县域产业集群的现代产业学院 多元共融建设模式探索与实践

（续表）

序号	报送单位	案例名称
294	南京信息职业技术学院	和谐共生基于企业群打造智能制造技术产业学院，培养复合型技术技能人才
295	广东机电职业技术学院 深圳市金三维模具有限公司	"五对接、四递进、三融合"高端模具人才定制培养推动高水平专业发展
296	四川护理职业学院	民族地区高职基层卫生人才"1134"产教融合培养模式创新与实践
297	山东电力高等专科学校	借黄大年式教师团队建设东风构建产教融合结构化师资团队
298	无锡职业技术学院	技术引领 并跑产业： 打造智能制造产教融合集成大平台
299	天津轻工职业技术学院	产教融合再升级 校企协同谱新篇
300	江苏商贸职业学院	人才共育 过程共管 成果共享 责任共担 ——世博艺术与传媒学院混合所有制办学实践探索
301	日照职业技术学院	"产业生态化、项目课程化" ——数字创意类专业产教融合人才培养创新与实践
302	郑州铁路职业技术学院	铁鹰"匠心" 筑梦"腾升" ——建筑装饰专业现代学徒制助力产教融合发展
303	四川现代职业学院	现代学徒制人才培养模式创新与实践 ——以四川现代职业学院为例
304	四川邮电职业技术学院	探索企业定制培训模式，实现退役军人精准就业 ——以成都市首个退役军人职业技能培训"智慧家庭工程师"企业定制培训班为例
305	大连职业技术学院 北京华晟经世信息技术股份有限公司	"双元三融"职教改革之路 ——移动通信技术专业"现代学徒制"人才培养模式的探索与实践
306	黄河水利职业技术学院	黄河上的明珠 大坝上的学校 ——传统行业校外产业学院新范式
307	江苏海事职业技术学院	校企双元 船校交替 书证融通 现代学徒制卓越海员培养探索与实践
308	浙江经贸职业技术学院	五方四共推进产教融合 全面提升人才培养质量
309	河南职业技术学院	校企合作三融合 精准服务促发展 ——数控技术专业群河职格力深度合作典型案例
310	广东纺织职业教育集团	创新集团办学育人机制 校企共建共享资源平台 ——广东纺织职业教育集团成果案例
311	江西旅游商贸职业学院	构建"分层递进"质保体系 推动学徒项目行稳致远
312	四川长江职业学院	医教融合共创"三阶四共六融合"高职护理专业人才培养模式

（续表）

序号	报送单位	案例名称
313	四川中医药高等专科学校	校企共建高职康养专业集群创新创业实践基地
314	东营职业学院	"标准引领，协同推进，学校引导，企业主导" ——高职石化专业中国特色现代学徒制探索与实践
315	成都工贸职业技术学院	捷普科技（成都）有限公司与成都工贸职业技术学院开展现代学徒制试点，双元育人，人才培养质量显著提升
316	河北工业职业技术大学	服务区域经济　发挥专业优势 打造钢铁冶金企业职工特色培训品牌
317	广东科学技术职业学院	构建 IT 项目化教学体系，携手华为共建产教科融合项目教学基地
318	广西职业技术学院	建设现代产业学院校企共育大数据产业链"数字工匠"的创新与实践
319	广西生态工程职业技术学院	创新育人模式　深化产教融合 ——现代物流管理专业现代学徒制实施案例
320	广西水利电力职业技术学院	全科融通育全人： 产教融合共育基层水电人才的广西模式
321	湘潭医卫职业技术学院	以创新促卓越培养高素质医疗卫生人才 ——湘潭医卫职业技术学院临床医学专业"医院课堂"育人模式创新
322	广西农业职业技术大学	基于特色产业学院的校企协同育人命运共同体的构建 ——以广西农业职业技术大学为例
323	四川科技职业学院	培养数智人才　推动商业创新　服务产业升级 ——四川科技职业学院探索数智人才培养新模式
324	重庆航天职业技术学院	以服务航天航空服务国防事业为使命，校企军地紧密合作培养新型士官人才
325	柳州职业技术学院	聚力融合，科技协同助力地方产业转型升级 ——柳州职业技术学院协同创新研究院建设案例
326	广西生态工程职业技术学院	三全育人背景下"一线多维融合"校企共育高职土建类专业"工匠型"人才 ——广西生态工程职业技术学院建筑与道桥工程学院案例
327	广西职业技术学院	夯平台　定标准　育人才：助推东盟物流发展，实现中国特色学徒制标准"走出去"
328	广东机电职业技术学院 TCL华星光电技术有限公司	依托产教融合型实训基地　打造电子信息行业卓越工程师
329	四川化工职业技术学院 泸天化集团	供需对接、定制培养、精准就业 校企共育现代化工工匠的探索与实践

（续表）

序号	报送单位	案例名称
330	湖南工业职业技术学院	职业教育校企合作办学模式改革与实践
331	重庆城市管理职业学院	创新与实践数字财税类专业 产教贯通一体化人才培养模式
332	成都航空职业技术学院	打造"产教军民"共同体，共筑"航空强国"中国梦
333	重庆航天职业技术学院	校企军同升级、产学研互赋能
334	重庆医药高等专科学校	校院协作同育康复医学人才 产教融合共创康养产业未来——重庆医药高等专科学校康复治疗技术专业"产业学院"典型案例
335	广州铁路职业技术学院	校企合作共促地铁运维 ——地铁车辆检修用工艺转向架研制
336	成都纺织高等专科学校	四川暖通空调职教联盟"4+4+4"协同育人案例
337	四川财经职业学院	三链衔接、八方共建 搭建产学研命运共同体 深耕财税服务趋动专业建设 ——以"四川财经—成都金税"产学研研究院为例
338	大连商业学校	校企双主体治理下"产学教研创"综合体协同育人的创新之路
339	东营市东营区职业中等专业学校	构建校企命运共同体 实现校企协同精准育人
340	浙江省机电技师学院	打造产业学院 服务产业发展 ——浙江省机电技师学院"产教融合"闯出新路子
341	北京市信息管理学校完美世界教育科技（北京）有限责任公司	基于"双方协同，四位一体"的完美世界动漫游戏创意设计师学院建设与实践
342	浙江省永康市职业技术学校 永康五金技师学院	联动·组场·提质：主动融入五金之都，深化产教融合的永康范式
343	嘉兴市建筑工业学校	校企共建"培育+认证+就业"平台，打造数字建筑人才培养"全闭环"——浙江省嘉兴市建筑工业学校数字建筑人才校企协同培育实践
344	江苏省海门中等专业学校	与中南合作育人 与产业同步成长 ——中南建筑产业学院建设典型案例
345	海宁市职业高级中学	对接地方产业链，实施"链上教育" ——中职皮革专业群的建设与实践
346	迁安市职业技术教育中心（迁安市技师学院）	基于产教融合的机电产业学院建设之路
347	上海市贸易学校	产教融合引领下的引企入校模式创新实践 ——数字媒体技术应用专业校企联动协同育人新模式

序号	报送单位	案例名称
348	四川省广元市职业高级中学校	五链衔接，六化推进：产教融合专业群建设策略创新与实践
349	佛山市南海区盐步职业技术学校	"对接标准、协同育人、增值评价"服装专业教学质量保障机制的构建与实践
350	安徽省淮北工业与艺术学校	校企协同、多维融合，构建数控专业梯度人才培养模式
351	北京市商业学校 阿里巴巴（中国）网络技术有限公司 北京博导前程信息技术股份有限公司	"扶贫"与"兴教"同步，走出产教融合特色路
352	集美工业学校	物联网专业现代学徒制建设案例分享
353	福建理工学校	校企技能大师携手 共育时代职教英才 ——福建理工学校"5321"校企合作机制构建
354	安徽省淮北卫生学校	"立德敬贤、校企融合"共育药剂职业人才
355	桐乡市职业教育中心学校	"双平台五对接"产教融合协同共育旅游英才 ——桐乡市职业教育中心学校、乌镇旅游校企合作共同体产教融合案例
356	章丘中等职业学校	校企共建"智慧型生产性实训基地"，实现"三链"对接的人才培养实践
357	江苏省溧阳中等专业学校	基于产教融合的中职电梯专业建设实践与创新
358	北川羌族自治县七一职业中学	民族地区实施现代学徒制"四导五共六化"新策略 ——以北川七一职业中学民族音乐与舞蹈专业现代学徒制为例
359	浙江省平湖技师学院	指向职业素养的中职"层进式"育人范式创新 ——现代学徒制培育典型案例
360	北京市丰台区职业教育中心学校	资源共享"六融合"，四位一体塑"四高"
361	佛山市南海区信息技术学校	产教融合背景下"双平台三课堂四融合"酒管专业育人模式探索与实践
362	南京六合中等专业学校	E型双循环产学研政服务平台在专业学院建设中的应用 ——以南京六合中等专业学校智慧农业专业学院为例
363	北京市商业学校 新道科技股份有限公司	创新中职办学模式 育"云财务会计"专业人才 ——校企共建新道云财务会计师学院
364	安徽省淮北卫生学校	"康养一体、产教融合"共育康复技术人才
365	湖州艺术与设计学校	校·企·院携手共育定制式高端人才 ——浙江省湖州艺术与设计学校酒店服务与管理专业开展"3·4·4·6·4"现代学徒制典型案例

（续表）

序号	报送单位	案例名称
366	大连综合中等专业学校	建立多元化的校企合作模式　创新校企融合共同育人机制
367	济南理工学校	模块的魔法——创新"1+N"双元育人模式培养物流电商产业链复合型人才
368	上海市医药学校	"三方协作，五共一体"育制药设备维修人才
369	包头机械工业职业学校	产教融合、校企合作"5543模式"的探索与实践
370	浙江省金华市婺城区九峰职业学校	"跨界・链式・复合"特色学徒制集群建设实践——以农业中职涉农专业建设为例
371	福建经济学校	三位一体，产教协同，破茧成蝶——与上海汽车集团乘用车宁德分公司合作案例
372	福建省邮电学校	构建"12345"校企合作新机制　推动产教融育人新发展——福建省邮电学校产教融合案例
373	上海市第二轻工业学校　上海曼都美容美发有限公司　上海英玛美发美容有限公司	校企双主体"产学研创"实践探索
374	常熟市滨江职业技术学校	政校企三方协同育人，赋能中小企业高质量发展——董浜汽配园现代学徒制试点项目
375	甘肃省民勤县职业中等专业学校	校企深度融合背景下"12345"人才培养模式的实践——旅游服务与管理专业现代学徒制试点典型案例
376	哈尔滨轻工业学校	产教融合背景下校企合作人才培养模式的探索与实践——以机械制造技术专业为例
377	宁波市职业技术教育中心学校	宁波职教中心学校轨道专业基于数智化的"三主体、六协同"育人模式
378	绍兴市中等专业学校	党建育人・师资互补・技术互动，"红芯齿轮双师流动工作站"助力产教融合
379	宿迁科技学校	IT类专业"三段递进、五步对接、三维高质"教学实训模式与运行机制构建
380	浙江商贸学校	"三教"改革背景下"三融三通"金华模式创新与实践
381	天津市经济贸易学校	集团化办学背景下中职食品生物工艺专业"好利来"现代学徒制育人模式实践
382	浙江省德清县职业中等专业学校	搭建平台助推校企合作　五维对接造就十双特色
383	长沙财经学校	以"大师工作室"引领专业成长——长沙财经学校美发与形象设计专业产教融合创新实践
384	龙岩华侨职业中专学校	依托优质企业资源，在实习管理中提升校企协同育人成效——龙岩华侨职业中专学校与华润（龙岩）水泥有限公司校企协同育人典型案例

序号	报送单位	案例名称
385	杭州市临安区职业教育中心	中职三位一体"校企校"教育范式的研究 ——以城轨专业为例
386	长春市机械工业学校	中职现代制造技术专业群"产教四融合"人才培养模式的探索与实践
387	德化职业技术学校	大师工作室高效引领，促进师徒双向优质发展
388	哈尔滨市现代应用技术中等职业学校	"教、学、研、鉴"四位一体实训基地建设的实践
389	平度职教中心	助推产教深度融合 优化校企合作新模式
390	北京市外事学校	校企双元 产学合一 双线并行创新旅游酒店业在岗职工培养
391	清远市职业技术学校	突出"高""新""强"三字诀，推进高水平产教融合实训基地建设
392	浙江信息工程学校	基于技术工作坊平台的"引企入教"实践与创新
393	衡水科技工程学校	产教融合背景下构建校企命运共同体的探究与实践
394	安徽省马鞍山工业学校	现代学徒制试点下的"专业点+产业群"培优模式实践 ——安徽省马鞍山工业学校数控专业现代学徒制试点班稳步建设
395	宁波外事学校	"三整合、四提升" ——基于创新创业实验室的学前教育专业产教融合实践探索
396	陕西省电子信息学校	"四联四定、四位一体、四方互动"校企合作协同育人
397	上海市商业学校	T4DR：合作新模式，融创育人才
398	淄博理工学校	六位一体 构建校企深度融合办学机制 ——淄博理工学校校企合作专业办学案例
399	晋江安海职业中专学校	基于校内实体店平台的生产性实训基地建设实践研究
400	福建省晋江华侨职业中专学校	深度产教融合、助力专业发展 ——汽车运用与维修专业产教融合的实践与探索
401	平湖市职业中等专业学校	校企融合·多层递进：中职生现代职业素养的培育
402	临沂电力学校	校企合作、育训结合，培养新时代电力工匠 ——临沂电力学校开展现代学徒制培养典型案例
403	重庆市北碚职业教育中心 踢王决（重庆）体育科技有限公司	校企共建运动训练特色专业企校共育跆拳道专业人才
404	章丘中等职业学校	基于真实应用场景的无人机人才培养实践
405	浙江省长兴县职业技术教育中心学校	基于校企合作、产教融合的电气运行与控制专业校企合作共同体建设
406	浙江绍兴柯桥职业教育中心	专业链对接产业链 打造复合创新人才培养新高地
407	湖北省民间工艺技师学院	企业社团产教融合的新探索

（续表）

序号	报送单位	案例名称
408	嵊州市职业教育中心	中职专业实训"产教融合一体化"有效教学体系的架构与实践
409	武汉市第一商业学校	校企共享 智能化赋能专业建设 ——新知识、新技术、新方法聚焦人才培养
410	平湖市职业中等专业学校	共融共建，构建"一体四面"的"三元育人"模式
411	重庆市巴南职业教育中心	"名企引领、产教融合、精准培养" 汽车维修涂装高技能人才培育"巴南样本"
412	福建省莆田华侨职业中专学校	产教融合、校企合作、现代学徒制运行成效 ——以省级现代学徒制试点项目"云度新能源汽车现代学徒制"为例
413	黑龙江省牡丹江市职业教育中心学校	嵌入式校企合作新模式 助推产教融合双元育人
414	清远工贸职业技术学校	中职通信运营服务专业"三融合三阶段"校企协同育人模式的探索与实践
415	绍兴技师学院（筹）绍兴市职教中心	抱团互助，打造"一体双管三链"模式 ——记绍兴市旅游职教集团
416	石家庄电子信息学校	"互联网+"实训基地 现代学徒制人才培养模式探索与实践
417	四川省华蓥职业技术学校	产教融合探新路，双元共育炼匠才
418	深圳市宝安职业技术学校	"中高企"产教联合体培养多元化人才 ——深圳市宝安职业技术学校产教融合实践探索案例
419	威海市职业中等专业学校	小小茶点，从这里走向万家灯火 ——校企双主体产教一体化育人模式实践
420	潍坊市工业学校	潍坊市工业学校： 产教融合，多元办学，打造职业教育"昌邑模式"
421	浙江省诸暨技师学院	弘扬古越文化 传承非遗民艺 培育工匠精神 践行产教融合——古越葫芦民艺人才培养基地
422	北京市房山区房山职业学校	中职学前教育专业"保教合一，分段递进式"产教融合实习实训体系的探索与实践
423	广东省深圳市沙井职业高级中学	构建面向小微企业的"项目化"协同育人模式
424	广州市纺织服装职业学校	产教融合促发展，助力扶贫现成效 ——广州市纺织服装职业学校助力云南临沧、红河打赢教育脱贫攻坚战
425	齐齐哈尔卫生学校	"医养教"结合 "校行企"融通 ——齐齐哈尔市卫生学校打造"五聚焦 五融合"育人模式案例

（续表）

序号	报送单位	案例名称
426	石家庄鹿泉区职业教育中心	校企携手育人才 多点对接保质量——石家庄市鹿泉区职教中心与河北唐讯信息技术有限公司校企合作案例
427	章丘中等职业学校	大赛引领 校企共振 构建"1234"机电专业技能人才培养新模式
428	济南市历城职业中等专业学校	大力推进双元制教学，助力山东自贸区（济南）发展——基于"岗课赛证"融通的"双向并举、双力并行四级递进"深度产教融合实践教学体系
429	福建工业学校	深化中德产教项目、推动"四适配双循环"培养模式创新——福建工业学校汽车专业产教融合校企合作案例
430	东莞理工学校	整合校企资源，提高中职会计人才素质
431	苍梧县中等专业学校	校企联袂，传承六堡茶制作技艺
432	江西省医药学校	非遗传承入库序，建昌精技造英才——江西省非物质文化遗产"建昌帮"入校园
433	中国邮政集团有限公司 石家庄邮电职业技术学院	产教深度融合 打造职业培训价值向企业业务绩效 转化的"桥"与"船"
434	行云新能科技（深圳）有限公司	行云新能产教融合校企合作——行云·沟通企业与学校的桥
435	浙江汉嵋教育发展有限公司 内蒙古民族大学 北华大学 吉林农业科技学院	"三位一体，四方联动"产教融合育人模式的探索与实践
436	广州中望龙腾软件股份有限公司	信息化教学手段践行"岗—课—赛—证"多维融通，构建多层次人才培育通道
437	河北知行本一教育科技有限公司	做有温度的职业教育
438	北京发那科机电有限公司 武汉船舶职业技术学院 深圳职业技术学院	深化"三教"改革，校企"双元育人"模式实践案例
439	安徽大江教育集团	VR技术在中职院校教育教学中的创新应用——摩尔空间与安徽大江教育集团产教融合校企合作案例
440	大唐移动通信设备有限公司	校企合作育人才、产教融合创新篇
441	北控水务集团	泛中心化校企合作命运共同体——北控水务集团北水教育中心产教融合创新平台
442	大连东软教育科技集团有限公司	"双元育人"产教融合共建东软现代产业学院
443	神州高铁技术股份有限公司	产教融合 多元创新 打造校企合作命运共同体

（续表）

序号	报送单位	案例名称
444	航天信息股份有限公司 重庆城市管理职业学院	深度融合，打造创新实践新高地 ——航天信息财税全业务链生产性产教基地
445	全国轻工大家居职业教育集团	三体共建，打造 O2O 家居产业学院 ——行、企、校一体化平台解决产业人才困境
446	第三代半导体产业技术创新战略联盟	"行校企"多主体育人，"产教科"全要素协同 ——联盟搭建产教融合平台，支撑产业健康快速发展
447	中国中车集团有限公司	擦亮国家名片 闪耀世界赛场 ——轨道车辆技术登上世界技能大赛舞台之路
448	新迈尔（北京）科技有限公司	数字经济产教融合型人才云平台
449	阿里巴巴（中国）教育科技有限公司	打造校企合作命运共同体，助力东北三省乡村振兴 ——全国首个"阿里巴巴农村电商学院"成立
450	重庆翰海睿智大数据科技股份有限公司 重庆建筑科技职业学院	重庆翰海睿智大数据科技股份有限公司与重庆建筑科技职业学院共建——Cloudera 大数据产业学院案例
451	福建国科信息科技有限公司	国科产教融合"双轮驱动"模式的实践与创新
452	福建中锐网络股份有限公司	信息技术赋能新业态，产教融合共建专业群 ——AIoT 复合型技术技能人才培养基地建设案例
453	甘肃富通电梯工程有限公司	以小微企业群打造西北地区电梯专业的校行政企生共赢生态
454	广东智通人才连锁股份有限公司	让青年学子爱上智能制造 ——东莞智能制造产教"乐"融合案例
455	百科荣创（北京）科技发展有限公司	面向智能物联网产业需求侧——以职业综合能力为导向的闭环高技能人才培养案例
456	天下秀数字科技(集团)股份有限公司	全场景产教融合 共建新媒体营销产业学院 ——IMS 天下秀产教融合校企合作案例
457	中兴协力（山东）教育科技集团有限公司	创新培养模式 科技赋能教育 新一代信息技术公共实训基地建设运营
458	广东泰迪智能科技股份有限公司	数字经济背景下的数据智能职业人才培养机制
459	吉利汽车集团有限公司 北京百通科信机械设备有限公司 广西机电职业技术学院 杭州职业技术学院	"校企共建 联招共培"产业学院的实践与探索
460	北京广慧金通教育科技有限公司	多维度协同创新，一体化融合育人——北京广慧金通积极推进航空服务专业人才培养的创新实践

（续表）

序号	报送单位	案例名称
461	建设银行天津市分行	双向引智融智 银校深度产教融合——以"建设银行—南开大学"推进教学和科研产教融合工作为例
462	四川省序州建筑工程有限公司	建筑企业深陷"招工难""用工荒"，怎么办？——且看序州建筑公司的有效探索
463	北京沃德辰龙生物科技股份有限公司	走中国特色的家禽行业产教融合发展之路
464	南京奥派信息产业股份公司 义乌工商职业技术学院	数据支撑，多元联动——探索直播电商产教融合"六新育人"模式
465	青岛英谷教育科技股份有限公司 青岛农业大学	数字化校企合作 助推智慧农业展翅领航——青岛农业大学的特色产教融合之路
466	深圳风向标教育资源股份有限公司	发挥桥梁作用，打通校企合作"最后一公里"——风向标产教融合三方合作案例
467	施耐德电气	深化产教融合 培育大国工匠——施耐德电气"碧播职业教育计划"
468	曙光信息产业股份有限公司	西交利物浦大学人工智能产业学院校企合作共建案例
469	江西科骏实业有限公司	赣西综合性虚拟仿真实训基地
470	酷家乐	酷家乐与顺德职业技术学院重塑家具设计与制造专业教学标准：输送工业 4.0 新型人才推动产业转型升级
471	福州安博榕信息科技有限公司	产教深度融合 校企双元共赢，"五共融合 六业同频"人才培养模式探索与实践
472	华润商学院（香港）	产教融合，校企合作培育数字时代"T 型"人才——华润联合香港大学开展商业数据分析人才培养案例
473	广州中望龙腾软件股份有限公司	校企优势互补 共建识图系统
474	建行研修中心华中研修院 中南财经政法大学建行学院	校企合作"2+5"，产教融合新高度
475	上海临港经济发展（集团）有限公司	发挥产教融合型企业平台作用 创新多元协同、支撑经济发展的产教融合新模式——临港集团引领的区域型产教融合综合实践
476	广州白云电器设备股份有限公司	构建四维主体治理体系，探索实践"五个融合"
477	江苏食品职业教育集团	政行企校深度融合 产学研创协同发展——江苏食品职业教育集团化办学的实践探索与创新发展
478	海尔产教融合生态平台	产、学、研、训、创五位一体的综合性示范基地——聊城市工业互联网产教融合创新中心

序号	报送单位	案例名称
479	新余市教育局	现代学徒制"三元"参与的"新余模式"的十年实践 ——推进产教融合的新余市地方案例
480	成都市金牛区人民政府	职业教育"四合贯通"专业建设模式探索与实践
481	齐齐哈尔市教育局	集团引领产教融合 靶向服务乡村振兴
482	潍坊市产教融合研究院	需求导向，政产学三位一体歌尔匠造人才培养模式的探索与实践
483	内蒙古赤峰市巴林左旗林东特殊教育学校	人人出彩 技能立业 ——特殊教育学校职业课程的实践和思考
484	全国 LED 产业产教融合（东莞）职业教育集团	平面设计岗位校企协同创新实践探索 ——以合作开发建党百年系列文创产品为例
485	哈尔滨市教育局	提质培优促产教融合 增值赋能助产业发展

附录二 《服务秦皇岛五年行动计划》效果评价调查问卷

尊敬的受访者：

您好！自2016年河北建材职业技术学院实施《服务秦皇岛五年行动计划》以来，广大师生积极踊跃投身于秦皇岛市各行各业开展服务活动并取得丰硕的成果，得到了各级政府及社会各界一致好评。为深化产教融合校企合作，充分发挥高校人才优势、专业优势，进一步提升高校助力地方经济社会高质量发展的能力。为此组织开展《服务秦皇岛五年行动计划》效果评价调查问卷。

问卷为不计名填写，请您如实填写，真诚感谢您的支持和配合！

1. 您的身份［单选题］

A. 行政人员

B. 教辅人员

C. 教师

D. 学生

E. 企业合作者

2. 您的学历［单选题］

A. 博士研究生

B. 硕士研究生

C. 大学本科

D. 大专

E. 其他

3. 您的年龄（周岁）［单选题］

A. 29岁以下

B. 30～39岁

C. 40～49岁

D. 50～59岁

E. 其他

4. 您的专业技术职称[单选题]

A. 正高级

B. 副高级

C. 中级

D. 初级

E. 无职称

5. 您的政治面貌[单选题]

A. 中共党员

B. 共青团员

C. 民主党派

D. 无党派人士

6. 在深化产教融合背景下组织实施《服务秦皇岛五年行动计划》您的总体评价?[单选题]

A. 非常满意

B. 比较满意

C. 基本满意

D. 不太满意

7. 您在《服务秦皇岛五年行动计划》方案指导下参加或合作哪些服务项目?[多选题]

A. 科技成果转化

B. 技术培训

C. 技术咨询

D. 企业诊断

E. 技术难题

F. 建设实训基地

G. 提高学生就业水平

H. 企业实践活动

I. 创新人才培养模式

J. 社会志愿服务

8. 在组织实施《服务秦皇岛五年行动计划》过程中，您参加哪些产业的服务活动?[多选题]

A. 服务新材料产业

B. 建筑产业

C. 先进装备制造业

D. 信息技术产业

E. 现代商贸服务业

F. 生态旅游业

G. 健康产业

H. 社会公共交通事业

9. 您认为通过实施《服务秦皇岛五年行动计划》为全市经济社会发展起到哪些作用?[多选题]

A. 提升了全市旅游服务水平

B. 提升了学生留秦就业水平

C. 提升了全市职业教育能力

D. 提升了全市企业员工素质

E. 提升了全市企业管理水平

F. 提升了党政机关创新能力

G. 打造了校地校企合作精品

H. 突破了行业企业技术难题

I. 打通了学校企业人才通道

J. 促进了全市产业结构调整

10. 您认为在实施《服务秦皇岛五年行动计划》与地方深度合作过程中的创新之处有哪些?[多选题]

A. 模式创新

B. 理念创新

C. 机制创新

D. 方法创新

E. 理论创新

11. 您认为组织实施《服务秦皇岛五年行动计划》取得了哪些成效?[多选题]

A. 提高了教师业务能力

B. 提高了学生职业能力

C. 提高了师生服务能力

D. 提高了学院发展能力

E. 提高了企业创新能力

F. 提高了校企融合能力

12. 您认为《服务秦皇岛五年行动计划》基本特色是?[多选题]

A. 立足优势

B. 紧贴需求

C. 项目带动

D. 政策激励

13. 您认为《服务秦皇岛五年行动计划》主要特征是?[多选题]

A. 党委领导

B. 行政主导

C. 规划先导

D. 项目引导

14. 您认为推动《服务秦皇岛五年行动计划》工作做法是?[多选题]

A. 认识到位

B. 发动到位

C. 推动到位

D. 措施到位

15. 您认为实施《服务秦皇岛五年行动计划》经验启示是?[多选题]

A. 服务大局是关键

B. 勇于担当是基础

C. 敢于创新是动力

D. 狠抓落实是保障

16. 您认为《服务秦皇岛五年行动计划》解决了哪些问题? [多选题]

A. 探索了职业院校发挥自身优势服务社会职能的创新道路

B. 解决了职业院校和地方合作内容单一、机制不活、不可持续等难题

C. 促进了各类型职业教育模式的相互融合

D. 推动了职业教育育人方式、办学模式、管理体制、保障机制的改革

E. 实现了高校与地方互为依托、共促共赢、融合发展的目标

F. 填补了国内职业院校和所在城市全面、深度、持续合作的空白

17. 您认为《服务秦皇岛五年行动计划》从哪些方面促进了学院确定高质量发展目标? [多选题]

A. 学院综合实力迈入省域高职院校一流行列

B. 社会服务争创高职院校50强进入一流行列

C. 优势项目建设成为全国高职院校一流影响

D. 职教集团成为全国职业教育集团一流骨干

E. 改革试点建设在全国高职院校形成一流经验

F. 师生获得感幸福感极大提升对学院一流认可

18. 您认为进一步深化产教融合校企合作应采取哪些措施?[多选题]

A. 出台激励政策

B. 搭建各种平台

C. 强化典型引领

D. 创新合作机制

E. 激发各方活力

F. 优化评价策略

G. 加强统一领导

H. 加强理论研究